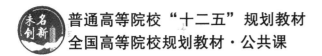

普通高等院校"十二五"规划教材
全国高等院校规划教材·公共课

大学生创业指导

李秋斌　编著

本书简介

本书结合高校创业教育课程实际与大学生创业的特点,以教授创业知识为基础,以锻炼创业能力为关键,以培养创业精神为核心,使学生掌握创业的基础知识和基本理论,熟悉创业的基本流程和基本方法,了解创业的法律法规和相关政策,激发学生的创业意识,提高学生的社会责任感、创新精神和创业能力,促进学生创业就业和全面发展。书中各章前设"学习目标"和"创业先锋故事";正文根据内容灵活安排了"案例"、"链接"等互动内容,开阔学生视野,增强知识的实用性;章后有"实践活动"、"拓展资源"、"思考题",引导学生进行分析、思考,拓展学生的操作能力。

图书在版编目(CIP)数据

大学生创业指导/李秋斌编著. —北京:北京大学出版社,2013.1
(全国高等院校规划教材·公共课)
ISBN 978-7-301-21608-8

Ⅰ. ①大… Ⅱ. ①李… Ⅲ. ①大学生—职业选择—高等学校—教材 Ⅳ. ①G647.38

中国版本图书馆 CIP 数据核字 (2012) 第 281844 号

书　　　名:	大学生创业指导
著作责任者:	李秋斌　编著
策 划 编 辑:	李　玥
责 任 编 辑:	李　玥(liyue102@vip.sina.com)
标 准 书 号:	ISBN 978-7-301-21608-8/G·3574
出 版 发 行:	北京大学出版社
地　　　址:	北京市海淀区成府路 205 号　100871
电　　　话:	邮购部 62752015　发行部 62750672　编辑部 62765126　出版部 62754962
网　　　址:	http://www.pup.cn　新浪官方微博:@北京大学出版社
电 子 信 箱:	zyjy@pup.cn
印　刷　者:	三河市博文印刷有限公司
经　销　者:	新华书店
	787 毫米×1092 毫米　16 开本　13.25 印张　319 千字
	2013 年 1 月第 1 版　2019 年 8 月第 9 次印刷
定　　　价:	32.00 元

未经许可,不得以任何方式复制或抄袭本书之部分或全部内容。

版权所有,侵权必究

举报电话:010-62752024　电子信箱:fd@pup.pku.edu.cn

前　言

在普通高等院校开展创业教育，是服务国家加快转变经济增长方式、建设创新型国家和人力资源强国的战略举措，是深化高等教育教学改革、提高人才培养质量、促进大学生全面发展的重要途径，是落实以创业带动就业、促进高校毕业生充分就业的重要措施。

为此，国家在《国家中长期教育改革和发展规划纲要（2010—2020年）》、《教育部关于全面提高高等教育质量的若干意见》和2012年8月1日教育部办公厅印发《普通本科学校创业教育教学基本要求（试行）》的通知中，分别明确了高校创业教育的目标要求和发展方向：坚持面向全体、注重引导、分类施教、结合专业、强化实践的原则，以教授创业知识为基础，以锻炼创业能力为关键，以培养创业精神为核心，使学生掌握创业的基础知识和基本理论，熟悉创业的基本流程和基本方法，了解创业的法律法规和相关政策，激发学生的创业意识，提高学生的社会责任感、创新精神和创业能力，促进学生创业就业和全面发展。

创业教育是高等教育发展阶段反映社会经济发展需要的一个目标系列。实施创业教育是一项系统工程，是教育教学、学科科研、师资队伍、学生工作、后勤保障等多方面协同作战的一项综合性工作。它与传统教育的根本区别在于突出了创新型人才素质的培养，体现了社会经济发展对人才知识、素质、能力结构的根本性要求。

从本质上说，大学生创业教育是培养学生的创业意识、创业素质、创业技能的教育活动，即培养学生如何适应社会，提高生存能力，以及进行自我创业的方法和途径。在大学生中开展创业教育，实际上是大学生素质教育、创新教育的一部分，是适应知识经济发展、拓宽学生就业门路和构建国家创新体系的长远大计，也是高等教育功能的扩展。

基于以上认识，我们针对高校教学实际和学生特点，贯彻"精品化、课程化、实训化、教材化"的原则，通过建构大学生创业的知识体系，从知识、技能、态度和理念四个层面，着力把学生培养成为"创新型人才"。

本书采用模块化结构设计，每章设有：

【学习目标】清晰陈述各章的学习目标，是各章的线索与脉络，统率全章。

【创业先锋故事】结合各章主题，精选经典故事，突出各章实训主旨和内容。

【案例】根据课程内容，选配相关案例。

【阅读材料】其他相关资料，用于开拓学生的视野，增强知识的实用性和丰富性。

【实践活动】课后实践练习，引导学生记录学习心得与成长实践的历程和感悟。

【拓展资源】相关图书资源推荐。

【思考题】对应"学习目标"，选取重要知识点，以复习思考题的方式收尾。

在本书的编写过程中，得到了创业教育专家、成功创业校友和创业课程同人的关心和指导，在此一并表示衷心的感谢！本书在编写过程中还借鉴和参考了一些专家学者的理论和研究成果，并引用了一些教材、文献资料以及创业者的案例，不能一一注明，在此也向他们致以衷心的感谢。

希望本书能够成为大学生喜爱的教材和教师的帮手，为促进高校大学生创业教育做出贡献！书中内容难免有不妥之处，望广大读者提出宝贵意见，以便进一步修订。

编　者

2012 年 12 月

本教材配有教学课件，如有老师需要，请加 QQ 群（279806670）或发电子邮件至 zyjy@pup.cn 索取，也可致电北京大学出版社：010-62765126。

目 录

第一章 打开创业视界 ... 1
第一节 创业基本认知 ... 4
一、创业的含义 ... 4
二、创业基本要素 ... 6
三、创业基本特征 ... 7
四、创业的意义 ... 8
五、创业的类型 ... 11
第二节 了解企业 ... 13
一、企业的含义 ... 13
二、企业的分类 ... 14
三、企业的法律形式 ... 16

第二章 探索创业环境 ... 21
第一节 创业的宏观背景 ... 23
一、创业的国际背景 ... 23
二、国内的创业背景 ... 24
第二节 大学生创业环境 ... 27
一、创业环境概述 ... 27
二、大学生创业环境 ... 28
第三节 创业环境的分析与评价 ... 33
一、创业环境的要素与内涵 ... 33
二、创业环境的分析方法 ... 35
三、创业环境的评价 ... 37

第三章 挖掘创业潜质 ... 41
第一节 创业者的素质与能力 ... 44
一、成功创业者特征 ... 44
二、大学生创业者的能力要求 ... 45
第二节 评估创业潜质 ... 48
一、评估自我创业潜力 ... 48
二、提高创业素质的方法 ... 53

第四章　科学创业规划 ·· 58
第一节　创业项目与创业机会 ··· 61
一、创业项目选择 ·· 61
二、识别和评估创业机会 ··· 66
第二节　做好创业准备 ··· 70
一、审视自我 ··· 70
二、心理准备 ··· 71
三、资源整合 ··· 72

第五章　探究创业成败 ·· 76
第一节　创业的一般规律 ·· 80
一、探析创业规律 ·· 80
二、找准赢利模式 ·· 82
第二节　创业失败探因 ··· 86
一、创业失败常见原因 ··· 86
二、大学生创业常见问题 ··· 87

第六章　掌握创业技巧 ·· 90
第一节　创业关键技能 ··· 94
一、学会分析市场 ·· 94
二、设计商业模式 ·· 101
三、资金及其筹措 ·· 102
四、创业风险管理 ·· 105
第二节　创办企业的步骤 ·· 109
一、进行市场调研 ·· 109
二、建立合作团队 ·· 110
三、筹集创业资金 ·· 112
四、选择经营场所 ·· 112
五、申请注册公司 ·· 113
第三节　制订商业计划 ··· 115
一、商业计划书 ··· 116
二、评估商业计划书 ·· 118

第七章　实践创业设计 ·· 121
第一节　模拟论证创业计划 ··· 126
一、参加创业大赛 ·· 126
二、商业经营模拟 ·· 127
第二节　申请孵化创业项目 ··· 130
一、了解孵化机构 ·· 130
二、申请加入创业孵化园 ··· 131

第八章 拓展创业素养 ··· 133

第一节 创业精神 ··· 136
一、创业精神 ··· 136
二、大学生应具备的创业精神 ··· 136
三、培养创业精神 ··· 137

第二节 提升创业素质 ··· 138
一、创业素质概述 ··· 139
二、培养创业素质 ··· 142

第九章 提升创业能力 ··· 146

第一节 打造领导力 ··· 150
一、领导力的内涵 ··· 150
二、提升领导力 ··· 152

第二节 提升判断力 ··· 153
一、认识判断力 ··· 153
二、提升判断力 ··· 153

第三节 加强学习力 ··· 154
一、学习力的内涵 ··· 154
二、提升学习力的方法 ··· 155

第四节 训练决策力 ··· 156
一、认识决策 ··· 156
二、决策的步骤 ··· 158

第五节 锻炼执行力 ··· 160
一、执行力的内涵 ··· 161
二、提升执行力 ··· 162

第十章 管理初创企业 ··· 166

第一节 初创企业基本管理 ··· 169
一、企业愿景与发展战略 ··· 169
二、初创企业基本管理模式 ··· 172
三、日常管理 ··· 173

第二节 产品研发管理 ··· 175
一、产品含义 ··· 175
二、产品研发一般流程 ··· 176
三、产品生产与包装 ··· 178
四、质量控制 ··· 178

第三节 市场营销管理 ··· 179
一、市场营销管理导论 ··· 179
二、营销策略制定 ··· 180
三、销售计划制订与管理 ··· 184
四、常见营销方式及其技巧 ··· 185

第四节　创业人力资源管理 …………………………………………………… 188
　　　一、创业核心团队组建 ……………………………………………………… 188
　　　二、创业企业部门设置 ……………………………………………………… 190
　　　三、创业企业人力资源管理 ………………………………………………… 191
　　第五节　初创企业财务管理 …………………………………………………… 194
　　　一、初创企业财务管理问题 ………………………………………………… 194
　　　二、会计基础知识 …………………………………………………………… 195
　　　三、初创企业财务管理策略 ………………………………………………… 198
参考文献 ………………………………………………………………………… 200

第一章
打开创业视界

本章导读

　　创业改变世界,创业改变人生。创业活动已成为推动当今经济社会发展的主要引擎。

　　2002年以后,伴随扩招,高校毕业生的就业压力骤然增加。此时,一些高校开始对大学生进行创业教育,我国政府也出台了多项扶持大学生创业的政策,选择自主创业的大学生日益增多。根据《中国青年报》社调中心公布的一项调查数据显示,2009年应届大学毕业生中,有21.6%的人选择"自主创业"。

通过本章,你可以了解和掌握以下内容:
- 建立创业和大学生创业的基本概念;
- 了解创业的意义和作用;
- 认识当代大学生创业的现实意义;
- 了解大学生创业的特征和优劣势;
- 认识企业,了解企业的常见类型;
- 了解大学生创业的常见形式。

创业先锋故事

创业灵感源于 20 万人次送餐市场[①]

黄静思

性别：女　　毕业院校：闽江学院（英语专业）

创业档案

黄静思首先开通了网点，并命名为"食速 FE-福州大学城送餐集中营"。选择阿里巴巴旗下的生活服务网站雅虎口碑（koubei.com）作为送餐信息发布的平台。

2009 年暑假前，黄静思入围了雅虎口碑网络经纪人大赛的 30 强。

创业经历

一名普通的在校女大学生，却要凭一己之力，打造出满足 20 万人需求的送餐服务。痴人说梦还是满怀抱负？

拥有这份"野心"的就是福建闽江学院英语专业的学生黄静思，一个充满了学生气的文弱女孩子。打造出满足 20 万人需求的送餐服务——黄静思可不认为这是痴人说梦，因为提出这个目标，她可是经过认真调研，并且已经付出了具体行动。

现在，除了正常的学业，黄静思课余时间的主要身份是"网络经纪人"。这是一个网络上孵化出来的新行当，从业者通过协助生活服务商家进行网络推广而获利。由于投入极低、操作简单，因此吸引了很多大学生参与其中。黄静思也希望能从网络经纪人的身份中寻找到创业的机会，而她锁定的行业是餐饮。确切地说，是她所就读的闽江学院所在的福州大学城周边的餐饮市场。

福州大学城位于闽侯上街镇，现有福建师范大学、福州大学、福建医科大学、闽江学院等 7 所高校进驻，师生数量超过 20 万人。大学城已经初步形成独立的生活区域结构，并仍在不断地扩建中。正是从对大学城餐饮市场的观察，黄静思发现了一个巨大的商机。"因为学校地理位置偏远，交通不便，大学城内师生的饮食只能以就近原则，而叫餐是大学城内很多师生习惯的餐饮消费形式。"经过调研，黄静思发现，大学城现有的快餐店等送餐宣传方式单一化，单调的传单方式，只有菜单式文字，存在保存率低，发放周期短，频率高，成本高（传单制作费、派发费）等弊端。对消费群体而言，对比度低，产品目录大同小异，无法做出比较判断。黄静思想到，如果能将大学城周边送餐信息搜集起来，在一个统一的网络平台上呈现，大家想要订餐时网上查看商家，将极大方便师生的消费，也会为商家带来更集中的消费群体。同时，商家的服务、卫生、菜品等信息一并展示，通过

[①] 闽大学生化身明日网商. 厦门日报. 2009-07-29.

师生的点评，更能促进大学城周边餐饮商家的优胜劣汰。

黄静思选择阿里巴巴旗下的生活服务网站雅虎口碑（koubei.com）作为送餐信息发布的平台。她首先开通了网点，并命名为"食速FE-福州大学城送餐集中营"。紧接着，她开始了送餐信息搜集过程。功夫不负有心人，黄静思网点上的信息量越来越多，也有很多师生开始到网点找寻送餐信息。不少商家主动联系黄静思，希望能在她的网点上增加自己的信息。

目前黄静思可以为商家提供信息发布、信息及时更新、菜单上传、图片处理、logo设计、网络营销方案设计、用户群交流信息反馈等服务。网点的生存，需要有可行的盈利模式。黄静思会为商家提供一个月的免费网点试用期，满意营销结果则开始合作。合作以包月形式付费，每月48元。虽然目前所谈的商家过百，但黄静思并不急于收费，"现在主要还是吸引更多师生使用我的网点，当有足够数量的消费者，可以为商家带来更多的客户，收费则水到渠成"。

2009年暑假前，黄静思入围了雅虎口碑网络经纪人大赛的30强，这也让小姑娘对于实现自己的计划更有信心。面临找工作的压力，但黄静思却并未感到任何紧张，"因为我已经找到了自己的方向"。

第一节 创业基本认知

一、创业的含义

学电子商务的毛毛,本科毕业后却丢掉专业,与几个同学合伙开了家泡沫红茶店,如今生意很红火,盘算着再开新店;农家出身的小丁,大二时瞅准商机淘得"第一桶金",在校期间就有了 50 万元的净资产;小樊毕业后,一直租住在西安的城中村,经营着自己的网上宠物用品店,生意平淡他却并不在意,旨在为今后做强做大积累经验;越来越多的在校生开起淘宝店来,做起了自己有滋有味的小生意……"创业"已成为这个时代最为热门的词汇之一。

1. 什么是创业

《现代汉语词典》对"创业"的解释是:创办事业。而"事业"是指人所从事的,具有一定目标、规模和系统并对社会发展有影响的经济活动。《辞海》对"创业"的解释是:创立基业。"基业"是指事业的基础。由此可见,创办事业是创业的本质。

只有那些能够创造出一些新的、与众不同的,并能创造价值的活动才是创业。世界目前的经济已由"管理型经济"转变为"创业型经济"。

——彼得·德鲁克(Peter F. Drucker)

创业有广义和狭义之分。广义的创业是指人类的创举活动,或指带有开拓、创新并有积极意义的社会活动。这种活动可以是盈利的,也可以是非盈利的,可以是经济方面的,也可以是政治、军事、文化、科学、教育等各个领域的。只要是人们以前没有做过的,对社会产生积极影响的事业,都可以说成创业。如美国的荣斯戴特提出:"创业是一个创造增长的财富的动态过程。"杰弗里·蒂蒙斯指出:"创业是一种思考、推理和行为方式……创业导致价值的产生、增加、实现和更新,不只是为所有者,也为所有的参与者和利益相关者。"

另外,从更广义的角度理解,一个人根据自己的性格、兴趣、知识与能力等选择自己的角色、职业和工作岗位,在这一岗位上创造性地发挥自己的特长和才干,实现个人价值并为社会带来财富的活动,都属于创业,因而职业也有岗位创业的含义。

从狭义上所讲的创业概念,源于"Entrepreneur"(企业家、创业者)一词,因而对其理解通常带有经济学的视角。如精细管理工程创始人刘先明认为:"创业是指某个人发现某种信息、资源、机会或掌握某种技术,利用或借用相应的平台或载体,将其发现的信息、资源、机会或掌握的技术,以一定的方式,转化、创造成更多的财富、价值,并实现某种追求或目标的过程。"郁义鸿、李志能在《创业学》一书中指出:"创业是一个发现和捕捉机会并由此创造出新颖的产品或服务,实现其潜在价值的过程。"

可见，狭义的创业特指个人或团队自主创办企业，我们将其定义为：创业个人或创业团队通过寻找和把握各种商业机会，投入已有的知识、技能和社会资本，调动并配置相关资源，创建新企业，为消费者提供产品或服务，具有创新或创造性的、以增加财富为目的的活动过程。创业的概念，有以下内涵：

（1）创业的主体是个人或小规模群体；

（2）创业的关键是商业机会的发掘与把握；

（3）创业者的身份是资源（知识、能力、社会资本等）所有者和资源（资金、技术、人员、机会等）配置者；

（4）创业需要创立新的社会经济单元；

（5）创业的价值实现有赖于将所提供的产品和服务在市场上转化为商品；

（6）创业是一个创造的过程，具有创新性；

（7）创业具有明确的目的性：增加财富，包括个人和社会的物质与精神财富。

- 没有创办企业能不能叫创业？
- 公职人员的工作是不是创业？
- 高校教师的工作是不是在创业？

2. 大学生创业与就业的差别

所谓大学生创业，即大学生创办自己的企业。大学生创业，是指大学生在学习期间创办事业，毕业后不选择就业而直接成立公司创业。

大学生创业是一些有胆识、有理想的大学生为自己开辟的一条择业新路，是大学生主动参与社会竞争的一种尝试。大学生创业主要表现为，大学生利用自己的知识和技能，以自筹资金、技术入股、寻求合作等方式创办企业，面向市场，面向社会，为社会创造价值的同时，使自己的价值得到充分体现。

选择就业与选择创业，是大学生出路选择的两条完全不同的道路，主要有以下几个方面的差别。

（1）担当的角色的差异。二者在企业中的地位、所肩负的责任和使命均有较大差异。创业者通常处于新创企业的高层，在企业实体的创建过程中，创业者始终是负责人，始终参与其中；而就业者通常处于中低层，到达高层需要一个过程，也不需要对企业的成长负责，只需要做好本职工作就可以了。

（2）要求的技能的差异。创业者通常身兼多职，既要有战略眼光，也要有具体的经营技能，从而要求其具备相当全面的知识和技能；就业者通常具备一项专业技能即可开展自己的工作。

（3）收益与风险的差异。就业的主要投入是数年的教育成本，而创业除了教育成本外，还包括前期准备中投入的人力、物力和资金成本。一旦失败，就业者并不会丧失教育成本，但创业者会损失在创业前期投入的几乎一切成本；而一旦成功，就业者只能获得约定的工资、奖金及少量的利润，创业者则会获得大多数经营利润，其数额理论上没有上限。

（4）成功依赖因素的差异。就业很大程度上可以依靠企业实体，但创业更多的还要考虑自身的经验、学识与财力，以及各种需求和各种资源占有等条件。

二、创业基本要素

由创业的概念可知，创业的要素包括创业者、商业机会、技术、资源、人力资本、组织、产品服务等几个方面。如图 1-1 所示。

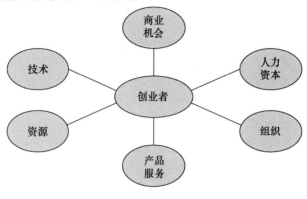

图 1-1　创业要素

1. 创业者

创业者是创业过程中处于核心地位的个人或团队，是创业的主体。创业者在创业过程中起着关键的推动和领导作用，包括识别商业机会、创建企业组织、融资、开发新产品、获取和有效配置资源、开拓新市场等。因而创业者的素质和能力是创业成功的第一要素。

2. 商业机会

商业机会是创业过程中的核心，创业者从发现和识别商业机会开始创业。商业机会指没有被满足的市场需求，它是市场中现有企业留下的市场空缺。商业机会就是创业机会，它意味着顾客能得到比当前更好的产品和服务的潜力。

3. 技术

技术是一定产品或服务的重要基础。产品与服务当中的技术含量及其所占比例，是企业满足社会和市场需求的支持保障，是企业的核心竞争力。

4. 资源

资源是组织中的各种投入，包括各种人、财、物。资源不仅指有形资产，如厂房、机器设备，也包括无形资产，如专利、品牌；不仅包括个人资源，如个人技能、经营才能，也包括社会网络资源，如信息、权力影响、情感支持、金融资本。

5. 人力资本

人力资本是创业的重要资源投入。成功的关键在于创业者的识人、留人、用人。形成创业的核心团队，制定有利的政策制度和有效的组织结构，建立良好的企业文化是建立人力资本的核心。

6. 组织

组织是协调创业活动的系统，是创业的载体，是资源整合的平台。创业型组织的显著特征是创业者的强有力领导和缺乏正式的结构和制度。从广义来说，创业型组织是以创业者为核心形成的关系网络，不仅包括新设组织内的人，还包括这个组织之外的人或组织，如顾客、供应商和投资人。

7. 产品服务

产品服务是创业者为社会创造的价值，它既是创业者成功的必要条件，也是创业者对社会的贡献。正是通过为社会提供更多更好的产品服务，人类社会的财富日益增多，人们的生活才变得丰富多彩。

总之，创业是具有创业精神的创业者、商业机会、组织与技术、资金、人力资本等资源相互作用、相互配置，以创造产品和服务的动态过程。

三、创业基本特征

创业具有以下几个基本特征。

第一，自觉性。创业是创业者自觉做出的选择，是其能动性的反映。

第二，创新性。创新是创业的主旋律。创业过程是一个不断创新的过程，创新人才首先要有创新动机、创新意识和创新精神。只有不断创新，企业才会有生命力。

第三，风险性。创业是有风险的，创业的过程充满成功和失败。一般来说，创业可能有五个方面的风险：一是政策风险，特别是临时性、突发性出台的政策法规，对创业企业可能产生较大打击；二是决策风险，不同的决策方案有不同的机会成本，创业者对于市场的把握和经验的缺乏都容易放大这样的风险；三是市场风险，这是核心风险因素，如更强势的竞争对手出现导致竞争加剧，市场形势变化；四是扩张风险，如果扩张很盲目，不能与企业能力、市场需求合拍，是极其危险的；五是人事风险，人事风险不仅仅表现在使企业组织不能正常运行上，还表现在当员工不能为创业企业所用时，到竞争对手那里去挖创业企业的"墙角"等。

第四，利益性。创业以增加财富为目的，没有利益的驱动，就不会有人能够承受创业所面临的风险。创业过程中获利的多少，往往也是人们衡量创业者成功与否的重要标志。

第五，曲折性。创业者往往要受到重重挫折，经过多年艰苦奋斗，倾注大量心血，才能获得成功。创业者必须做好吃苦的思想准备，只有在困难前面不屈不挠，才能成为笑到最后的成功者。

大学生创业者的感悟

创业历程，从来不是三言两语或是几张图片可以记载，这是一条漫长的道路，一年半的时光，我们经历了太多太多，充满惊喜和坎坷，收获着，成长着。

创业就是一个不断遇到困难然后解决困难的过程，这其中比资金遭受损失带来更大挫折感的是自信心受到的打击，不在性格上历练出那种能屈能伸的韧性，创业的路很难走下去。作为在校大学生，我们缺乏的正是勇气和韧劲，因此，创业让我们有更好的锻炼机会，让我们比同龄人更快更早地体悟社会，适应社会，融入社会，也注定了我们有更与众不同的经历，更强的核心竞争力，更精彩的人生。

创业不仅要考虑社会和市场的需求，更要考虑以何种方式回馈社会。只要不忘回馈社会，社会就会给你更广阔的发展空间。在创业这条路上，我们还学会了感恩和珍惜。感恩一路上支持和帮助我们的每一个老师、同学、朋友、陌生人，是他们给我们无私的关爱和支援，让我们走得更顺、更远、更久；还感谢拒绝或嘲笑我们的人，是他们让我们反思我们的不足，改变我们的观念，调整我们的举措，从而走向正确的道路。因此，我们多次进行公益活动，回报学校、回报社会。

创业，从来不是一个人的事，是一群志同道合者同舟共济，有人做绿叶，有人做红花，但都绽放着各自的美丽。因此，我们也悟出了些心得：① 合作原则要明确，要能够互相监督，财务清晰；② 能者上，庸者让；③ 合作是智慧的结晶，一致对外，所向无敌；④ 合作尽量要优势互补。

我们坚决相信，合伙比单干优势更大，主要体现在：① 优势互补，② 资源共享，③ 智慧结晶，④ 群策群力，⑤ 风险更小。

（小莺墙绘工作室创业者王莺供稿．有删改）

四、创业的意义

（一）"济天下"——创业对社会的意义

只要简单回顾一下近二三十年间，创业者所创造出的新行业，诸如个人电脑、生物技术、闭路电视、电脑软件、办公自动化、手机服务、电子商务、互动网络、虚拟技术等，我们不难想象出创业者是如何巨大地改变了世界的发展进程和人们的生活、工作和学习方式。

1. 创业可以增加社会财富，促进经济发展和社会繁荣

创业过程是增加社会财富的过程，企业在生产经营的过程中，为社会创造了财富，增加了社会价值，并大大增加了国家的财政税收。企业的产品和服务拉动了国内市场需求，满足了人民生活的需要，丰富了市场，促进了社会经济的繁荣。创业还改变了传统的产业格局，催生了很多崭新的行业，加速了经济结构调整。在创业过程中，社会资源得到优化配置，市场体系不断得到完善，市场竞争活力得以保持。

20世纪90年代以来，美国社会经济科技高速增长堪称当代奇迹。对此，相关研究者认为，创业革命是美国经济持续繁荣的基础。据统计，美国95%以上的财富是由1980年以后新出现的比尔·盖茨等新一代创业英雄们创造的。在世界上的其他地方，欧洲、日本，创业同样推进着经济的快速增长。

在我国，经过近30年的改革开放，创业活动催生了中小企业的迅速崛起。新创的中小企业是中国经济新的增长点，提供了大量的产品和服务，对我国经济持续高速增长，对促进我国的城市化进程和现代化建设，起到了重要的作用。

（资料来源：常建坤，李时椿．论美国创业活动和创新精神及其对中国的启示．
南京财经大学学报，2007年第6期．有删改）

2. 创业可以实现先进技术转化，促进生产力提高和科技创新

创新是创业的主要驱动力量，创业是新理论、新技术、新知识、新制度的孵化器，也是新理论、新技术、新知识、新制度形成现实生产力的转化器。

2010年5月27日，苹果公司的市值超过微软，成为世界上最大的科技公司；2011年9月，苹果公司市值达到8 816亿美元。过去在科技世界尚未形成行业革命浪潮的苹果公司，如何让自己在短短的10年内发生颠覆性的变化，从而让世界刮起"苹果"旋风，大家为它的每一个产品的推出都翘首以盼呢？归根结底是其可持续的技术创新能力。苹果公司在准确把握消费趋势的前提下，通过持续的技术创新使自己始终处于行业领先地位。

美国的相关研究表明，第二次世界大战后，在美国创业型小企业的创新占所有创新的一半，占重大创新的95%；在较小的创业型企业的研究开发比大企业更有效率和更为强劲，小企业每一美元的研究开发经费产生的创新是大企业的两倍。

就我国来说，当前中国经济结构调整的重点是发展高新技术产业和进行传统产业的升级改造。而创业往往伴随着新技术、新产品、新工艺、新方法进入市场，科研成果转化型的创业企业，往往伴随着新的技术或工艺的产生与发展。成功的创业企业必然会为社会经济注入新鲜活力，有利于促进整个社会生产力的发展。

（资料来源：贺俊英. 大学生创业基础与实训指导. 高等教育出版社，2010. 有删改）

3. 创业可以提供就业岗位，缓解社会就业压力

我国人口众多，劳动人口就业问题一直是一个关于民生的大问题，解决就业问题是我国的一个长期任务。目前，我国正处在改革开放后的第四次人才流动，在这次流动中，四股劳动大军纷纷涌向中国的劳动市场：一是大学毕业人数激增；二是农村劳动力向城镇转移的步伐还将进一步加快；三是随着我国加入世界贸易组织五年过渡期的结束，国企改革力度的加大和经营机制的转换，下岗工人的数量会继续增加；四是"海归"人数的增加。受人口基数、人口年龄结构、人口迁移及社会发展进程等因素影响，21世纪前20年我国仍将面临较大的就业压力。

中小型创业企业不仅解决了创业者本身的工作岗位，同时也为需要工作的人们提供了大量的工作岗位，扩大了就业率，降低了失业率，大大缓解了社会就业压力，从而稳定了社会秩序。

"以创业促进就业"是党的十七大提出的明确要求。创业是最积极、最主动的就业，它不仅能解决大学生的自身就业，还能通过带动就业产生倍增效应。清华大学中国创业研究中心的调查数据表明，每增加一个创业者，当年带动的就业数量平均为2.77人，未来5年带动的就业数量平均为5.99人。因此，让更多的创业者投身创业更有助于提高创业带动就业的效应。

（资料来源：2012年7月25日，《光明日报》）

4. 创业可以激发整个社会的创新意识和创业精神，有利于观念的转变

在美国，创业革命使得"为自己工作的观念"深深扎根于美国文化中。在我国，近年来如火如荼的创业大潮使得无数个人进入了经济和社会的主流，对于形成创新、宽容、民主、公正、诚信等观念和文化具有积极作用。

目前，我国自主创业的空间非常大。截至2009年9月底，我国工商登记的中小型企业数量为4 153.1万个，与美国相当，美国只有3亿人，而我们是13亿人。与世界各国相比较，我国人均拥有的企业数量很少，发达国家每千人企业数量平均在45个左右，发展中国家也在20~30个，而我国不到10个。所以，加大对大学生创业的扶持力度，意义深远。

（资料来源：张天豪. 浅析我国中小型企业融资难的问题. 中华少年·上旬刊，2011年第11期.）

（二）"善其身"——创业对创业者的意义

创业是一个伟大的历程，是一个精彩的大舞台。创业起步可高可低，创业的发展空间无限。通过创业，才能有效实现人生价值，把握人生航向。

1. 创业可以主宰自己，充分发挥自己的才干

许多上班族之所以感到厌倦，积极性不高，重要原因之一是给别人"打工"，个人的创意、想法往往得不到肯定，个人的才能无法充分发挥，愿望得不到实现，工作缺乏成就感，行事有诸多约束，往往感觉"怀才不遇"。而创业则完全可以摆脱原有的种种羁绊，摆脱在行为上受制于人的局面，充分施展自己的才华，发挥最大潜能，使自己的人生价值得到更好的体现。

2. 创业可以帮助个人积累财富，一定程度上满足个人对物质的追求欲望

工薪阶层的收入有高有低，但都是有限的，没有太多提升的空间。而摆脱这些烦恼的最佳途径就是，开创一份完全属于自己的事业，它提供给创业者的利润是没有极限的，可任你想象。根据统计资料，在美国福布斯富人榜前四百名富人中，有75%是第一代的创业者。而各类名目的中国富豪榜中，以创业起家的也不在少数。

3. 创业能够使个人有机会和实力回馈社会，具有极高的成就感

创业者创造的企业一方面为社会提供了产品或服务，一方面为个人、社会创造了财富。企业融入社会再生产的大循环之中，从多个环节中为国家和社会做出了贡献。这种贡献使得创业者个人能够从中收获巨大的成就感。

4. 创业使个人能够从事喜欢的事业并从中获得乐趣

创业者选择创业项目，通常都会从个人感兴趣的领域着手，将其与自己的知识技能、专业特长等结合起来。而做自己喜欢做的事本身就是一种享受。

5. 创业使个人从挑战和风险中得到别样的享受和刺激

创业充满挑战和风险，同时也充满克服种种挑战的无穷乐趣。在创业过程中，可以感受到无穷的变化、挑战和机遇，这是一个令人兴奋的过程，创业者可以通过征服创业过程

中的重重困难来获得一种激励和快感，丰富自己的人生体验。

总之，创业是实现人生理想和价值、获得自身全面发展的有效途径。

五、创业的类型

创业从不同的角度、根据不同的标准可以做不同的分类。

1. 根据创业动机，可分为机会型创业与就业型创业

（1）机会型创业，是指创业的出发点并非谋生，而是为了抓住、利用市场机遇。它以市场机会为目标，能创造出新的需要，或满足潜在的需求。因而会带动新的产业发展，而不是加剧市场竞争。

（2）就业型创业，指为了谋生而走上创业之路。这类创业是在现有的市场上寻找创业机会，并没有创造新需求，大多属于尾随型和模仿型，因而往往小富即安，极难做大做强。

虽然创业动机与主观选择相关，但创业者所处的环境及其所具备的能力对于创业动机类型的选择有决定性作用。因此，通过教育和培训来提高创业能力，就可增加机会型创业的数量，不断增加新的市场，减少低水平竞争。

2. 根据创业者数量，可分为独立创业与合伙创业

（1）独立创业，指创业者独立创办自己的企业。其特点在于产权是创业者个人独有的，企业由创业者自由掌控，决策迅速。但它需要创业者独自承担风险，创业资源准备也比较困难，还受个人才能的限制。

（2）合伙创业是指与他人共同创办企业。其优劣势与独立创业相反，优势在于资源准备相对容易，风险均摊，决策制衡，可以发挥集体智慧。但缺点在于权力多头，决策层级多，响应速度慢。

3. 根据创业项目性质，可分为传统技能型创业、高新技术型创业和知识服务型创业

（1）传统技能型创业，指使用传统技术、工艺的创业项目，它具有永恒的生命力。尤其是酿酒、饮料、中药、工艺美术品、服装与食品加工、修理等与人们日常生活紧密相关的行业中，独特的传统技能项目表现出了经久不衰的竞争力，许多现代技术都无法与之竞争。国内外均是如此。

（2）高新技术型创业，指知识密集度高，带有前沿性、研究开发性质的新技术、新产品项目。

（3）知识服务型创业，指为人们提供知识、信息的创业项目。当今社会，信息量越来越大，知识更新越来越快，各类知识性咨询服务的机构将会不断细化和增加，如律师事务所、会计师事务所、管理咨询公司、广告公司等。这类项目投资少、见效快。如北京有人创办剪报公司，把每天主要媒体上与该企业有关的信息全部收集、复印、装订起来，有的年收入达100万元，且市场十分稳定。

4. 根据创业方向或风险，可分为依附型创业、尾随型创业、独创型创业和对抗型创业

（1）依附型创业，可分为两种情况：一是依附于大企业或产业链而生存，为大企业提供配套服务。如专门为某个或某类企业生产零配件，或生产、印刷包装材料。二是特许经营权的使用。如利用麦当劳、肯德基等的品牌效应和成熟的经营管理模式，减少经

营风险。

（2）尾随型创业，即模仿他人创业，"学着别人做"。其特点，一是短期内只求能维持下去，随着学习的成熟，再逐步进入强者行列；二是在市场上拾遗补缺，不求独家承揽全部业务，只求在市场上分得一杯羹。

（3）独创型创业，指提供的产品或服务能够填补市场空白。大到商品独创性，小到商品的某种技术的独创性。如生产的洗衣粉比市场上卖的环保性好且去污力强，改革开放后首家搬家服务公司、婚介公司等。但其也有一定的风险性，因为消费者对新事物有一个接受的过程。独创型创业也可以是旧内容新形式，比如，产品销售送货上门，经营的商品并无变化，但在服务方式上扩大了，从而更具竞争力。

（4）对抗型创业，指进入其他企业业已形成垄断地位的某个市场，与之对抗较量。这类创业风险最高，必须在知己知彼、科学决策的前提下，抓住市场机遇，乘势而上，把自己的优势发挥到淋漓尽致。比如，针对1990年年初外国饲料厂商在中国市场大量倾销合成饲料的背景，希望集团运用对抗型创业，建立了西南最大的饲料研究所，定位于与外国饲料争市场，从而取得成功的。

此外，依据创业主体，可将创业分为大学生创业、失业者创业和兼职者创业；根据创业的融资形式，可分为独资创业、合资创业、引进各类（风险）投资基金创业等；根据创业者与事业的关系，可分为个人创业、家族创业、合伙创业、参与创业等；根据创业机遇的选择，可分为先学习后创业、先深造后创业、先就业后创业、边学习边创业、休学创业等；根据创业的行业领域，又可以分为餐饮、娱乐、批发零售、广告艺术设计、装饰装潢、信息咨询、法律服务、电子信息技术、金融衍生服务等各行业领域的创业。

大学生在实际创业时，应根据自身的情况，综合考虑各种因素，选择合适的创业领域和创业类型。

大学生尽管资金、能力、经验有限，但在知识结构、IT技能、创意策划等方面具有优势，因而在创业的方向上，可以根据自己的特点找好切入点。以下几个方向可以看做是大学生创业的优势领域。

1. 科技创业

大学是高科技研究的前沿阵地，大学生在高科技方面具有天然的优势。"易得方舟"、"视美乐"等大学生创业企业的成功，就是得益于创业者的技术优势。一般来说，技术功底深厚、学科成绩优秀的大学生在科技创业方面具有更大的成功把握。有意在这一领域创业的大学生，可积极参加各类创业大赛，获得脱颖而出的机会，同时吸引风险投资。

2. 创意服务

大学生阶层整体智力水平较高，思维活跃，想象力丰富，这可以成为大学生创业的独特资本。在创意和服务领域，大学生可以凸显出自己的优势，比如可以考虑开设"卖点子"的咨询公司等。

3. 连锁加盟

对创业资源十分有限的大学生来说，借助连锁加盟的品牌、技术、营销、设备优势，可以较少的投资、较低的门槛实现自主创业。但连锁加盟并非"零风险",在市场鱼龙混杂的现状下,大学生涉世不深,在选择加盟项目时更应注意规避风险。一般来说,大学生创业者资金实力较弱,适合选择启动资金不多、人手配备要求不高的加盟项目,从小本经营开始为宜;此外,最好选择运营时间在5年以上、拥有10家以上加盟店的成熟品牌。

一些看上去很热门、很好做的创业项目,在实际操作时往往并不像想象的那样,可能会遭遇各种各样的问题。因此大学生在做出创业决策、选择创业项目时,必须进行理性的分析,综合考虑各种因素。

(资料来源:http://cne.csu.edu.cn/news/843.htm 有删改)

第二节 了解企业

企业,是创业活动的基本场所。整个创业的过程、创业价值的创造都要在这个场所进行。大学生在了解了创业的基本概念、做好了创业的思想准备后,接下来就要考虑创办怎样的一个企业。

一、企业的含义

企业是从事生产、流通或服务性活动的独立核算经济单位。它是依法设立的经济组织,是在商品经济范畴,按照一定的组织规律,有机构成的经济实体,一般以营利为目的,以实现投资人、客户、员工、社会大众的利益最大化为使命,通过提供产品或服务满足社会需求,以换取收入和赢利。企业是社会发展的产物,因社会分工的发展而成长壮大。

企业对整个社会经济的发展与进步有着不可替代的作用,从一定意义上讲,企业素质的高低,企业是否适应市场经济发展的要求,直接关系着国民经济状况的好坏和社会的长治久安。企业在社会生活中的作用,主要表现为以下几个方面。

首先,企业作为国民经济的细胞,是最主要的市场主体,是市场活动的主要参加者;

其次,企业是社会生产和流通的直接承担者;

最后,企业是推动社会经济技术进步的主要力量。

 认识小企业

一般说来,员工不超过50人的企业都属于小企业。小企业拥有独立的管理,一般所有者提供资本,以当地经营为主,在行业内规模相对较小。大学生创业绝大多数会以小企业为起点,下面是小企业的一些基本认知,供参考。

1. 在许多国家,高达99%的企业是小企业。
2. 在许多国家,超过40%的员工就职于小企业。
3. 在许多国家,小企业创造的价值约占全部企业创造价值的40%。
4. 小企业创造了约75%的新岗位。

5. 50%的小企业在成立的头两年内倒闭。
6. 60%的小企业的启动资金来自个人，如个人存款、亲友借款。
7. 通过小企业创造就业机会所需的成本要比通过大企业低得多。
8. 小企业吸纳了批发零售业和服务行业的大部分就业人数。
9. 在某些制造行业，小企业的销售额和雇用人数占了较大部分。
10. 小企业失败的主要原因是管理不善。
11. 新企业存活期超过5年的机会只有25%。
12. 几乎在所有国家，小企业都是创业者的乐园。

（资料来源：参考《大学生KAB创业基础》，有删改）

二、企业的分类

企业根据不同的标准也可以分为不同的类型。

1. 根据企业规模划分

根据企业规模大小不同，可分为大型企业、中型企业、小型企业。

大、中、小型企业的划分的标准主要有经营规模、资金投入、生产经营管理人员的数量等。

2. 根据企业组织形式划分

根据企业组织形式不同，可分为个体企业、合伙制企业、股份制企业。

个体企业是由业主个人出资兴办，由业主自己直接经营管理的企业。业主个人享有企业的全部经营所得，同时对企业的债务负有完全责任。个体企业一般规模较小，内部管理机构简单。

合伙制企业是指由两人以上按照协议投资，共同经营、共负盈亏的企业。合伙制企业财产由全体合伙人共有，共同经营，合伙人对企业债务承担连带无限清偿责任。

股份制企业是指两个或两个以上的利益主体，以集股经营的方式自愿结合的一种企业组织形式。它是适应社会化大生产和市场经济发展需要、实现所有权与经营权相对分离、利于强化企业经营管理职能的一种企业组织形式。股份制企业由股东大会作为企业的经营机构。按照股东承担的责任不同，又分为无限责任公司、有限责任公司和股份有限公司。

3. 根据经济成分划分

根据经济成分不同，可分为国有企业、集体企业和私营企业。

国有企业也称为国有独资企业，是指完全由国家投资兴办的企业。国有企业的投资者是代表国家的政府机构、政府委托管理者进行经营管理。现阶段我国的国有企业正在进行改制，大部分国有企业将改制为股份制企业。

集体企业是由集体出资兴办的企业。我国经济体制改革之后，很多集体企业改为股份制，发展为企业集团。

私营企业是指由个人出资兴办的企业。近几十年来，我国的私营企业飞速发展，得到国家政策的大力支持，在国民经济中发挥着不可或缺的重要作用。

4. 根据资源密集程度划分

根据资源密集程度不同，可分为劳动密集型企业、资金密集型企业和技术密集型企业。

劳动密集型企业，又称为劳动集约型企业，是指生产需要大量的劳动力企业，也就是说产品成本中活劳动量消耗占比重较大的企业。在劳动密集型企业里平均每个工人的劳动装备不高，比如纺织业、服务企业、食品企业、日用百货等轻工企业以及服务性企业等。

资金密集型企业，又称资本密集型企业，是产品成本中物化劳动消耗所占比例较大或资金有机构成较高的企业。资金密集型企业的特点是：投资大，占用资金多，现代化技术装备程度高，容纳劳动力相对少，劳动生产率高。如钢铁、机械制造、汽车、石油化工、电力等，均属于资金密集型行业。

技术密集型企业是指技术装备程度比较高，所需劳动力或手工操作的人数比较少的企业。技术密集型企业的单位产品所需资金投资较多，也需要集中熟练的较多的技术人员，同时耗费原材料较少。也就是说，这类企业的技术密集程度与企业的机械化、自动化水平成正比，同企业的手工操作人数成反比。技术密集型企业是综合运用先进的，现代的科学技术成就的工业企业。如飞机和航天工业、原子能工业、创意文化产业等，均属于技术密集型行业。

5. 根据经营性质划分

根据经营性质不同，可以分为工业企业、商业企业、农业企业、金融保险企业、房地产开发企业、交通运输企业、旅游服务企业、餐饮娱乐企业、邮电企业、中介服务业等。

小企业的优劣势分析

劣势：

1. 资金规模小，现金流有局限性；
2. 员工少且存在结构性问题；
3. 市场占有率小，销售量有限，导致成本较高；
4. 所有的鸡蛋都放在一个篮子里，运营风险较大；
5. 存在社会公信度较差的问题；
6. 研发和质量控制方面存在局限性。

优势：

1. 市场细分到位，可个别接触客户；
2. 较强的动力，创业精神引导性强；
3. 运营机制具有较强的灵活性；
4. 企业团队具有较少的官僚性；
5. 太不招摇，容易被竞争对手忽略；
6. 服务于当地/局部市场。

因此，小企业适合进入具有以下特征的领域：（1）满足某个地区的需要；（2）生产周期较短或特殊需求产品的生产；（3）提供技术维修服务；（4）提供个别服务；（5）市场快速变化的情况下，有许多新的机会。

（资料来源：张轻辉. 中小企业战略特征研究（D），2006. 有删改）

三、企业的法律形式

在市场经济条件下，企业是独立的经济实体，任何一个企业都要依法建立。创立企业时，必须对企业的法律形式进行选择。依据我国现行法律规定，个人创立新企业的法律形式主要有有限责任公司、合伙企业、个人独资企业、个体工商户等。不同的企业类型有着不同的设立条件和注册资本限额。

1. 有限责任公司

有限责任公司又称有限公司，是指符合法律规定的股东出资组建，股东以其出资额为限对公司承担责任，公司以其全部资产对公司的债务承担责任的企业法人。

有限责任公司设立的基本要求如下所示。

（1）股东符合法定人数即由 2 个以上 50 个以下股东共同出资设立。

（2）股东出资达到法定资本最低限额：以生产经营为主的公司需 50 万元人民币以上；以商品批发为主的公司需 50 万元人民币以上；以商品零售为主的公司需 30 万元人民币以上；科技开发、咨询、服务公司需 10 万元人民币以上。

（3）股东共同制定公司章程。

（4）有公司名称，建立符合有限责任公司要求的组织机构。

（5）有固定的生产经营场所和必要的生产经营条件。

设立有限责任公司，除其名称应符合企业法人名称的一般性规定外，还必须在公司名称中标明"有限责任公司"或"有限公司"。建立符合有限责任公司要求的组织机构，是指有限责任公司组织机构的组成、产生、职权等符合《公司法》规定的要求。公司的组织机构一般是指股东会、董事会、监事会、经理，或股东会、执行董事、一至二名监事、经理。股东人数较多、公司规模较大的适用前者，反之适用后者。

2. 合伙企业

合伙企业，是指自然人、法人和其他组织依照《中华人民共和国合伙企业法》在中国境内设立的普通合伙企业和有限合伙企业。合伙企业由各合伙人订立合伙协议，共同出资、合伙经营、共享收益、共担风险，并对合伙企业债务承担无限连带责任。

合伙企业的特征有以下几点。

（1）生命有限。合伙企业比较容易设立和解散。合伙人签订了合伙协议，就宣告合伙企业的成立。新合伙人的加入，旧合伙人的退伙、死亡、自愿清算、破产清算等均可造成原合伙企业的解散以及新合伙企业的成立。

（2）责任无限。合伙组织作为一个整体对债权人承担无限责任。按照合伙人对合伙企业的责任，合伙企业可分为普通合伙和有限合伙。普通合伙的合伙人均为普通合伙人，对合伙企业的债务承担无限连带责任。有限责任合伙企业由一个或几个普通合伙人和一个或几个责任有限的合伙人组成，即合伙人中至少有一个人要对企业的经营活动负无限责任，而其他合伙人只以其出资额为限对债务承担偿债责任，因而这类合伙人一般不直接参与企业经营管理活动。

（3）相互代理。合伙企业的经营活动，由合伙人共同决定，合伙人有执行和监督的权利。合伙人可以推举负责人。合伙负责人和其他人员的经营活动，由全体合伙人承担民事责任。换言之，每个合伙人代表合伙企业所发生的经济行为对所有合伙人均有约束力。因此，合伙人之间较易发生纠纷。

（4）财产共有。合伙人投入的财产，由合伙人统一管理和使用，不经其他合伙人同意，任何一位合伙人不得将合伙财产移为他用。只提供劳务，不提供资本的合伙人仅分享一部分利润，而无权分享合伙财产。

（5）利益共享。合伙企业在生产经营活动中所取得、积累的财产，归合伙人共有。如有亏损则亦由合伙人共同承担。损益分配的比例，应在合伙协议中明确规定；未经规定的可按合伙人出资比例分摊，或平均分摊。以劳务抵作资本的合伙人，除另有规定者外，一般不分摊损失。

合伙企业对注册资金实行申报制，没有最低限额基本要求，其设立条件为：① 有两个以上合伙人，并且都是依法承担无限责任者；② 有书面合伙协议；③ 有各合伙人实际缴付的出资；④ 有合伙企业的名称；⑤ 有经营场所和从事合伙经营的必要条件；⑥ 合伙人应当为具有完全民事行为能力的人；⑦ 法律、行政法规禁止从事营利性活动的人，不得成为合伙企业的合伙人。

3. 个人独资企业

个人独资企业，简称独资企业，是指由一个自然人投资，全部资产为投资人所有的营利性经济组织。独资企业是一种很古老的企业形式，至今仍广泛运用于商业经营中，其典型特征是个人出资、个人经营、个人自负盈亏和自担风险。

个人独资企业具有以下特征。

（1）投资主体：个人独资企业仅由一个自然人投资设立。这是独资企业在投资主体上与合伙企业和公司的区别所在。《中华人民共和国合伙企业法》规定的合伙企业的投资人尽管也是自然人，但人数为两人以上；公司的股东通常为两人以上，而且投资人不仅包括自然人还包括法人和非法人组织。当然，在一人有限责任公司的场合，出资人也只有一人。

（2）企业财产：个人独资企业的全部财产为投资人个人所有，投资人是企业财产的唯一所有者。基于此，投资人对企业的经营与管理事物享有绝对的控制与支配权，不受任何其他人的干预。个人独资企业就财产方面的性质而言，属于私人财产所有权的客体。

（3）责任承担：个人独资企业的投资人以其个人财产对企业债务承担无限责任。这是在责任形态方面独资企业与公司（包括一人有限责任公司）的本质区别。所谓投资人以其个人财产对企业债务承担无限责任，包括三层意思：一是企业的债务全部由投资人承担；二是投资人承担企业债务的责任范围不限于出资，其责任财产包括独资企业中的全部财产和其他个人财产；三是投资人对企业的债权人直接负责。换言之，无论是企业经营期间还是企业因各种原因而解散时，对经营中所产生的债务如不能以企业财产清偿，则投资人须以其个人所有的其他财产清偿。

（4）主体资格：个人独资企业不具有法人资格。尽管独资企业有自己的名称或商号，并以企业名义从事经营行为和参加诉讼活动，但它不具有独立的法人地位。其一，独资企业本身不是财产所有权的主体，不享有独立的财产权利；其二，独资企业不承担独立责任，而是由投资人承担无限责任。这一特点与合伙企业相同而区别于公司。独资企业不具有法人资格，但属于独立的法律主体，其性质属于非法人组织，享有相应的权利能力和行为能力，能够以自己的名义进行法律行为。

根据《中化人民共和国个人独资企业法》第8条的规定，设立独资企业须具备以下五个方面的条件：① 投资人为一个自然人，且具有中国国籍；② 有合法的企业名称，独资企业的名称中不得使用"有限"、"有限责任"、"公司"字样；③ 有投资人申报的出资；④ 有固定的生产经营场所和必要的生产经营条件；⑤ 有必要的从业人员。

4. 个体工商户

个体工商户是在法律允许的范围之内，依法经核准登记，从事工商业经营的自然人。个体工商户是个体工商业经济在法律上的表现，其具有以下特征。

（1）个体工商户是从事工商业经营的自然人或家庭。自然人或以个人为单位，或以家庭为单位从事工商业经营，均为个体工商户。根据法律有关政策，可以申请个体工商户经营的主要是城镇待业青年、社会闲散人员和农村村民。国家机关干部、企事业单位职工，不能申请从事个体工商业经营。

（2）自然人从事个体工商业经营必须依法核准登记。个体工商户的登记机关是县以上工商行政管理机关。个体工商户经核准登记，取得营业执照后，才可以开始经营。个体工商户转业、合并、变更登记事项或歇业，也应办理登记手续。

（3）个体工商户只能经营法律、政策允许个体经营的行业。

个体工商户对注册资金实行申报制，没有最低限额。设立的基本要求为：① 有经营能力的城镇待业人员、农村村民以及国家政策允许的其他人员，可以申请从事个体工商业经营；② 申请人必须具备与经营项目相应的资金、经营场地、经营能力及业务技术。

通过以上比较，我们可以看出企业的不同法律形式之间的区别，创业者在具体创立企业时，可根据人员组成、资金准备情况、经营风险考虑等因素对企业的法律形式做出适当的选择。

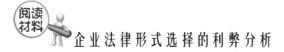

企业法律形式选择的利弊分析

一个新创企业可以选择不同的组织形式，可以由一个独立体创办单一业主制企业，或者由几个人创办合伙制企业，或者成立法人公司制企业。但无论选择怎样的形式，都必须根据国家的法律法规要求和新创企业的实际，科学衡量各种组织形式的利弊，决定合适的组织形式。

1. 从新事业启动成本方面进行分析

对于白手起家的创业者而言，启动成本无疑是他们创建自己企业的第一道屏障。越复杂的组织，创办成本也越高。相对而言，费用最少的是个人独资企业，只有注册企业或商品名的费用。在合伙企业中，除注册外还要订立合伙协议，这就涉及一些专业中介机构的咨询成本及谈判成本。有限责任公司和股份有限公司相对来讲比较"昂贵"，因为其在成立前需要履行一系列法律所规定的程序，这就不可避免地会产生一系列的费用。

2. 从新事业的稳定性方面进行分析

无论对于创业者、投资者还是消费者，企业能否长久地存续，是否能够稳定地发展下去都是他们最关心的问题之一。个人独资企业完全是基于创业者个人能力、资金等因素而建立起来的，如果创业者死亡或个人情况发生改变，独资企业的稳定性就会发生动摇。而在合伙企业中，合伙人之间的信任是建立合伙企业的基础，合伙人之一的死亡、退出或信赖基础的丧失都可能导致合伙企业结束。我国的合伙企业法对入伙和退伙做出了具体的规定：退伙包括正常退伙、当然退伙和强制退伙。有限责任公司与股份有限公司在各种企业形式中拥有最好的稳定性，由于董事会在公司治理中起到了十分重要的督导作用，股东的死亡或退出对企业的连续性基本上无太大的影响。

3. 从权益的可转让性方面进行分析

所有者对于企业的权益是否容易转让决定着所有者财产的流动程度。当利润一定时，创业者都会努力持有流动性高的资产，反之亦然。在个人独资企业里，创业者有权随时出售或转让企业的任何资产。在合伙企业中，除非合伙协议允许或其他合伙人同意，合伙人一般不能出售企业的任何权益。而在有限责任公司与股份有限公司里，股东在出售企业的权益方面有很大的自由。特别是股份有限公司，一般股东可以在任何时间不经其他股东同意就转让自己的股份。当然，由于股权分置等历史原因，我国的公司法对股份有限公司的股份转让规定了某些限制，如：发起人持有的本公司股份，自公司成立之日起3年内不得转让。公司董事、监事、经理应当向公司申报所持有的本公司的股份，并在任职期间内不得转让。

4. 从获得增加资金的方面分析

一般而言，新创企业增加资金的机会和能力依据企业形式的不同而有很大的区别。对个人独资企业而言，任何新资金只能来自于一些贷款和创业者个人的追加投资。合伙企业可以从银行借贷，也可以要求每个合伙人追加投资或者吸收新的合伙人。而在有限责任公司与股份有限公司里则有很多途径可以增加资金，要比企业的其他法律形式有更多的选择渠道。股份有限公司可以发行股票、发行债券、发行可转债或者直接向银行贷款。

5. 从管理控制方面分析

在许多新创企业中，创业者希望尽可能多地保留对公司的控制权。每种企业形式都给管理控制和决策责任带来不同的机会和问题。在个人独资企业里，创业者拥有最大的控制权，可以灵活制定企业的决策。在合伙企业中，一般由合伙人根据合伙协议协商解决日常及关键性的问题。而有限责任公司与股份有限公司的日常业务控制权掌握在职业经理的手中，但大股东却有权投票决定公司较重要的长期决策。按照公司制的设计要求，法人公司中的管理权和控制权进行了适当的分离。

6. 从利润与损失的分配方面分析

毋庸置疑，利润最大化和损失最小化是创业者的目标，因此利润与损失分配问题也是创业者选择企业法律形式时需要着重考虑的问题。个人独资企业的业主取得企业经营中的所有利润，同时他们也要为经营中的所有损失承担无限责任；在合伙企业里，利润与损失的分配取决于合伙人出资的份额或合伙协议；有限责任公司与股份有限公司一般严格按照股东的出资比例分配利润和承担损失。

7. 从对筹资吸引力方面分析

由于个人独资企业和合伙企业对企业的债务承担无限责任，因此任何债务性融资对他们来讲都是一件需要慎重考虑的决策；相比而言，股份有限公司和有限责任公司仅对企业的债务承担有限责任，因此，无论是债务性融资还是权益性融资都对公司的吸引力要强许多，当然，公司实力越优越，筹资就越容易。

（资料来源：李家华，郑旭红．创业有道．高等教育出版社，2011．有删改）

【实践活动】

进行一次创业人物访谈，其内容包括：访谈时间、地点、被访问者姓名、年龄、性别、创业的动机、经历、如何发现商机、成功的关键因素、如何找寻合伙人、如何融资、在初期生存阶段所经受的压力和危机有哪些、获得的外部帮助有哪些，重点是创业者的经验、体会、教训等，并将访谈结果记录下来。访谈可参考以下提纲：

1. 你的创业点子、创业想法是如何产生的？
2. 你是如何确定创业项目的？
3. 创业前期需要进行哪些筹备工作？
4. 如何进行创业资金的筹集？
5. 你是单独创业还是建立了一个团队？团队是如何建立的？
6. 创业的过程中如何抓住机遇，充分利用资源？
7. 创业中可能遇到什么样的困难和风险？作为创业者该如何应付不可控的因素？在遭遇困难时，你是如何重树信心的？
8. 你对自己的创业前景有何展望？接下来有何打算？
9. 你认为作为一个创业者应该具备哪些素质？
10. 哪些素质是创业者需要自己有意识地锻炼培养的？
11. 大学生创业者应该做好怎样的心理准备？

选择你最想了解的1～2位创业者和企业，可以是你心目中的典范或仰慕的榜样，也可以是你所知甚少但非常想了解的，撰写一篇访问的专题报告。

【拓展资源】

1. 林钧敬．知识创业——大学生创业指南［M］．北京：高等教育出版社，2001．
2. 汪歔萍，熊丙奇．大学生创业［M］．上海：上海交通大学出版社，2001．
3. 罗天虎．创业学教程［M］．西安：西北工业大学出版社，2004．
4. 葛建新．创业学［M］．北京：清华大学出版社，2004．

【思考题】

1. 根据自己的经历和感受，谈谈创业如何改变了我们的生活。
2. 你会不会考虑创业？如果会考虑，你最希望通过创业来实现什么目的？如果不会，妨碍你创业的最大阻碍是什么？
3. 叙述创业的类型，如果你自己创业的话，会选择哪种类型？
4. 设想一个创业项目，说出你能想到的所有需要做的准备工作。在学习本章后面的内容之后，再回头来比较，看看你想到了什么，遗漏了什么。

第二章
探索创业环境

本章导读

回顾近几年来"两会"的建议、提案,大家对大学生自主创业给予空前的关注。而如何把大学生就业转变为大学生自主创业则是"两会"代表、委员讨论的焦点之一。

教育部部长袁贵仁曾表示,高校要积极探索在专业课教学中融入创业教育,并把创业教育作为就业指导课程的重要内容。省级就业主管部门要积极出台鼓励大学生创业的新政策,协调当地有关部门,切实扶持一批大学生实现创业。

通过本章,你可以了解和掌握以下内容:
- 了解大学生创业的国际和国内背景,认识我国大学生创业的现状和发展趋势;
- 了解、分析和利用大学生创业的相关政策;
- 了解大学生创业的经济和社会环境;
- 理性认识创业与职业发展的关系,树立科学的创业理念;
- 了解大学生创业与创新的关系。

创业先锋故事
从"垃圾堆"里创造财富[①]

我们曾听说过某人收废品致富,但毕竟都是社会中的个别现象。但进入21世纪以来,一批大学毕业生在对传统收废品的模式进行创新、改造之后,收废品已经成为其成功创业的重要途径。

在国内率先发现收废品领域蕴涵着"金矿"的是毕业于江苏淮安某高校化学专业的厉开波和毕业于河北石家庄某高校环境保护专业的周敏。他们居住在同一个地方,相互熟识,又不约而同地想到可以把互联网的优势应用到收废品领域。于是他们在2005年3月成立了"苏州收废网"。在经营中他们不断把自己所学知识应用到经营管理中,通过网络收购废品的业务发展得很快,仅两个月就在当地形成了一定规模,并有了可观的经济收入。随后二人又趁热打铁成立了苏州工业园区天堂物资回收公司,专门从事收废品的工作。

在厉开波和周敏成功迈出创业第一步的时候,毕业于沈阳通信工程学院信息技术专业的吴聪喆也依靠父母赞助的一千元,开始创办"沈阳在线收废王"。经过努力,这家网站于2005年10月开通,目前经营情况良好。

同年5月毕业于上海同济大学土木工程学院2003届的研究生高志军,把同济大学四平路等几个校区的垃圾回收业务全部承包下来,开始了其"垃圾事业",决心成为一名真正的"垃圾王子"。

到目前为止,在把"收废品"作为自己创业方向的大学毕业生中,有的人年收入已经接近50万元。

[①] 从"垃圾"堆里创造的财富. 北京青年报. 2006-04-26.

第一节 创业的宏观背景

一、创业的国际背景

1. 创业经济的兴起

20世纪80年代,以生物医药、光电子信息、航空航天技术、新材料等为代表的科技革命成为经济增长的技术基础,使资源优势日益让位于技术优势,推动了科技创业活动。传统企业注重生产要素的投入,科技创业型企业则将重心放在生产前端的研究开发、技术项目转移和知识要素的配置。即创业企业依托高技术创新成果实现对创业资源的重新配置,并孵化出新企业。同时,在以计算机、信息技术发展为先导的现代制造业领域,最佳规模较小或者不存在规模经济,进入壁垒较小,创业门槛降低,为新创企业提供了大量的机会。[①]

新技术的进步和经济体制的变革为广大中小企业发展提供了广阔的空间,中小企业在吸纳社会就业、提高市场竞争性、培养企业家等方面都得到了各国政府的认可。很多国家进一步放松管制,市场体制和市场结构更加灵活与开放,生产要素的流动与配置更加自由,市场需求和供给也面临着更大的不确定性,使规模经济的优势逐渐让位于知识优势和信息优势。众多新兴创业型企业能把科技发展的前沿性与市场需求的前瞻性准确地对接起来,不仅满足了消费的个性化需求,还开辟出许多的新兴市场,催生出许多的新兴产业。可以说,创业适应了科技时代市场价值发现和竞争机制由"生产导向、供给推动"向"服务导向、需求驱动"转变的发展趋势。

西方各国政府纷纷出台扶持政策,推动了创业活动的发展。[②] 政府制定了鼓励创业的政策和措施,增加研究开发资金投入,完善商业基础设施,通过有针对性的、高效率的研发机构,加快技术成果商业化进程,提高专利和知识产权的效率和利用效益,刺激技术再生及催化,特别是形成有益于一些能够促进微观活力和促进创业知识溢出的制度激励结构,如知识产权制度、风险资本制度、技术商业化制度、利润分配制度、股权激励制度等。美国以硅谷和华尔街为代表,形成了以科技创业、风险投资和资本市场相互联动的一整套发现和筛选机制。事实证明,这套机制具有强大的制度优势。强大的资本市场和科技创业浪潮帮助美国实现向创新经济的转型。

2. 国外创业教育开展状况

20世纪80年代末,联合国教科文组织在面向21世纪国际教育发展趋势研讨会上,首次提出了"创业教育"这一新的概念。教科文组织指出,从广义上说,开展创业教育是为了培养具有开拓性的个人,对于培养个人的首创和冒险精神,创业和独立工作的人力以及

---

① 张茉楠. 当前全球创业经济发展的成因、态势及主要特征 [BOL]. http://www.stport.net/qd-stp/ci/detail.asp?ciid=20081021133723

② 同上。

技术、社交、管理技能非常重要。教科文组织要求高校必须将创业技能和创业精神作为高等教育的基本目标,将它提升到与学术研究和职业教育同等重要的地位,创业能力成为继学术能力和职业能力之后的"第三本教育护照"。

以美国为例,目前几乎所有参加美国大学排名的大学均已经开设了创业课程。创业教育在美国已形成一个相当完备的体系,涵盖了从初中、高中、大学本科直到研究生的正规教育。另外,部分大学开展创业计划大赛,比较有名的包括:麻省理工学院的50K商业计划大赛、斯坦福大学和加州大学伯克利分校等的商业计划大赛等。在由创业计划大赛直接孵化出的企业中,有的在短短几年内就成长为年营业额高达数十亿美元的大公司,如雅虎、网景等公司就是在斯坦福校园的创业氛围中诞生的,而正是它们给美国硅谷的发展注入了生机。据统计,美国表现最优秀的50家高新技术公司,有46%出自于创业计划大赛。因此从某种意义上讲,美国高校的创业计划大赛已成为美国经济的直接驱动力之一。

美国创业教育和研究的先驱者蒂蒙斯教授提出:创业革命对21世纪所产生的深远影响将相当于甚至超越工业革命对19世纪和20世纪所产生的影响。

美国的创业革命震撼了世界,而创业教育也早已波及世界上其他国家。1994年,联合国大会一致通过了一项决议,支持并鼓励所有新兴国家和发达国家把促进创业作为一项国策。联合国教科文组织于1999年4月在韩国首尔举行的第二届国际职业技术教育大会,突出强调要加强创业教育,着重培养学生的创业能力。联合国国际劳工组织近几年在中国推广KAB、SIYB等创业教育项目,取得了很大进展。德国、英国、法国、日本、韩国、澳大利亚、新加坡等国已经开始有目的地将创业教育渗透到普通教育中去,还开展了各式各样的创业支持项目。

英国大学创业教育的发展较为成熟完善,具有课程体系齐全、创业项目引领、专业机构指导创业、资金保障创业、创业教育网络化等主要特点。1998年,英国政府启动了大学生创业项目,该项目是专门为18~25岁在校大学生设计的。为推动大学生创业教育,1999年,英国政府拨款建立了8个科学创业中心,其任务是将创业融入大学传统课堂,实现大学文化的革新。后又建立了全国大学生创业委员会,全面负责国内的创业教育。据称,英国科学创业中心后来已经发展到13个,涵盖英国60多所高校。2004年英国政府成立了"小企业服务"这一专门机构,其成员由20个具有经营中小企业实践经验的创业家组成,为大学生创业提供建议和咨询。一年后,小企业服务部门建立了一个全国性的商业连接网络,可以为大学生创业提供便捷的、跟踪式的有效服务。

二、国内的创业背景

(一)我国企业活动的变化

21世纪,人类进入了知识经济时代,人类知识的快速更新,科学技术的突飞猛进,信息传播的增加,人们生活节奏的加快等,给创业者提供了空前的创业机遇,同时也给创业者带来了巨大的创业风险。

1. 创业者的变化

(1) 创业者角色越来越专业化

创业者从主要依靠自己来创业向主要依靠团队来创业改变,单打独斗、个人英雄主义的时代已经一去不复返了。现代创业需要各种知识、信息和能力，一个人因为时间、精力有限，难以甚至不可能成为通才。据有关研究，由各种专才组成的优势互补的创业团队，是最佳的黄金搭档。

（2）创业者规模越来越庞大

在创业浪潮的推动下，创业者队伍越来越庞大。据统计，2003年，18～64岁的成年人中，每100人有11.6人参与了创业活动。据此推算，在13亿中国人中，每年有5000万中国人加入到创业活动行列。

（3）创业者队伍趋向多样化

创业者队伍从单一结构向多样化结构转变。改革开放初期，创业者主体主要为两类：一类是农村头脑活络的农民，另一类是城镇无业居民或部分效益欠佳企业的职工。近十多年来，越来越多的具有不同背景的人士加入到创业者队伍中来，如大学生、机关干部、企业高级管理人员、大学教师、残疾人等，这其中既有专职的，也有兼职的，几乎涵盖了各行各业、各种背景、各种年龄层次。女性创业者、团队创业也呈现增长趋势。

（4）创业者素质越来越高

改革开放初期，许多头脑灵光又不安于现状的人掘到了人生的第一桶金。然而，他们中的部分人素质并不高，学历层次一般在高中以下，多为小学、初中文化背景。这些人在业界昙花一现，很快就消失了，剩下的是那些注意边创业边学习的佼佼者。进入知识经济时代，要求创业者有很高的素质，不注意自身素质提高的创业者迟早会被淘汰。现在进入创业者队伍的基本上都是大专以上的文化程度，很多是硕士、博士。

2. 创业资源的变化

（1）创业机会的变化

① 创业机会的发现越来越困难。改革开放初期，我国是一个巨大的卖方市场，具有无限的创业机会，而且创业机会是属于外显型的，基本上是拿来就可以用，而且又快又准。进入买方市场以后，虽然创业机会数量依然不减，但创业机会由外显型转为内隐型，机会要靠"挖"，靠"挤"，靠"钻"。难怪有人说，三流企业满足需求，二流企业跟踪需求，一流企业创造需求。在这种情况下，要求创业者掌握更多的信息，进行更加细致的观察、更加冷静的分析和更为及时的把握。

② 创业机会的分类越来越精细。改革开放初期，受卖方市场影响，创业机会属于外显型、给予型、施舍型、被动型的，有的是创业机会，看你要不要，这时创业机会还算不上是创业的首要前提。现在受买方市场的影响，情况发生了巨大改变，创业机会已经变成了内隐型、发掘型、创造型、主动型的，创业机会需要靠创业者去发掘、去创造，创业机会已经成为创业的首要前提。没有创业机会，创业无从谈起。同时，创业机会也对创业者提出了更高的要求。

（2）创业技术的变化

① 创业技术的作用越来越重要。改革开放初期，社会生产方式基本上是生产决定消费，同时消费者对消费品的要求主要是强调实用。这时，技术还不是生产的决定因素；现在情况发生了重大改变，社会生产方式基本上是消费决定生产，消费者对消费品的要求主要强调特色、款式、质量、美观，技术成为生产的决定因素，要求生产者着力改进技术，进行技术创新，以满足消费者的需要。

② 创业技术的地位越来越突出。传统创业的关键生产要素是资金。有钱好办事，有

钱可以购置设备，可以创办企业。现代创业的关键生产要素是技术，技术是竞争的立足点，也是融资的支撑点。在现代创业中，风险投资者是否愿意投资，要看创业者的主打技术是不是高新技术。

（3）创业信息的变化

创业信息量越来越大。由于创业信息越来越多，增加了创业者筛选、过滤、整理信息的压力，使创业者难以在一定时间内有效地得到必要的创业信息。

创业信息渠道越来越广。创业信息渠道越来越趋向多元化，有报纸、杂志、广播、电视、互联网等，需要创业者选择一种适合自己的主要信息获取方式

3. 创业管理的变化

创业路径的变化主要变现在：由于创业成本的增大和创业风险的加剧，引起创业难度的加大，从而导致创业实践的延长和创业路径的曲折。

（1）创业成本增大

创业成本增大的变化主要表现在三个方面：一是由于产品的知识技术含量趋高，引起研究开发成本增大；而是市场竞争的日趋激烈，引起市场营销成本增大；三是人才在创业中的地位和作用越来越重要，引起人力资源成本增大。

（2）创业风险加剧

创业风险包括新产品开发风险、投资风险、市场风险、政策风险和管理风险等。随着创业中不确定性因素的增加，各种风险就会随时随地出现，并且相互影响，相互交织，加剧了创业风险。

（3）创业难度加大，创业实践延长，创业路径曲折

由于创业成本增大和创业风险加剧，导致创业难度加大，创业实践延长，创业路径曲折，以致创业成功率降低。据统计，美国每年创业成功的概率为10%，这从一个侧面反映了创业的艰难。

（二）我国大学生创业活动的变化

在我国，大学生就业的巨大压力推动了大学生创业的风潮。找岗位不如创造岗位，许多大学生选择创业代替就业，不仅能解决自身的就业问题，而且还能不同程度地为社会提供就业机会。"创业"一词在大学生中流行开来，大学生创业意识越来越强烈，创业文化已经越来越浓厚。

1. 创业活动日益活跃

改革开放30年来，创业在我国已经成为一股潮流，中小企业迅速崛起，对社会经济的影响也越来越明显。近几年来自全球创业观察国际研究（GEM）的《全球创业观察中国报告》显示，中国创业活动的活跃程度始终保持较高水平，中国的全员创业活动指数在参加全球创业观察的成员国中名列前茅。自主创业中的佼佼者，如马云、李彦宏等，给当今的许多大学生树立了偶像，成为最受瞩目的财富榜样。大学生创业已成为不可阻挡的趋势。

2008年全球金融危机以来，面对重重压力，许多企业效益下滑，但全国各地科技型中小企业的创业创新活动却十分活跃，逆市飞扬。许多地方的高新技术产业保持着高速发展态势，成为当地经济增长的亮点。2009年，科技部相关部门对东部地区的调查表明，大量科技型中小企业成为本地区缓解危机加快复苏的重要力量。对此，国家高度重视科技型中小企业在支撑国民经济平稳较快发展方面的重要作用，提出了一系列扶持措施，还加大了

对初创期小企业创新项目,尤其是大学生、研究生、海外留学生在大学科技园、创业中心等创业服务机构内创新项目的支持。同时,积极完善为科技型中小企业创新活动服务的公共技术服务平台建设,引导中小企业向专、新、特、精方向发展;积极推进和完善引导投资发展的风险补助、投资保障项目,扶持和壮大一批具有创新能力和自主知识产权的科技型中小企业。

世界许多国家的成功经验表明,中小企业是国家创新体系中最能动、最活跃和最具效率的元素。我国的创业企业也正在扮演这样的角色。

2. 创业观念不断更新

随着市场经济的发展,积极的创业文化在全社会范围得到倡导,建立起了一定的氛围。创业文化的基本内涵包括鼓励创新、开拓进取、团队精神和兼容、宽容的态度等,符合整个社会发展的潮流。

温家宝总理在政府工作报告中提出,要"落实以创业带动就业的方针,加强就业和创业培训,鼓励自谋职业和自主创业"。鼓励大学生创业,既可以增加经济总量,也可以以创业促进就业,缓解大学生就业压力。

学生自主创业已成为越来越重要的择业方式。大学毕业生要在社会各行各业中找到自己的位置,在自食其力的同时,创造更多的社会价值。

3. 创业空间不断拓展

尽管目前大学生创业的成功率不高,但创业发展的潜力很大,空间广阔。经济的发展和政策的优化,为创业带来了更多的商机和更适合的市场环境。创业教育的推进,也将不断提高创业者的素质和能力。国家"以创业带动就业"政策的提出和创业计划竞赛的开展,鼓励着越来越多的大学生参与自主创业。创业的机遇、条件、环境都达到了多年以来的最佳时期,只要大学生调整心态,艰苦努力,扬长避短,自主创业,就一定能有所成就。

第二节 大学生创业环境

一、创业环境概述

创业环境是指开展创业活动的范围和领域,是创业者所处的境遇和情况。它是对创业者创业思想的形成和创业活动的开展能够产生影响和发生作用的各种因素和条件的总和。

创业环境有三个方面的含义:第一,创业环境是创业活动的领域。所有的创业活动都是具体的、现实的,都要有一个明确的方向和目标。在哪个行业里创业,创什么样的业,都要从实际出发,受环境的支配,不能随心所欲。创业环境在很大程度上规定了创业的性质和活动范围。第二,创业环境是创业者面临的处境。环境在本质上是一个动态系统,具有较大的不确定性。创业环境始终处于不断的发展变化过程中,使创业者不断面临新的情况,解决新的问题,这就决定了创业是一项变革和创新的活动。第三,创业环境是创业活动的基本条件。环境是一种客观存在,存在是决定意识的。创业环境对创业活动的决定性作用在于它能为人们的创业活动提供各种精神的或物质的条件,能从各个方面影响着创业活动的进程，决定着创业活动的成败。

创业环境大致有以下几种表现形式。

1. 社会环境与自然环境

社会环境也可称为国情，是指创业者所处的国家和社会的政治制度、经济制度、法律制度、思想文化、风俗时尚以及党和政府在特定历史时期的路线、方针、政策等方面的条件。自然环境是指创业者面对的地理、资源、气候等自然状况。社会环境和自然环境作为开展创业活动的宏观背景，它们的变化能对创业活动产生巨大的不可抵抗的影响。创业者只能利用它们，但却无法改变它们。

2. 内部环境与外部环境

内部环境是创业组织内部各种创业要素的总称，如人员、资金、设施、技术、产品、生产、管理、运营等方面的情况。内部环境是创业者的"家园"。俗话说"家和万事兴"，它对创业活动的开展至关紧要。处理好内部关系，优化内部环境，是创业活动生存的根基。外部环境是创业组织外部的各种创业条件的总称，包括社会的、自然的、政治的、经济的、合作的、竞争的、远处的、近处的形势和情况，对创业组织的发展具有广泛的影响力，是创业组织发展的保证。创业组织要适应的正是这种环境。

3. 融资环境与投资环境

融资环境是指创业者为了扩大创业实力需要聚集资金的社会条件。投资环境特指创业者资金投向的项目行业及地区概况。融资与投资是创业活动不可分割的两个方面，同样都受特定地区人们的经济收入、消费观念、风险意识、国家政策等环境因素的影响。

4. 合作环境与竞争环境

创业的合作环境是指创业者对外扩张、寻求发展、建立协作伙伴关系的环境氛围，通常指相关行业、供应商、经销商、广告商技术所有者、风险投资公司及新闻媒体等单位的情况；竞争环境是指创业者所处的行业状况，包括行业的经营思想、产品质量、技术力量、管理水平、营销政策等。合作环境与竞争环境是创业组织生存与发展极为重要的外部条件，任何创业者都无法脱离这个环境而存在。

5. 生产环境与消费环境

生产环境是指创业者的资金转化为产品的过程所需要的各种因素，包括劳动力、生产设施、原材料、技术服务、动力供应、交通运输等状况；消费环境是指创业者的商品转化为货币的过程所需要的各种条件，包括特定地区人们的富裕程度、消费观念、消费水平、市场和竞争对手等方面的状况。

上述各种形式的创业环境相互交织，构成了完整的创业环境系统。创业者只有全面认识和把握自身所处的环境的基本构成，熟谙各种环境所内含的共同趋向和基本要求，才能够切中时代的脉搏，进行卓有成效的创业活动。

二、大学生创业环境

（一）大学生创业的教育环境

创业教育是开发和提高学生创业基本素质的教育，是一种培养学生的事业心、进取心、开拓精神、创新精神和创业技能的教育。创业教育虽已提出多年，但从来没有像今天这样受到重视。

对我国来说，创业教育不仅是当前我国市场经济的发展与经济结构战略性调整的需要，对于构建创新型国家、培养大批拔尖创新型人才和千百万创新创业型专门人才具有重要战略意义，而且对于深化我国高等教育改革和高等学校人才培养模式改革也具有十分重要的作用。

但总体来看，国内的创业教育尚处于初期阶段。生存型创业企业所占的比例还很高，创业的"质量"有待提高；更关键的是具有较高素质的大学生创业的实际比例还较低。这表明，我国最有创造性潜质的人力资源未能充分发挥作用，因而创业对经济增长的促进作用还没有得到充分显现。2009年，一项有关大学生自主创业的教育部重点研究课题披露：我国大学生的自主创业率仅为1.94%，但大学生创业率低，并不能简单归咎为大学生创业意识薄弱，高校的创业教育严重滞后才是问题的症结所在。

创业教育是创业活动得以开展的必要条件，也是创业者将潜在商业机会变为现实的基础。接受的培训越多，关于创业的知识和技能越丰富，其把握创业机会的能力就越强。专家认为，大学生有着不可思议的创新性和创造力，只要正确引导，再通过一定的积累和磨炼，他们就会崭露头角。事实上，近年来，已有不少大学生取得了辉煌的创业业绩。但又由于大学生创业在经验阅历、启动资金、社会关系、用人经验、法律法规知识等方面存在诸多不足，在创业的道路上会遇到各种困难，只有经过创业教育指导之后，才可能少走弯路。

创业的微观环境分析：顾客和竞争者

（一）顾客

创业计划成功与否主要取决于消费者对所提供的产品和服务是否认同，所以，创业活动的核心问题是善于发现未被满足或未得到充分满足的消费需求。企业为了实现自己的经营目标，必须在复杂多样的整体需求中寻找自己的目标市场，即选择企业要为之提供产品和服务的消费者群体。顾客是企业经营活动的出发点和归宿，所以，顾客是非常重要的环境因素。

（二）竞争者

在行业分析中，这里把所有对行业和行业内企业有威胁的方面都视为竞争关系。进一步分析，行业内企业之间、行业与周围各种力量之间都是既有竞争又有合作的关系。因此，可以根据竞争范围的大小把竞争关系分为以下几个层次。

第一层是指争夺消费者购买力的所有市场营销者之间的竞争，他们用各自不同的产品去满足相同消费者目前各种不同的愿望，这是最为广泛的竞争关系，又称愿望竞争。

第二层是指提供部分或全部替代性功能产品的企业间的竞争，他们用各自不同的产品去满足消费者相同的愿望，产品的替代性越强，竞争就越激烈。这是范围稍窄一点的竞争关系，又称类别竞争或平行竞争。

第三层是指提供相同和类似产品的企业间的竞争，他们以不同的产品形式或不同的价格等来满足消费者的某种愿望，这个层次的竞争关系在同行业企业的竞争中具有普遍的代表性。

第四层是指最为直接的竞争对手之间的关系，由于竞争能力非常接近，他们往往采用相同战略，提供相同产品，且产品的形式、价格也相同，主要靠各自品牌的竞争能力进行市场竞争。

（资料来源：林莉．关于大学生创业环境之分析．广东技术师范学院学报，2010年第7期．有删改）

（二）大学生创业的经济环境

我国社会经济的稳步发展，为创业者提供了广阔的发展空间和史无前例的优越条件。但同时，也有一些方面有待进一步改善。

首先，市场经济体制在中国的确立，一方面使得人才能够自由流动，资源得到优化配置，对创业者越来越有利；另一方面，也让一部分大学生面临毕业即失业的压力，迫使大学生转变就业观念，走上自主创业的道路。

其次，知识经济为大学生提供了巨大的创业舞台。在知识经济条件下，知识成为最宝贵的资源、最重要的资本。这对于受过良好教育并具有相当的专业知识的大学生来说，无疑提供了前所未有的机遇。如：随着高科技的发展，大量的新兴行业不断涌现，通信、IT和互联网领域出现大量创业明星；随着知识更新速度的加快，文化教育、信息传播也成为一个大有前途的创业领域。

最后，第三产业成为我国一个极具魅力的投资领域。随着市场经济的进一步发展，第三产业可以为创业者提供许多大显身手的舞台，而且，第三产业投资少、见效快，十分适合中小型企业来选择作为创业领域。

同时，资本市场日趋健全和活跃。在融资方面，银行贷款、金融支持、融资担保、风险投资、产权交易等更多的业务不断推陈出新。但总体来看，我国目前的创业活动中，资本的运用还很有限，我国创业的金融支持最主要的来源是包括自有资金、亲戚朋友投资或其他的私人股权投资。诸如创业投资、IPO以及权益资金、债务资金和政府补贴方面我国还处于较低的发展水平，因此需要进一步拓展创业金融支持的途径。

创业的宏观经济环境分析

经济环境包括经济结构、经济发展阶段、经济周期、国民收入及其变化趋势、居民可支配收入、储蓄以及资本市场发育程度等因素，它们决定了企业潜在市场的大小。

经济结构，是指一个国家或地区的产业结构、分配结构、交换结构、消费结构、技术结构以及所有制结构等，其中，产业结构与新创企业的关系最为密切。如果一国（地区）的产业结构处于升级阶段，则会提供较多的创业机会。

企业的经营活动要受到一个国家或地区整个经济发展阶段的制约。以消费品市场为例，处于经济发达阶段的国家，较重视产品的基本功能，同时，也比较强调产品的款式、性能与特色；而处于经济欠发展阶段的国家，则比较侧重于产品的基本功能和实用性，价格竞争具有一定的优势。

经济周期是现代社会发展过程中不可避免的经济波动，包括繁荣、萧条、衰退、复苏四个阶段。在经济周期中，经济波动几乎会影响所有部门，造成产量、就业、物价水平、利率等的变动。一般说来，经济周期的不同阶段都可能产生创业机会，但是由于经济总量与经济结构在萧条、衰退阶段处于相对的收缩状态，因而不利于创业活动；在经济复苏、繁荣阶段，经济活动十分活跃，因而有利于新创企业的发展。

（资料来源：林莉．大学生创业环境分析．经济师，2010年第9期．有删改）

（三）大学生创业的政策环境

政府的创业政策是指激励创业的政策，包括对创业活动和成长企业的规定、就业的规定、环境和安全的规定、企业组织形式的规定、税收的规定等。政府政策包括中央政府和地方政府的政策。创业政策对大学生是否选择创业有多方面影响，主要表现为以下三个方面。

首先，创业政策对大学生的创业意识有显著影响。据相关研究表明，大学生创业政策、税收优惠政策、政府新企业信贷政策、创业基金政策等对大学生的创业意识都有显著性影响。

其次，创业政策对学生的创业机会有显著影响。新企业创立政策、税收优惠政策和创业基金政策越有利于大学生，大学生参与创业的可能性越大。营造大学生创业的良好环境、确保对大学生创业的金融支持，对于大学生对创业机会的把握具有重要作用。

最后，创业政策对大学生的创业质量有显著影响。税收优惠政策和创业基金政策对大学生创业质量影响最为显著。有关政策甚至直接影响到创业企业的生死存亡。

近年来，我国创业的法律、政策环境持续改善。党的十七大提出，要以创业带动就业，把劳动者培养成创业者，并且要突破发展个体、微型和中小企业的体制障碍和融资瓶颈。为了鼓励和支持大学生自主创业，国家和地方各级政府纷纷出台了相关政策，给予创业者更多的支持。例如，人力资源和社会保障部已经在全国百家创业试点城市搭建创业平台，通过开展免费创业培训、强化创业指导、优化创业环境、培育创业文化、进行创业激励等途径对其进行重点扶持。

目前，我国创业的政策环境主要可以归结为以下几点。

第一，国家对私营经济的存在和发展从宪法上予以了保障，其他有关非公有经济发展的法律也逐渐制定并付诸实施，私营经济发展的法律环境逐渐具备，随着法制建设的推进，私营经济发展的法律条件有了很大改善。

第二，创业门槛不断降低。行政审批制度改革不断推进，为创业开辟了快速通道，更多的行业领域许可民营进入，一些经营手续办理程序得到简化，企业自主的经营范围更为宽泛和自由。

第三，国家和地方各级政府的人力资源和社会保障、财政、金融、工商、税务等机构，纷纷推出各类政策促进就业；为解决创业过程中融资难的问题，有关机构还启动了为创业者提供开业贷款担保和贴息的业务。

第四，创业载体和创业服务机构发展加快。创业载体，如各类企业孵化器、园区建设、社区建设、企业服务中心、指导机构等不断新增。风险投资机构、担保服务机构、信用评级机构、顾问咨询等服务机构得到发展，更有利于创业的启动与发展。

江苏毕业生创业可获10万创业贷款

为鼓励大学毕业生自主创业，江苏省出台新政，将增加小额贷款担保基金，对在当地公共就业服务机构登记失业的自主创业高校毕业生,将发放的小额贷款额度上限提高到5万元,规模较大的可提高到10万元。

江苏省将对大学生自主创业实行财政据实贴息。个人申请小额贷款并从事微利项目的由财政据实全额贴息,从事非微利项目的将给予50%的贴息。

江苏省还将免收行政事业性收费。对毕业2年以内的高校毕业生从事个体经营的,自其在工商部门首次注册登记之日起3年内,免收管理类、登记类和证照类等有关行政事业性收费。

此外,江苏省将为毕业生提供创业孵化基地。省有关部门将加大创业载体建设力度,依托经济技术开发区、工业园区、高新技术园区、大学科技园区等资源,建设一批有特色、可持续发展的创业孵化基地,并优先安排创业项目和享受培训补贴。

(资料来源:无锡日报,2012-02-09.有删改)

(四)大学生创业的社会环境

现今,人们对私营经济的看法和态度已有根本的改变,创业光荣、致富光荣已成为共识,一种鼓励、宽容创新、创业的社会观念正在形成。比较而言,我国的文化和社会规范对鼓励个人创业具有积极作用,提倡自立,鼓励人们通过个人努力取得成功,也鼓励创造和创新的精神,鼓励创业者承担创业过程中可能产生的风险。但是,在构建良好的个人与集体的责任关系上,我们需要做一些改变,个人应分清责任、承担责任,而不是混淆责任和推卸责任,应该大力提倡个人的责任心和团队精神。

21世纪是一个不断发展、不断变革的时代,是高科技革命的时代,也是世界经济一体化的时代。它既是高速度、快节奏、个性化、开放、竞争、自主的时代,也是一个充满潜在利润的诱惑和挑战的全新时代。创业是时代的产物,创业代替就业,正以越来越强劲的姿态改变着人们的思维。只有适应时代的要求,响应社会变革的召唤,才有望实现自己的人生价值。大学生创业者不妨在这样一个时代的大舞台上一显身手。

创业是解决就业问题最好、最积极的方式之一,目前,大学生创业文化日渐风靡,特别是在国际金融危机的背景下,创业已成为当代大学生的历史使命,促进大学生创业,不仅有利于缓解大学生就业问题,更是经济社会发展的大势所趋。

创业的宏观社会环境分析

社会环境包括人口结构、生活方式等社会文化因素。

人是市场的主体,是企业经营活动的基础和最终对象,人口的变化意味着市场规模的变化、市场结构的变化。人口总数及其增长速度决定了潜在市场和现实市场的规模,但居住不同地区的人群,由于地理环境、气候条件、自然资源、风俗习惯的不同,消费需求的种类和数量不尽相同,购买习惯与行为也存在差别。同样,年龄结构不同,对商品和服务也会产生不同的需要,形成各具特色的市场;性别不同,不仅需求不同,而且购买习惯与行为也有很大差异。

任何企业的经营活动,都必须处于一定的社会文化环境中。所谓社会文化环境,是指一个国家、地区或民族的传统文化,通常由价值观念、信仰、风俗习惯、行为方式、社会群体及相互关系等内容构成。社会文化环境，是影响人们欲望和行为的重要因素。人们在不同的文化背景下生活，建立起不同的观念和信仰，遵循不同的行为规范，因而也具有不同的购买理念，从而导致不同的购买行为。企业只有全面了解社会文化环境，认真、准确地判断和分析消费者所处的社会文化环境，才能较准确地把握消费者的需求，正确选择自己的目标市场。

（资料来源：李家华、郑旭红. 创业有道. 高等教育出版社，2011. 有删改）

第三节　创业环境的分析与评价

创业环境直接影响着创业的成功与否，在创业时应重视对创业环境的分析评价，提高自身的创业技能，有效的应对各种外部环境的变化，充分把握由环境所提供的商业机会，及时解决环境所产生的问题，从而发现行业发展的蓝海区。

一、创业环境的要素与内涵

创业者开展创业活动所提供的空间和条件等外部因素，包括政府政策、金融支持、教育与培训等因素，创业环境是这些因素相互交织、相互作用、相互制约而构成的有机整体，是创业者及其企业产生、生存和发展的基础，是创业活动的基本条件。

（一）创业的外部环境

外部环境实际上就是人们创业的外部条件，创业的外部条件是一个由综合因素构成的整体，主要是指那些存在于创业组织之外的或周围的各种主客观条件，它包括经济环境、政治环境与法律环境、科技环境、社会文化环境、地理环境，等等。

1. 经济环境

经济环境是一个多元的、动态的系统，是创业环境中最根本的组成要素，是构成企业生存和发展外部条件中的社会经济状况及国家经济政策。社会经济状况包括经济要素的性质、水平、结构、变动趋势等内容；国家经济政策是国家履行经济管理职能，控制、调整、实施经济发展战略的指导方针，对企业经济发展的经济环境有着重要的影响。

2. 政治环境与法律环境

政治环境是指影响或制约企业发展的各种政治要素及其运行所形成的环境系统。在这里要理解的是政治环境与政治要素有关但不相等。法律环境是指与企业相关的社会法律系统，包括国家的法律规范、国家司法与执法机关、企业的法律意识等。改革开放是我国政治发展的主流，企业在国家宏观调控的前提下，自主经营、自负盈亏、产权清晰，是自主创业的市场主流。创业者不仅要关注国内的政治环境，还要关注国际政治环境的变化。

3. 科技环境

科技环境是指企业所处的社会环境中的科技要素，以及与该要素直接相关的各种社会现象的集合。在这里要理解的是科技环境与技术环境有关但不相等，前者是以科学技术领域、科技事业为主体，包括社会科技水平、科技力量、科技体制、科技政策和科技立法等；后者是以科学技术及相关现象作为环境加以考察。社会文化环境是创业者普遍关心的创业环境因素，社会文化因素影响人们对经济活动的态度，影响人们的价值取向、生活方式、消费倾向、工作态度以及企业的管理方式。

4. 社会文化环境

社会文化环境是创业者普遍关心的创业环境因素，社会文化因素影响人们对经济活动的态度，影响人们的价值取向、生活方式、消费倾向、工作态度以及企业的管理方式。

5. 地理环境

地理环境主要包括自然环境和人文地理环境。企业所处的地理位置是先天具有的，比如地理位置是处于沿海还是内陆，是东南还是西北等，是构成创业环境的重要方面，是自主创业者不可忽视的；资源环境也很重要，具有丰富的自然资源储量，是企业发展的重要物质基础和有利条件。

（二）创业的内部环境

内部环境是创业组织内部各种创业要素和资源的总称，比如人员、资金、设施、技术、产品、生产、管理、运行等方面的情况。内部环境是创业者的家园、是创业活动的根基，内部环境以创业者与创业企业为中心。

（1）创业愿望是创业者需要开发的第一资源。大量的研究表明，强烈的创业愿望是成功创业的充分条件。只要创业者具有这一强劲的内驱力，那么他就会一次次地寻找商机，充满激情地去创业。

（2）创业者有形资源开发。在很多情况下，创业者的无形资源决定有形资源的开发和利用，即创业者创业愿望的强烈程度、创业动机与目的的不同和成功创业标准的水平，决定着创业者自身的哪些东西可以成为创业资源。能否将创业者身上的"一根草"变成创业的"法宝"，全在创业者如何将自己的资源优势开发和利用为创业资源。

（3）创业者资源检视。作为一个创业者，首先要思考什么是你的创业资源，其次要考虑这些资源在怎样的运作下才能成为优秀的资源，要跳出传统的框架去思考。

 创业环境对创业活动的影响

创业环境对创业的影响主要表现为以下几个方面。

(1) 对创业机会的影响

创业机会受环境因素的影响和制约，在环境变化的同时消费需求也随之变化，客观上存在着许多尚未满足的新需要，即商业机会、创业环境的变化，往往会带来众多的创业机会。但是创业环境的恶化，也可能使创业者遭遇创业风险。市场需求所保证的顾客购买、顾客群成长速度和潜力、顾客群的可接触性决定了商业机会的吸引力大小。市场需求的结构、规模和竞争等都会影响到创业机会的数量和分布。

(2) 对创业战略的影响

创业战略由创业者制定，既要考虑地理环境、社会文化环境，又要考虑科技环境、经济环境等，合理的创业战略是这些因素的综合反映。创业战略的制定应针对创业环境，重点分析其对创业成效的影响。

(3) 对创业地域的影响

在社会经济发展的过程中，区位发展的不平衡，将产生不同的经济梯度。比如，我国东部地区有较强大的科技力量，有发达的交通、完备的基础设施和协作条件，有雄厚的资本和集中的市场，创业环境比较优越。而西部地区可以通过各种各样的经济联系，从中东部地区的发展中得到一定的利益，促使创业效益发生转移，从而使创业环境得到改善。因此，不同区域的经济效益给予创业者不同的创业环境。例如，美国的高新技术产业密集区——硅谷，由于其优越的地区环境条件，以斯坦福大学为代表所形成的先进科学技术与文化环境，吸引了一大批高新技术公司及其职工，使IT高新技术产业迅速发展起来，成为世界瞩目的IT高新技术发祥地。

（4）对创业资源的影响

创业资源可分为要素资源和环境资源两大类。要素资源是直接参与企业日常生产、经营活动的资源，包括资金、人力、原材料等；环境资源是指未直接参与企业生产，但其存在可以极大地影响企业运营效率的资源，包括政策、文化和品牌资源等。政策的调整和资源成本的变化会影响创业资源的获取。

（5）对创业者和创业团队的影响

创业的发生有赖于众多优秀创业者的涌现。创业活动通常需要由创业团队来实现。市场进入障碍、创业的风险和收益，以及相关能力的培养都会影响创业者是否从事创业活动。

（资料来源：郑明远，钟月玥. 创业环境对大学生创业倾向影响探讨. 当代经济，2011年第11期. 有删改）

二、创业环境的分析方法

（一）SWOT分析法

1. SWOT分析法的概念

SWOT分析法也叫态势分析法，它是将与研究对象密切相关的各种主要内部优势因素（Strengths）、劣势因素（Weaknesses）、机会因素（Opportunities）和威胁因素（Threats），通过调查罗列出来，并依照一定的次序按矩阵形式排列起来，然后运用系统分析的思想，把各种因素相互匹配起来加以分析，目标在于找出研究对象内部环境的优势、劣势，外部环境的机会、威胁，从而为其进一步发展提供科学合理的建议。

2. SWOT分析法的步骤

（1）罗列企业的优势和劣势，可能的机会与威胁。

（2）优势、劣势与机会、威胁相组合，形成SO、ST、WO、WT策略。

（3）对SO、ST、WO、WT策略进行甄别和选择，确定企业目前应该采取的具体策略。

（二）PEST分析法

1. PEST分析法的概念

PEST分析法是常用的宏观环境分析的方法，其中"P"是政治（Politics），"E"是经济（Economy），"S"是社会（Society），"T"是技术（Technology）。

2. PEST分析法的内涵

（1）政治法律环境。政治环境主要包括政治制度与体制、政治局势、政府的态度等，法律环境主要包括政府制定的法律、法规。

（2）经济环境。构成经济环境的关键战略要素：GDP、利率水平、财政货币政策、通货膨胀、失业率水平、居民可支配收入水平、汇率、能源供给成本、市场机制、市场需求等。

（3）社会文化环境。社会文化环境中影响最大的是人口环境和文化背景。人口环境主要包括人口规模、年龄结构、人口分布、种族结构以及收入分布等因素。

（4）技术环境。技术环境不仅包括发明，而且还包括与企业市场有关的新技术、新工艺、新材料的出现和发展趋势以及应用背景。

PEST分析法通常采用矩阵式的方法，就是在坐标中分成四个象限。如政治和经济两个因素做坐标，政治环境和经济环境都好的情况下，环境就有利于创业；政治环境和经济环境都不理想的情况下，环境就不利于创业；环境一个好一个不太好时，创业行动就要谨慎。PEST分析法通常用于创业外部环境的分析。

装饰行业的PEST分析

PEST分析法作为环境分析的一种有效方法，为装饰企业的可持续发展提供思路，通过从政治、经济、社会和技术四个方面帮助行业或组织分析总结影响因素，以确立最终的战略目标。

1. 政治因素

（1）行业管理政策趋于完善。在政策因素中，政府对装饰行业的宏观管理政策直接发挥着重要作用。长期来看，装饰行业的资质管理、招投标制度、项目全程监理和工程事故追究等制度的完善将对行业的发展发挥重要作用。

（2）加入WTO后带来机遇。加入WTO无疑会给我国装饰行业带来更多机遇。首先，"入世"后的中国市场逐步成为开放、平等、竞争、透明的市场，给企业提供了更多参与公平竞争的机会；其次，随着市场开放，将促使行业领导和执业人员进一步更新观念，通过合作和交流学习，了解国外先进的管理运作方式，以提升专业和服务水平，增强自身竞争实力。

2. 经济因素

（1）持续增长的基建投资规模。20世纪90年代以来，我国经济一直处于持续稳定的增长状态，这对装饰市场也是极大的机会，将出现爆炸性地增长。

（2）城市化进程的迅猛发展。城市化是未来装饰行业发展的核心驱动力。我国经济发展的典型特征便是城市化，近年来城市人口的快速增长显示了城市化发展的速度和潜力，这也为我国装饰行业发展提供了大空间。

3. 社会因素

（1）社会时尚品位水平的提高。人们随着生活水平和经济条件的改善，思想观念和行为模式也开始发生变化，对建筑装饰企业的影响主要表现在人们对环境景观的美化、装修的品位变化、时尚的追求等方面。装饰行业应当充分利用自身优势，适时切入这一领域，如高档商品住宅、别墅等的装饰设计等具有较高附加值的细分市场。

（2）人才流动给行业带来的压力和活力。由于从事建筑装饰的均属于较高层次专业人员，面对的人才市场属于高层次市场，有压力也有动力。目前，由于人才流动尚不十分通畅，且专业面较狭窄，高层次专业人员相对较少，所以人才市场无法直接满足企业的人才需求。因此对装饰企业而言，培养和留住人才就更加重要。

4. 技术因素

（1）信息技术将成为行业腾飞的引擎。飞速发展的电子信息和通信技术在未来的社会和经济发展中越来越重要，极大地影响着人们的工作和生活方式。"信息高速公路"促成了企业管理计算机化和企业运行信息化，大大提高了效率，同时还改变了企业的传统工作模式。装饰设计从最初构想到最后成品展示，均可利用多媒体、虚拟现实技术来呈现。对于大型公共建筑的室内设计，利用这种技术手段，更有利于设计师向有关专家和公众表现设计理念和意图，信息技术将成为装饰设计企业有效的竞争手段之一。

（2）新材料的应用促进行业的多元化发展。未来的装饰装修材料将不仅满足装饰功能，还要满足建筑物的节能、舒适等特殊要求。装饰材料将更强调低污染环保型、环境功能型（净化、优化空气，吸声、吸波，调节温湿，防菌防霉等）、可再生、可循环、可就地取材研发。出于对室内外环境的健康、舒适性要求，生态建筑的发展将拓展装饰材料更具环保功能，引领装饰材料新的发展，这些新变化为装饰行业提供了更多选择，也给设计人员带来了更多启迪。

（资料来源：申雄文．对建筑装饰设计行业的 PEST 分析．建筑经济与管理，2005 年第 6 期．有删改）

三、创业环境的评价

1. 创业环境评价的原则

（1）全面性原则。影响创业环境的因素有很多，既有内部因素，也有外部因素；既有宏观因素，也有微观因素；既有社会因素，也有自然因素。这些因素涉及市场、行业、经济、环境、政治、社会等各个方面，因此，在评价创业环境时，要全面考虑，综合评价。

（2）科学性原则。创业环境评价的科学性体现在评价指标的科学性和评价方法的科学性。对于评价指标而言，科学性表现在两个方面：第一，指标是在实证的基础上确定的；第二，是在参考相关评价指标体系的基础上，结合创业实际确定的。评价方法的科学性体现在对关键指标要采取定性分析法，然后结合定量分析法进行评价。

（3）重要性原则。在坚持全面性原则的基础上，我们对影响创业环境的指标进行分类，对影响创业机会的关键指标采用定性的方法，这也是创业环境评价的第一步；同时，考虑不同地区、不同地域、不同历史阶段的差异性，对创业环境指标体系进行调整，保留那些影响创业环境的关键要素，去掉对创业环境影响不大的因素。

（4）可操作性原则。创业环境的评价最终要落实到操作层面。评价指标要在结合中国实际的基础上，通过实证取得。创业环境评价指标体系由定量指标和定性指标组成，无论是定量指标还是定性指标，指标的赋值要求容易取得；另外，评价的过程在追求科学性的基础上不易太复杂，无论是创业主体还是投资商都容易操作。

2. 创业环境的评价体系

对创业环境的评价，可按照以下指标体系（表 2-1）进行系统分析与评价。

表 2-1 创业环境评价指标体系

一级指标	二级指标	三级指标	判定方法
与创业相关的宏观经济景气指标	经济增长拉动创业	近 3 年 GDP 年均增长率	%
		当年通货膨胀率	%
	市场扩张刺激创业	近 3 年消费年均增长率	%
		近 3 年出口年均增长率	%
	投资活跃推动创业	近 3 年投资年均增长率	%
	经济增长拉动创业	近 3 年城镇居民可支配收入年均增长率	%
鼓励创业的环境指标	教育鼓励创业	中小学教育是否有关于创业创新的内容	是或否
		创业管理教育是否进入大学课堂	是或否
	宣传鼓励创业	发布可操作的《鼓励创业条例》手册数	册
		举办创业宣传周（月）宣传次数与参与人数	次或人
		奖励优秀创业者的人数或金额	人或万元
	舆论鼓励创业	互联网创业网站个数	个
		互联网上检索创业新闻条数	条
		专业核心期刊研究创业的文章数及其影响因子	篇或影响度
	文化鼓励创业	个人冒险意识	强或弱
		团队合作精神	强或弱
		对收入差距的态度	接受或改变
支持创业的环境指标	人才支持创业	吸引海外留学人员回国创业的人才数	人
		重点扶持国内具有潜力的创业者人数	人
		免费提供劳动力就业培训的结业人数	人
	金融支持创业	银行提供的创业小额信贷总额	万元
		政府设立创业投资基金总额	万元
	技术支持创业	研究与开发支出	万元
		技术成果交易和转让价值	万元
	信息支持创业	安排商务访问团次数或人数规模	次或人
		定期公布有效创业信息条数	条
	项目支持创业	政府为创业者直接提供的资金或政策项目数或规模	个或万元
		政府组织社会力量为创业者提供的项目数或规模	个或万元

(续表)

一级指标	二级指标	三级指标	判定方法
支持创业的环境指标	网络支持创业	是否开放式创业网络	是或否
		投资家网络是否健全	是或否
		产业地域聚集程度高低	高或低
	政策支持创业	税收减免与优惠估计值	万元
		创业企业承担税收外各项费用的平均值	万元
		政府采购对创业企业产品的购买额	万元
服务创业的环境指标	"一站式"服务创业	审批一家新办企业所需工作日	天
		审批一家新办企业所需交纳的费用	万元
	"孵化器"服务创业	创业中心有形基础设施的配套状况	好或偏差
		创业中心在孵企业数	个
		创业中心在孵企业总收入	万元
	"创业板"服务创业	风险投资资本供给总额	亿元
		创业板证券市场的上市企业数或规模	个或亿元
	中介组织服务创业	组建分行业创业者协会	个
保护创业的环境指标	法律保护创业	知识产权保护	好或偏差
		财产和人生安全保障	好或偏差
	道德保护创业	社会信用状况	好或偏差
	社会化保护创业	建立创业失败企业的退出通道	好或偏差
综合体现创业创业环境水平的成果指标	创业景气指数	中小企业开市率	%
		中小企业闭市率	%
		前2年创业企业成活率	%
	创业类型	机会拉动型创业比重	%
		贫穷推动型创业比重	%
	创业企业经营状况	创业企业资产总额	万元
		创业企业销售收入	万元
		创业企业就业人数	人

【实践活动】

1. 进行一次创业环境自述，对自己所处的经济、社会、文化等各方面的环境和条件进行分析。

2. 收集你所在地区有关大学生创业的政策条款，选择其中有利用价值的列出，并在日常学习生活中有意识地关注和收藏同类信息，做好整理。

【拓展资源】

1. 视频资料：王树彤——大学生创业三要素：人脉、经验、资金

视频地址：http：//chuangye. umiwi. com/2010/0323/7811. shtml

视频介绍：王树彤认为，创业需要三个要素：人脉、经验和资金。大学生要具备这三个条件以后才能创业。

2. 视频资料：王迈——年轻人如何创业

视频地址：http：//chuangye. umiwi. com/2010/0419/8155. shtml

视频介绍：当代年轻人是充满着激情与梦想的一代，他们之中抱有创业梦想的不计其数。每天都有人开始创业之路，每天也都有人离开创业的舞台。年轻的你如何创业？你又该如何面对创业过程中的瓶颈和困惑？

【思考题】

1. 目前我国大学生创业处于什么样的国际背景之下？

2. 国内的经济、政治、社会环境为大学生创业提供了怎样的条件？在现有的条件下，大学生创业还会受到哪些限制？

3. 在 21 世纪，时代为创业者带来了什么样的机遇？

4. 我们应该为创业时代做好怎么样的准备？

第三章
挖掘创业潜质

本章导读

创业是商业活动中最复杂的一个过程,是持续动态的一个过程,它蕴涵着很高的风险,创业者不但要考虑自己是否具备创业的条件,同时还要做好承担一切压力与责任的心理准备。因此,大学生创业活动,不会成为每个大学生的必然选择。大学生是一个大群体,存在着个别差异,客观地说,不是所有的大学生都具备创业的素质和潜能。尤其是许多大学生处于创业与不创业之间,摇摆不定,处于这个位置上的群体更不适合出去创业。

"先就业,后择业,再创业"也是一种创业路径,即可以先找一份工作,在工作中埋下创业的种子。大学生在学校学习期间,大部分人都不具备创业资源,而如果能有意识地树立创业意识,培养创业精神,学习创业知识,锻炼创业技能,未来职业选择考虑自主创业,在工作的同时熟悉技术、市场,储备人脉与经验,这就可以为今后的创业埋下种子。

通过本章,你可以了解和掌握以下内容:
> 了解成功的创业者共同拥有的特质;
> 了解大学生创业者的特点和优劣势;
> 学会评估自我创业潜力的方法;
> 了解成功创业的决定性因素;
> 了解创业决策的过程。

创业先锋故事
留级大学生成了创业富豪[①]

孔德菁

性别：男　　籍贯：福建闽南　　毕业院校：漳州职业技术学院

创业档案：
2003.3—2003.9，深圳某 SP 担任技术总监、市场总监；
2003.9—2004.3，在厦门创办第一家公司 XM. com. cn；
2004.3—2005.3，在泉州与他人合伙创办第二家公司 BBSXP. com Yuzi. Net；
2005.5 至今，在厦门创办"易名中国"eName 域名平台。

创业经历：

第一桶金：120 元投资升值 100 倍

2003 年的时候，孔德菁还在深圳的一家 SP（服务提供商）做技术人员，可是随着国家对 SP 的监管越发严厉，审时度势后他及时选择了离开 SP，回到了家乡厦门。没有了工作的他开始思考起自己今后的发展方向，一个偶然的机会让他看到了域名的价值。

2003 年年底的时候，他无意中在域名注册网站上发现一个 dvd. com. cn 的域名过期停用了，他当时也没有太多想法，只是出于喜爱把这个域名抢注了过来。可是刚过了一天就有人开始联系他，愿意出一万元把这个域名买过来。

"我觉得 120 元的成本，可以马上升 100 倍，很神奇。"就因为这样的发现使他从此走上了投资域名的道路。

另辟蹊径选择投资. cn 域名

相对于别人而言，孔德菁进入这行已经算晚的了，国内很多投资域名的成功者基本上都是在 2000 年之前入行的。但是孔德菁选择了. cn 域名作为他主要的投资方向。

一开始，孔德菁对这个行业只有一个初步的认识，并没有太深刻的了解。于是他就到一些玩域名的投资者论坛混了 2 个月，对整个域名投资的过程以及一些注意事项有了一个大概的了解。但是他发现. com 域名由于被开发得早，能投资的资源已经不多了。而. cn 域名却还没有很多人注册，资源仍比较丰富。"那个时候还没有想过. cn 域名会升值这么快，现在看来当时的选择是正确的。"

孔德菁现在手上有将近 3000 个域名，其中不乏如 dvd. com. cn、movie. com. cn、

[①] 厦门域名小子两年坐拥千万. 厦门晚报. 2006-05-11.

nn.com.cn、art.com.cn 等价值较高的域名,更加有例如 w.cn 和 9.cn 等单字母和单数字的域名。那个时候他每天都要花 1000 元左右注册域名,这几年为了这些域名他总共投入了 200 万元,但是这些域名现在仅仅在域名投资业内,就可以卖到 1000 万以上,如果是外界购买,价格更是远远超过这个数字。

以域名养域名

域名投资需要的不仅仅是注册费和购买的费用,仅仅每年到期续费,数千个域名就起码要花十几万以上的钱。这样的花费从哪里获得呢?

孔德菁从朋友那里学到了一个名词叫域名停放(Domain Parking)。这是一种为域名自动生成网页的技术系统。网页中通常包含了广告赞助商的链接,广告赞助商为访问者的点击而付费,域名所有人随时从中分享收入。"也就是说当有人输入你拥有但是闲置的域名或者通过搜索引擎到达你的域名停放页面,并点击里面的网站链接,你就可以收到停放站给你的点击费,价格一般在每个点击几分到几元不等。"

在他所有的 3000 多个域名里,已经有一半的域名运用了这一技术,一些好的域名每个月通过这一技术就可以得到 2 万～3 万元,每年几十万元的收入轻松就能获得。据他介绍,国内一些拥有上万 .com 域名的顶级玩家,通过域名停放甚至可以获取每年上千万元的收入。

从小玩家到 CEO

在投资域名的过程中,孔德菁发现域名交易以及域名抢注,正逐渐成为域名经济里一个重要的环节。于是,从一个炒卖域名的小玩家开始成为一个域名代抢注网站的 CEO 也就成为顺理成章的事了。

在以前,很多投资域名者需要手动去注册域名,非常烦琐。孔德菁自己当年就曾经为了找到好用的通道,而一家一家注册,慢慢地寻找、测试。并且每次都必须充入 2000 元以上的预付款成为代理,才有可能拿到他们的 API 接口(应用程序接口),从而比别人有更好的条件获得好的域名。

但是做着做着,孔德菁发现凭借自己的技术,完全可以自己开发接口去抢域名,并且如果成为注册商,会比别人有更多更好的机会拥有域名。

2005 年 5 月,他转让掉第二间自己创办的小公司,开办了厦门易名网络科技有限公司,其所拥有的网站——易名中国(www.ename.cn)已经在域名投资圈内很出名,目前在上面交易的域名已经达到了 3 万多个。

第一节 创业者的素质与能力

一、成功创业者特征

美国心理学家约翰·麦纳（John B. Miner）对100位事业有成的创业者经过长达7年的跟踪调研，发现这些创业者存在某些共同的人格特质，约翰·麦纳根据特质的不同，将创业者分为四种类型：成就上瘾型、推销高手型、超级主管型和创意无限型。

1. 成就上瘾型创业者。这类创业者的人格特质主要表现为必须拥有成就；渴望回馈；喜欢拟定计划和设计目标；具有强烈的进取心；对组织忠诚；相信以己之力可以改变生活；相信工作上应该由自己制定目标，不能受制于他人。对认定的事业表现出执著而不放弃的决心，坚持到底，不达目的不死心，是目标非常确定的上瘾者。

2. 推销高手型创业者。这类创业者的人格特质主要表现为善于观察和体恤他人的感受；喜欢帮助他人；相信社会互动很重要；需要与他人发展良好的关系；有良好的交际能力；有强烈的合作意识，相信销售对执行公司经营战略十分重要。

3. 超级主管型创业者。这类创业者的人格特质主要表现在很讲信用、很负责任，他们的能力、力量来自于贯彻目标的决心，期望成为企业中的领导人物；具有决断力；对团队持肯定态度；喜欢与他人竞争；期望享有权力；渴望能够出人头地。

4. 创意无限型创业者。这类创业者的人格特质主要表现为热爱创新，富有创意；相信新产品的研发对企业经营战略的执行十分重要；聪明过人；希望避免风险。这类创业者有创意有主张，绝对与众不同，鹤立鸡群，有着强烈的冒险性及好奇心。

阅读材料 创业者人格特征与成功素质

美国的唐·多曼在《事业革命》一书中提出了创业者的5种人格特征：
① 愿意冒风险；
② 能分辨出好的商业点子；
③ 决心和信心；
④ 壮士断腕的勇气；
⑤ 愿意为成功延长工作时间。

著名管理专家威廉·拜格雷夫将优秀的创业管理人的素质归纳为10个以"D"字母为首的要素：
① 理想（Dream）
② 果断（Decisiveness）
③ 实干（Does）
④ 决心（Determination）
⑤ 奉献（Dedication）

⑥ 热爱（Devotion）
⑦ 周详（Details）
⑧ 命运（Destiny）
⑨ 金钱（Dollar）
⑩ 分享（Distribute）

（资料来源：http：//info.china.alibaba.com/news/detail/v0-d5609710-p1.html 有删改）

综合众多创业者成功的案例，大学生创业者应具备以下4种基本素质。

1. 身体素质

所谓身体素质是指身体健康、体力充沛、精力旺盛、思路敏捷。现代小企业的创业与经营是艰苦而复杂的，创业者工作繁忙、时间长、压力大，如果身体不好，必然力不从心、难以承受创业重任。

2. 心理素质

所谓心理素质是指创业者的心理条件，包括自我意识、性格、气质、情感等心理构成要素。作为创业者，他的自我意识特征应为自信和自主；他的性格应刚强、坚持、果断和开朗；他的情感应更富有理性色彩。

成功的创业者大多是不以物喜、不以己悲的，面对成功和胜利不沾沾自喜，得意忘形；在碰到困难、挫折和失败时不灰心丧气，消极悲观。

3. 知识素质

创业者的知识素质对创业起着举足轻重的作用。在知识大爆炸、竞争日益激烈的今天，单凭热情、勇气、经验或只有单一专业知识，要想成功创业是很困难的。创业者要进行创造性思维，要作出正确决策，必须掌握广博知识，具有一专多能的知识结构。具体来说，创业者应该具有以下几方面的知识：了解科学的经营管理知识和方法，提高管理水平；掌握与本行业本企业相关的科学技术知识，依靠科技进步增强竞争能力；具备经济与市场方面的知识，如财务会计、市场营销、国际贸易、国际金融等；具备一些有关世界历史、世界地理、社会生活、文学、艺术等方面的知识。

4. 能力素质

有研究表明，创业者至少应具有如下能力：① 创新能力；② 分析决策能力；③ 预见能力；④ 应变能力；⑤ 用人能力；⑥ 组织协调能力；⑦ 社交能力；⑧ 激励能力。

当然，这并不是要求创业者必须完全具备这些素质才能去创业，创业者本人要有不断提高自身素质的自觉性和实际行动。提高素质的途径：一靠学习，二靠改造。要想成为一个成功的创业者，就要做一个终身学习者和自我改造者。

二、大学生创业者的能力要求

大学生创业者是通过自主创业，在追求个人财富和自身价值实现的同时，创造社会财富和吸纳劳动力，切实为国家经济发展和社会进步做出积极贡献的一个群体。

一般而言，大学生创业者需要具备以下六种能力。

1. 创新能力

创新能力是创业人才的核心。在创业者的创业过程中，无论是发现新的创意、捕捉新的机遇、寻找新的市场，还是撰写一份有潜质的创业计划，以至于创业融资、创办公司和企业运作、管理和控制，都包含着创新的内容。所以，作为一个创业者或创业团队，必须具备市场、技术、管理和控制的创新能力。创新能力又来源于创造性思维，一个成功的创业者一定具有独立性、求异性、想象性、新颖性、灵感性、敏锐性等人格特质。因此，创业能力是指影响创业实践活动效率，促使创业实践活动顺利进行的主体心理条件，主要包括：专业、职业能力、经营管理能力和综合性能力。创业能力是直接影响创业实践活动效率的主要操作系统，因此是创业基本素质的重要组成部分之一。

2. 策划能力

根据外部环境和掌握的创业机会，进行富有创意的策划，对创建企业是至关重要的。因此，创业者发挥策划能力必须注意几方面的问题：第一，创业者必须弄清策划项目的价值所在、所涉及的范围和有关的限制因素，创建企业市场服务的定位；第二，确定由谁担任该项目的策划负责人以及确定策划团队；第三，创业者必须考虑策划的时机。创业者要充分认识自己、了解自己、完善自己，从而发展壮大自己，才能知道自己在这个世界的竞争实力有多强，才能充分衡量自己掌握的新武器在市场竞争时的真正威力，才能不断地去补充和完善自己，才能真正地为别的企业进行量体裁衣的策划方案制订。它主要体现在制定战略、确定目标、拟定计划、组织和指挥调配人员中作出果断的科学的决定。领导者决策能力的大小，直接决定着领导活动的绩效，它是衡量领导水平的一个重要标志。

3. 组织能力

组织能力是创业者不可缺少的重要能力之一，在创建新的企业中组织显得十分重要，组织是创造价值的源泉。组织能力是指领导者为了组织的利益和实现组织制定的目标，运用一定方法和技巧，把来自不同地区、不同系统、不同职业、不同文化背景以及民族、性别、年龄等均不相同的人组织在一个团结向上的集体之中，使大家朝着一个共同方向和目标去努力、去奋斗。组织能力包括合理选择和激励下属的能力、黏合能力、架构能力、沟通能力、协调能力、授权能力、应变能力和合理分配资源（人力、财力、物力）的能力等。组织能力包括三个层级：个人能力、项目/团队能力、组织能力。组织能力是公司竞争力的综合体现。其包括：核心流程能力、战略管理能力、组织文化能力。任何组织必须建立基于能力的管理，不断增强个人、团队、组织的能力，通过实现组织目标的能力管理，形成公司独特的核心竞争优势，才能从众多的竞争者中脱颖而出。

4. 领导能力

领导能力是指领导者的个体素质、思维方式、实践经验以及领导方法等，这些影响着具体的领导活动效果的个性心理特征和行为的总和，领导能力是领导者素质的核心。领导力意味着我们总能从宏观和大局出发分析问题，在从事具体工作时保持自己的既定目标和使命不变；领导力也意味着我们可以更容易地跳出一人、一事的层面，用一种整体化的、均衡的思路应对更加复杂、多变的世界；领导力还意味着我们可以在关心自我需求的同时，也对自己与他人的关系给予更多的重视，并总是试图在不断的沟通中寻求一种更加平等、更加坦诚也更加有效率的解决方案……

5. 管理能力

管理能力是每一个创业者必备的重要能力，要在工作中不断地培养、积累自己的组织管理能力。管理能力与组织能力有密不可分的联系。管理能力主要包括：激励的能力、控制情绪的能力、幽默的能力、演讲的能力、倾听的能力等。创业者不仅要善于激励团队，还要善于自我激励。要让团队充分地发挥自己的才能努力去工作，就要把员工的"要我去做"变成"我要去做"，实现这种转变的最佳方法就是对员工进行激励。创业从来都不是一帆风顺的。一个创业领导者情绪的好坏，甚至可以影响到整个创业团队的气氛。如果他经常由于一些事情控制不了自己的情绪，有可能会影响到整体创业活动的效率。因此，在创业过程中，一个成熟的创业领导者应该有很强的情绪控制能力。幽默的创业者能使他的团队体会到工作的愉悦。优秀的创业者都有很好的演讲能力，特别是那些著名的创业者、企业家，无一例外是演讲的高手。演讲的作用在于让他人明白自己的观点，并鼓动他人认同这些观点。从这点出发，任何一名创业者都应该学会利用演讲表达自己。善于倾听至少有两大好处：让别人感觉你很谦虚和可以了解更多的信息。每个人都有迫不及待表达自己的愿望。在这种情况下，友善的倾听者自然成为最受欢迎的人。如果创业者能够成为团队的倾听者，他就容易了解并满足每一位成员的需要。管理不仅是对自身的管理约束，更是对创业团队的管理，管理能力高对形成一个良好的创业团队非常重要。

6. 公关能力

创业面临的是高度竞争的压力，成功与否的条件之一在于自身的公关能力。也就是说，本身的知识结构与公关能力是否符合社会的需求，而且是否有能力发现自身知识结构的优势与社会需求的结合点是关键因素。正是由于在自身力量的积累方面并不具有优势，对于决心创业的人来说，如何获得广泛的社会支持，并在这种支持下充分利用各种有利于事业发展的因素，就成为取得成功的最重要的能力之一。从这个意义上讲，个人公关交际能力对于创业成功非常重要，这种能力实际上是善于获得和利用社会支持的能力，有时候这种支持的重要性甚至超过经济上的支持。这就是为什么许多招聘单位特别看中应聘者社会活动能力的原因所在。善于与别人进行互利互惠的合作，实际上也是公关交际能力强的表现，对于立志商业上成功的人来说，有意识地培养这种能力非常重要。

大学生创业者的优劣势分析

作为一个特殊的群体，大学生在创业时，既有一定的优势，也存在着明显的劣势。

大学生创业者普遍有如下优势。

(1) 具有较高的文化水平，具有一定的专业知识。结合自己的专业进行创业，可以很好地把这些专业知识运用到自己的创业实践中。如工商管理专业的毕业生，可以创立营销管理咨询公司；广告专业的学生，可以开办广告策划公司；英语专业的学生，开办留学教育服务公司等，都是把自己的专业特长与创业业务结合起来，从而可以更好地发挥优势。

(2) 自主学习知识的能力强，接受新鲜事物快，对事物较有领悟力，有些东西一点即通，甚至可以做潮流的引领者。大学生经过多年的学习历练，一般都有很强的学习能力和领悟力，掌握了比较科学的学习方法，可以迅速地获取知识，对新事物也有较强烈的好奇心，在创业时更容易有创新。

(3) 有激情、有抱负，自信心强，思维活跃，敢想敢干。"初生牛犊不怕虎"，"不知天高地厚"的大学生往往有激情和胆量挑战一些常人不敢挑战的事务。

(4) 运用 IT 技术能力强，善于运用互联网等信息渠道，分析和处理信息的能力强。在

网络时代的今天，互联网上充斥着海量信息，对互联网的有效运用可以为自己带来丰富的资讯。而对IT技术的应用，则可以使信息的分析和整合等事半功倍，大大提高工作效率。

（5）年纪轻，精力旺盛，家庭负担小。"年轻是最大的资本"，因为年轻，才不必对失败抱有恐惧，才有时间和机会去尝试和犯错误。

大学生初出茅庐，在创业过程中往往存在以下劣势。

（1）缺乏社会经验和职业经历，尤其缺乏人际关系和商业网络。一份相关问卷调查显示，72%的大学生主要通过书本、家教等方式接触社会，并非所有的学生都具备相关专业的实习经历。在创业实践中可能遇到的种种问题，不可能从学校和课堂上得到直接的解决之法。经验粗浅、人际关系薄弱是大学生创业的最大绊脚石。

（2）缺乏真正有商业前景的创业项目，许多创业点子经不起市场的考验。大学生提出的创业设想，往往仅仅是"看上去很美"，不可能产生实际的商业价值。

（3）缺乏商业信用，在校大学生信用档案与社会没有接轨，导致融资借贷困难重重。大学生创业往往只能凭借政府的扶持政策、创业大赛的启动资金或银行的小额借贷等作为创业资本，融资渠道狭窄。

（4）喜欢纸上谈兵，创业设想大而无当，市场预测普遍过于乐观。在创业大赛的舞台上，不乏大学生创业团队"秀"出了奇思妙想，有些商业计划书单从形式和结构上看甚至比专业企划案都更加成熟。然而创业推介时口若悬河的大学生，在答辩的环节面对评审的提问，则常常哑口无言。很多大学生在设计创业思路时，往往从大处着眼，缺乏对实际操作性和可行性的客观评估，导致创业计划"落地"有很大难度。

（5）眼高手低，好高骛远，看不起蝇头小利，往往大谈"第一桶金"，不谈赚"第一分钱"。很多大学生动辄谈起长远的愿景，却不能把手头具体的小事做好，在创业所遇到的烦琐的具体事务面前迟滞不前。不少大学生幻想自己就是将来的比尔·盖茨，只想做"大生意"，对一些所谓的"小生意"看不上眼。其结果是"大生意"由于缺资金无法去做，"小生意"又怕丢脸面、费辛苦，不肯扑下身子去做，必将一事无成。

（6）独立人格尚没有完全形成，个人和社会责任感缺失，甚至不乏"啃老一族"。一些大学生尚没有完成"心理断奶期"，依附性的人格不足以承担创业的大任。

（7）心理承受能力差，缺乏吃苦耐劳的毅力。如今的"80后"、"90后"大学生，大都家庭条件较好，经历的挫折和磨难很少，一旦遇到困难很容易放弃。

（8）整个社会文化和商业交往中往往不信任青年人，俗语说的"嘴上没毛，办事不牢"，很不利于年轻人的创业。由于大学生年纪轻轻，看似缺乏"老板"的权威，一些时候会受到成见的影响。

（资料来源：佘敏. 当前我国大学生创业的优劣势分析.
中国成人教育，2010年第16期. 有删改）

第二节　评估创业潜质

一、评估自我创业潜力

能不能创业？创业成功有多大把握？在一定程度上取决于创业者自己。大学生在创业之前，首先需要对自己的创业潜力做多方面、客观的评估。

1. 创业人格特质评估

从下列32组句子中，选择最能够反映你个人观点的句子：

(1) A. 工作一定要完成
    B. 我喜欢与优秀的朋友一起，这样我能够获得他们对我的工作的见解和建议

(2) A. 当我的责任增加时，我会感到更加快乐
    B. 我喜欢把什么事情都事先安顿好

(3) A. 我决不做任何可能使自己受损失的事情
    B. 理解如何赚钱是创业的第一步

(4) A. 不管是多好的事情，如果这件事情的失败可能使我招致嘲笑，我就不会冒险去做
    B. 除了工作之外，我还记挂别人的安康

(5) A. 我会为自己开创的任何事业而努力
    B. 我只会做那些使我开心并有安全感的事

(6) A. 如果我失败了，别人会嘲笑我
    B. 尽管我对自己很有信心，我还是需要别人的建议

(7) A. 在遇到困难时，我要找到解决的方法
    B. 如果在新开创的事业中失败，我会继续目前的工作

(8) A. 如果我觉得一个想法是好主意，我就会去实践这个想法
    B. 我能够比现在做得更好

(9) A. 工作时，我会注意维系良好的人际关系
    B. 不管发生什么事，都是我从经历中学习的机会

(10) A. 即使我的努力失败了，我也能从中学到东西
     B. 我喜欢舒适的生活

(11) A. 我只会投资比赛或彩票，总有一天幸运会落在我头上的
     B. 如果我在工作中失利，我会努力找出原因

(12) A. 我会尊敬我的员工，并对他们一视同仁
     B. 如果能有更好的工作，我就会离开现在的工作

(13) A. 在实施一个新的想法之前，我会慎重考虑
     B. 如果我的叔叔去世，我会先去参加葬礼，即便这会导致公司订单延误好几天

(14) A. 只有当我拥有资本时，我才能够发展一份事业
     B. 我希望能够自己做出重要决定

(15) A. 当别人的好意和信任被背叛时，我不会坐视不理
     B. 如果事情没有按照我的想法发展，我会寻求其他的替代机会

(16) A. 我可以犯错误
     B. 我非常喜欢与朋友聊天

(17) A. 我希望我的钱能够安全地存在银行里
     B. 我完全认可我的工作，同时我也了解它的优劣

(18) A. 我希望能够拥有很多钱从而过上舒适的生活
     B. 在做决定时我希望能够得到别人的帮助

(19) A. 人们首先应该照顾好自己的亲人和朋友
　　　B. 我喜欢解决难题
(20) A. 即便可能损害自己，我也不会做让别人不开心的事情
　　　B. 钱是事业发展的必需品
(21) A. 我希望我的事业能够很快发展起来，这样我就不会遇到经济紧张的困境
　　　B. 不能因为不成功就去责备自己
(22) A. 我应该能够独立的按照自己的想法去做事
　　　B. 只有为自己的未来积累了一大笔钱后我才会幸福
(23) A. 如果我失败了，那主要是别人的错误造成的
　　　B. 我只会做那些让我感觉舒服且令我满意的事情
(24) A. 在开始一份工作之前，我会认真考虑它是否会对我的声誉造成不利的影响
　　　B. 我希望自己能和别人一样，也买得起昂贵的东西
(25) A. 我希望能够有舒适的房子住
　　　B. 我会从失败中吸取教训
(26) A. 在做任何工作之前，我都要考虑它的长期影响
　　　B. 我希望每件事情都能按照我的想法进行
(27) A. 金钱能够带来舒适，所以我的主要目标在于赚钱
　　　B. 我喜欢在能够经常见到朋友的地方工作
(28) A. 我了解自己正在做的事，我不怕受到别人的批评
　　　B. 如果我失败了，我会觉得自己非常差劲
(29) A. 碰到困难是常有的事，我应该去做一些好的新工作
　　　B. 在开始新工作之前，我会采纳有经验的朋友们的建议
(30) A. 我的所有经历都会激励我前进
　　　B. 我希望能有很多钱
(31) A. 我喜欢每天从容不迫，万事顺利，没有任何烦恼
　　　B. 不管遇到多大的障碍，我将努力达到目标
(32) A. 我不喜欢别人无故干涉我做事
　　　B. 为了赚钱，我可以做任何事情

个性特征测验评分：在以上32组句子中选择"A"或"B"，根据下面评分标准将每题所得分数相加，得出最终分数。

(1) A1分 B2分　(9) A1分 B2分　(17) A0分 B2分　(25) A1分 B2分
(2) A2分 B1分　(10) A2分 B1分　(18) A1分 B0分　(26) A1分 B1分
(3) A0分 B1分　(11) A0分 B2分　(19) A0分 B2分　(27) A1分 B1分
(4) A0分 B1分　(12) A1分 B1分　(20) A1分 B1分　(28) A2分 B0分
(5) A2分 B1分　(13) A2分 B0分　(21) A1分 B0分　(29) A0分 B1分
(6) A0分 B2分　(14) A1分 B1分　(22) A1分 B1分　(30) A2分 B1分
(7) A2分 B0分　(15) A1分 B1分　(23) A0分 B2分　(31) A1分 B2分
(8) A1分 B2分　(16) A2分 B1分　(24) A1分 B1分　(32) A1分 B0分

结果说明：

0～25分　说明你缺乏创业的个性特质；

26~36 分　说明你的创业个性特质很一般；

37~47 分　说明你具有一定的创业个性特质；

48 分以上　说明你具备非常明显的创业个性特质，适合创业。

2. 基本创业素质评估

下列各题均有四个选择，答案：A. 是（记 4 分），B. 多数（记 3 分），C. 很少（记 2 分），D. 从不（记 1 分）。请在符合你实际情况的小括号内填上 A、B、C、D。

(1) 在急需做出决策的时候，你是否在想："再让我考虑一下吧？"　　　（　）

(2) 你是否为自己的优柔寡断找借口说："得好好慎重考虑，怎能轻易下结论呢？"
　　　　　　　　　　　　　　　　　　　　　　　　　　　　　　　　（　）

(3) 你是否为避免冒犯某个或某几个影响自己前途的老师而有意回避一些关键性的问题，甚至表现得曲意逢迎呢？　　　　　　　　　　　　　　　　　　（　）

(4) 你已经有了很多写报告用的参考资料，但仍强迫团队其他成员提供？（　）

(5) 你处理往来函件时，是否读完就扔进文件框，不采取任何措施？　（　）

(6) 你是否无论遇到什么紧急任务，都先处理琐碎的日常事物？　　　（　）

(7) 你非得在巨大的压力下才肯承担重任吗？　　　　　　　　　　　（　）

(8) 你是否无力抵御或预防妨碍你完成重要任务的干扰与危机？　　　（　）

(9) 你在决定重要的行动计划时常忽视其后果吗？　　　　　　　　　（　）

(10) 当你需要作出可能不得人心的决策时，是否找借口逃避而不敢面对？（　）

(11) 你是否总是在最后才发现作业还没完成，只好熬夜赶完？　　　（　）

(12) 你是否因不愿承担艰巨任务而寻找各种借口？　　　　　　　　（　）

(13) 你是否常来不及躲避或预防困难情形的发生？　　　　　　　　（　）

(14) 你总是拐弯抹角地宣布可能得罪他人的决定？　　　　　　　　（　）

(15) 你喜欢让别人替你做自己不愿做的事吗？　　　　　　　　　　（　）

测试结果：

50~60 分：说明你的个人素质与创业者相差甚远；

40~49 分：说明你不算勤勉，应彻底改变拖沓、效率低的缺点，否则创业只是一句空话；

30~39 分：说明你大多数情况下充满自信，但有时犹豫不决，不过没关系，有时候犹豫是成熟、稳重和深思熟虑的表现；

15~29 分：说明你是一个高效率的决策者和管理者，更是一个成功的创业者，具有良好的心理素质和坚忍不拔的毅力。

3. 创业优劣势测试

本测试用于测量你做出创业选择时，在创业想法、技能、知识、才智、目标、资源和关系网络等七个方面的优势和劣势状况。请根据你自己的实际状况，选择最符合自己特征的描述，选择时请根据自己的第一印象，不要思虑太多。本测试没有速度上的要求，但是请在 5 分钟以内完成所有的题目。

下面的每个题目只能选择一个答案，请选择最符合自己实际状况的答案，然后填写到下面的答案填写处。答案选择标准如下：A. 非常符合，B. 比较符合，C. 无法确定，D. 不太符合，E. 很不符合。

Part One：想法

（1）我的想法通常比别人的更有价值，更具有创造性。（　）
（2）我具有丰富的想象力，并能把这些想法准确而生动地表达出来。（　）
（3）我的想法通常并不是天马行空，泛泛而谈，而是切实可行的。（　）

Part Two：才智
（1）每天早晨我都是怀着积极的态度醒来，感觉今天又是崭新的一天。（　）
（2）我不是一个风险规避者。（　）
（3）我知道如何控制自己的生活、性情和脾气，并做到自律。（　）
（4）我更倾向于主动地去把握和解决问题，而不是处于被动局面。（　）
（5）我善于观察周围事物，注重细节，把握契机，把不利局面转化为机会。（　）
（6）当我失望时，能够处理问题而不逃避放弃，能以积极状态重新投入工作。（　）
（7）当我选择创业时，家人能够理解我的不自由状态并支持和鼓励我。（　）

Part Three：技能和知识
（1）对即将创业的领域，我有很好的专业背景和技术。（　）
（2）了解创业行业目前的市场运作、竞争水平和相关法律政策。（　）
（3）我曾经有过管理经验，并擅长组织活动。（　）
（4）我眼光长远，更看重创业项目的发展潜力而不是短期盈利。（　）

Part Four：资源
（1）我能够挖掘理想的合伙人或经理人、雇用理想的员工。（　）
（2）我有雄厚的资金和稳定的财务来源，至少可以保证第一年正常运营。（　）
（3）我可以通过合理途径以自己能接受的成本募集资金。（　）
（4）我可以获得充足的物质来源，如原材料等，能很好地控制成本。（　）

Part Five：目标
（1）与打工相比，我更渴望有一份属于自己的事业。（　）
（2）我有一个很明确的创业目标，并可以为之奋斗，哪怕付出较大的代价。（　）
（3）我有勇气和耐心去实现创业目标，即使需要承担较大风险。（　）
（4）我有十分的信心，我最终能实现自己的创业目标。（　）

Part Six：关系网络
（1）我喜欢合作胜于凭一己之力完成工作。（　）
（2）我具有影响他人的能力，并使人信服。（　）
（3）别人认为我是一个值得信赖的人，并且充满活力、积极向上。（　）
（4）我善于和陌生人打交道，而不只是局限于熟人圈内。（　）
（5）我善于向媒体公众推销自己的想法，吸引别人的注意力。（　）
（6）我能同行业内的竞争者更容易实现竞合而非竞争。（　）
（7）我想我能够做到和上下游企业保持紧密合作，相互扶持，共同发展。（　）
（8）我同利益相关团体，如政府机构、金融机构能保持良好关系。（　）

结果说明：

请按照你所选的答案统计出选项的数目，选项个数最多的那类就是你所属的类型。通常，如果你选择 A 或 B 的选项最多，说明你的创业优势比较明显，创业时机已经成熟，可以马上去创业；如果你选择 C 或 D 或 E 的选项比较多，说明你目前基本不具有创业优势，不建议马上去创业。如果创业愿望极其强烈的话，你可以具体分析每一部分你的选项情况,针对选项情况找出自己的劣势,努力去弥补和提升,待时机成熟时再行动是比较明智的选择。

4. 创业价值观评估

价值观是人们用来区分好坏标准并指导行为的心理倾向系统,是浸透于整个个性之中支配着人的行为、态度、观点、信念、理想的一种内心尺度。它表现为个人对客观事物及对自己的行为结果的意义、作用、效果和重要性的总体评价,是对什么是好的、什么是应该的总的看法,是推动并指引一个人采取决定和行动的原则、标准,是人们动机的统帅。

关于价值观,美国麻省理工大学斯隆管理学院施恩教授曾经提出过著名的"职业锚"理论,职业锚即人们在进行职业选择时无论如何也不会放弃的东西。职业锚共分为以下 8 个锚位。

（1）技术/职能型：追求在技术/职能领域的成长和技能的不断提高,以及应用这种技术/职能的机会。喜欢面对来自专业领域的挑战,而一般不喜欢从事一般的管理工作。

（2）管理型：追求并致力于工作晋升,喜欢管理和承担责任,并将公司的成功与否看成自己的工作。

（3）自主/独立型：自主/独立型的人希望随心所欲安排自己的工作方式、工作习惯和生活方式。追求能施展个人能力的工作环境,最大限度地摆脱组织的限制和制约。

（4）安全/稳定型：安全/稳定型的人追求工作中的安全与稳定感。

（5）创业型：创业型的人希望使用自己能力去创建属于自己的公司或创建完全属于自己的产品或服务,而且愿意去冒风险,并克服面临的障碍。他们想向世界证明公司是他们靠自己的努力创建的。他们可能正在别人的公司工作,但同时他们在学习并评估将来的机会。一旦他们感觉时机到了,他们便会自己走出去创建自己的事业。

（6）服务型：他们认可的核心价值如帮助他人,改善人们的安全,通过新的产品消除疾病,他们希望自己的工作可以为别人带来福音。

（7）挑战型：挑战型的人喜欢解决看上去无法解决的问题,战胜强硬的对手,克服无法克服的困难障碍等。对他们而言,参加工作或职业的原因是工作允许他们去战胜各种不可能。新奇、变化和困难是他们的终极目标。

（8）生活型：喜欢允许他们平衡并结合个人的需要、家庭的需要和职业的需要的工作环境。他们希望将生活的各个主要方面整合为一个整体,可以做到生活和工作的良好平衡。

大学生在进行创业潜力评估时,可以运用职业锚理论思考自己的价值倾向,审视自己的价值观是否与创业相匹配。如你属于管理型、创业型、挑战型等职业锚类型,那么创业应该是很好的选择;反之,如果是安全/稳定型的职业锚,那么创业就不太适合你。

二、提高创业素质的方法

立志创业的大学生,不妨通过以下途径和方法提高自己的创业素质与能力。

1. 学习创业知识

一个创业者,在具备了强烈的创业意识和较高的创业素质时,还应该有丰富的创业知识的积累。创业知识是与创业密切相关的知识,致力于创业的大学生应该有意识地去获取和学习,只有充分准备创业知识,才能在创业的路途上得心应手。创业知识包括与创业相关的法律知识、管理知识、经营知识以及与创业相关的专业知识等。

一般而言，可以通过以下途径了解创业知识，拓展创业常识。

1. 大学课堂、大学图书馆与大学社团

创业者通过课堂学习能拥有一门过硬的专业知识，在创业过程中将受益无穷；大学图书馆通常能找到创业指导方面的报刊和图书，广泛阅读能增加对创业市场的认识；大学社团活动能锻炼各种综合能力，这是创业者积累经验必不可少的实践过程。

2. 媒体资讯

一是纸质媒体，人才类、经济类媒体是首要选择。例如比较出名的《21世纪人才报》、《21世纪经济报道》、《IT经理人世界》等。

二是网络媒体，管理类、人才类、专业创业类网站是必要选择。例如比较出名的《中国营销传播网》、《中华英才网》、《中华创业网》等。

此外，各地创业中心、创新服务中心、大学生科技园、留学生创业园、科技信息中心、先导民营企业的网站等都可以学到创业知识。

3. 与商界人士广泛交流

商业活动无处不在。你可以在你生活的周围，找有创业经验的亲戚、朋友、同学、网友、老师交流。在他们那里，你将得到最直接的创业技巧与经验。这时候比看书本的收获更多。你甚至还可以通过E-mail和电话拜访你崇拜的商界人士，或咨询与你的创业项目有密切联系的商业团体，你的谦逊总能得到他们的支持。

4. 创业实践

真正的创业实践开始于创业意识萌发之时。大学生的创业实践是学习创业知识的最好途径。间接的创业实践学习主要可借助学校举办的某些课程的角色性、情景性模拟参与来完成。例如，积极参加校内外举办的各类大学生创业大赛、创业计划书大赛、发明专利展赛、工业设计大赛等。

直接的创业实践学习主要可通过课余、假期在外的兼职打工、求职体验、参与策划、参与市场调研、试办公司、试申请专利（知识产权局）、试办著作权登记（版权局）、试办商标申请（工商局）、业余参加某些职业知识与证书班培训等事项来完成；也可通过举办创意项目活动、参加或参观高交会展览、创建电子商务网站、谋划书刊出版事宜、尝试做自由撰稿人等多种方式来完成。

总之，创业知识广泛存在于大学生的学习、生活的视野之中，只要善于学习，总能找到施展才华的途径。

（资料来源：http：//guangzhou.qd8.com.cn/jiameng/xinxi2_1529375.html 有删改）

2. 积累创业经验

（1）为别人工作。微软公司总裁比尔·盖茨曾说："我不认为一定要在创业阶段开办自己的公司。为一家公司工作并学习他们如何做事，会令你受益匪浅，打好基础对我们非常重要。"大部分成功的创业者创业前都有过为别人工作的经历，这种经历使他们对本行业的情况了然于胸，在复杂的人际关系中游刃有余，整合资源的能力大大提高，并有可能积累到人生第一笔创业资金，这些直接构成了创业者所需的宝贵的创业资本。

3721公司创始人周鸿一创业前一直在方正公司工作,后来他这样回忆这段经历:"时机不成熟,就不创业,先给别人打工。把公司让我做的事情做好,提高自己的能力,逐步就知道创业的方向了。虽然是打工,实际上是公司在给你'缴'学费,你通过在不同的平台积累经验,这是任何老板剥夺不走的,只有积累这种经验,你的创业能力才更高,才更有把握。"

(资料来源:http://alibaba.blog.sohu.com/515968.html 有删改)

(2)进入小公司历练。对多数大学毕业生来说,进入一个大型企业或外资公司是一个不错的选择,因为这样的企业相对来说比较正规,各方面保障措施和制度比较健全。对准备创业的大学生而言,进入一个小公司将会得到更好的锻炼。

迪斯尼公司总裁加里·威尔逊沃特曾说:"在一个小公司的资深层任职,可给你一种广阔的视野,并向你提供更具创意的机会。小公司承受不了人员臃肿的压力,我了解发薪水时没有足够的现金时情况会如何,我了解贷款付息20%时的情况如何。"

美国苹果电脑公司创始人史蒂夫·乔布斯认为:"刚创业时,最先录用的10个人将决定公司的成败,而每一个人都是这家公司的十分之一。如果10个人中有3个人不是那么好,那就是公司里30%的人不够好。所以小公司对优秀人才的依赖要比大公司大得多。"

(资料来源:http://fangjingqiu.blog.163.com/blog/static/7240713020083171142255 28/.有删改)

一个人在创业的行业里面没有经验积累,最好先去找这种行业的某个企业打工,哪怕半年、三个月,完成一定的积累。创业者只有具备了行业的基本经验,距离创业梦想才不遥远。

3. 建立创业人脉

人脉即人际关系、人际网络,体现为人缘、社会关系。稳健、强势的社会关系对创业者来说是十分重要的,尤其在当前市场经济条件下,拥有人脉对创业者顺利完成创业将起到极大的促进作用。而社会关系匮乏正是大学生创业者的一大弱势,大学生在创业前一定要多积累人脉资源。

在好莱坞,流行一句话:"一个人能否成功,不在于你知道什么(what you know),而是在于你认识谁(whom you know)。"卡耐基训练区负责人指出,这句话是强调:"人脉是一个人通往财富、成功的入门票。"

鉴于人脉的重要作用，一些善于使用人脉、经营人脉的群体——"man keep"涌现出来。"man keep"译为"人脉经营"，我们称之为"脉客"。在台湾证券投资界，杨耀宇就是个将人脉竞争力发挥到极致的脉客。他曾是统一投资顾问的副总，一年前退出职场，为朋友担任财务顾问，并担任5家电子公司的董事。根据推算，他的身价应该有近亿元（台币）之高。为什么一名从台湾南部北上打拼的乡下小孩，能够快速积累财富？杨耀宇说，"我的人脉网络遍及各个领域，上千、上万条，数也数不清。"有时候，一个电话抵得上十份研究报告。

（资料来源：http：//blog.renren.com/share/223607676/697470203 有删改）

人脉如同金钱一般，也需要管理、储蓄和增值。人人都可以成为善于人脉经营的脉客。

4. 培养创新能力

激发创新意识，开拓创新思维的同时，创业者还需要在学习生活中锻炼自己的创新能力。锻炼自己的创新能力，一方面要求创业者努力寻找市场的突破点，用创新的思维方式寻求市场中的空白，突破传统的规定、习惯、思想等，在新生的领域谋求机遇。另一方面，创业者在传统的和现有的行业中实现创业的创新，这一方面又包括模式创新和技术创新。创新能力的锻炼要求创业者尽快实现自身与社会的快速融合。融入社会，了解社会，并且在社会中给自己一个明确的定位，才有机会在社会中找到实现创新的机会。努力寻求创新的机会才能使自己的创新能力得到提高。

成功创业的决定因素

芝加哥大学教授阿玛尔·毕海德（Amar V. Bhide）在《新企业的起源与演进》中通过对现有的有发展前景的企业分析推论，得出企业家创建有前途的新企业需要一些特殊的品质，起决定作用的重要品质有：① 受家庭背景、文化程度和经验所影响的创业倾向；② 适应性调整能力，如果断、开明、控制内心冲突的能力、发现因果关系的能力等；③ 获取资源的能力，如应变能力、自制力、洞察力和销售技巧等。相比较而言，如承担风险、创造性活动、愿望与远见、雄心壮志、领袖气质、运用权力、管理才能等是其次重要的品质。

有学者将创业成功与否的决定因素归纳为：

（1）资金能力：拥有适当资金能力的创业活动，相对比较容易成功。

（2）财务控制：缺乏适当财务控制的创业公司，相对比较容易失败。

（3）产业经验：无产业经验的人从事创业活动，失败的几率相对较高。

（4）管理经验：由无管理经验的人从事创业活动，失败的几率相对较高。

（5）企业规划：事先未做详细的创业规划，失败的几率相对较高。

（6）专业咨询：能善用专业咨询与产业网络资源的创业活动成功的几率相对较高。

（7）教育水准：受过高等教育的创业者比未受高等教育的创业者，创业成功的几率要高。

（8）员工能力：能吸引并留住良好素质员工的创业公司，成功的几率相对较高。

(9) 产品策略：选择太新或太旧产品的创业公司相对于选择正在成长阶段产品的创业公司，前者失败的几率比较高。
(10) 市场时机：在整体不景气时创业相对来说会更容易失败。
(11) 创业年龄：年纪越轻且创业经验越不足的创业者，其创业失败的几率也相对较高。
(12) 合伙团队：单人创业比团队创业，更容易失败。
(13) 家庭背景：来自经商家庭背景的创业者，相对比较容易创业成功。
(14) 股权比重：创业者拥有较多股权比例的时候，相对比较容易创业成功。
(15) 营销能力：具有比较丰富的市场经验与营销能力的创业者，相对比较容易创业成功。

（资料来源：http://blog.sina.com.cn/s/blog_4e8cd16f0100cdor.html 有删改）

【实践活动】

1. 根据职业生涯规划设计的步骤和方法、为自己设计一份创业生涯规划书。
2. 利用 SWOT 分析方法，对自己做 SWOT 分析，分析自己创业选择的优势与劣势。

【拓展资源】

1. 大学生科技创业网络平台（http://start-up.whbi.com.cn/index.jsp）
2. 青年创业网（http://www.youthren.com）
3. 世界创业实验室（http://elab.Icxo.com/）
4. 赵延沈. 门槛：创业——从准备到行动［M］. 北京：清华大学出版社，2006.
5. 徐朝亮等. 赢在中国：零起点创业实战手册［M］. 北京：中国青年出版社，2007.
6. 张天桥，侯全生，李明晖. 大学生创业第一步［M］. 北京：清华大学出版社，2008.

【思考题】

1. 成功创业者有哪些共同的心理与行为特征？你认为最重要的是哪些？自己缺乏哪些？
2. 作为大学生创业者，应如何评估自己的创业潜力？
3. 在创业准备期，如何进行创业决策并作出合理抉择？

第四章
科学创业规划

本章导读

大学生创业,要适时寻找商机,把握创业机会。及时把握创业的时机,是创业能否成功和未来企业能否稳定发展的重要条件和基础。创业的关键在于善于抓住稍纵即逝的市场机会。

创业不是引"无源之水",栽"无本之木"。每一个人创业,都必然有其凭依的条件,也就是其拥有的资源,大学生创业自然也不例外。大学生创业要整合好各种所需的创业资源,创业的过程其实也是创业者建立、整合和拓展资源的过程。

通过本章,你可以了解和掌握以下内容:
- 学会寻找创业项目;
- 学会识别和评估商业机会;
- 了解大学生创业需要做的准备;
- 了解创业需要整合的资源。

创业先锋故事
"梦点"起航[①]

曾燕华

性别: 女　**籍贯:** 福建省宁化县
毕业院校: 福建师范大学（应用科技学院文秘专业2008届毕业生）

创业档案:

大二时，为了勤工俭学，她成立了"梦点家教中心"，三年时间为上千名同学提供了家教岗位。

2008年12月5日，她的"梦点家政服务中心"开业了，服务项目是为大学生提供家教兼职等勤工助学岗位，为企业提供临时工、为贫困大学生亲属提供家政服务类的工作。

创业经历:

曾燕华，福建师范大学一名家境贫寒的普通大学毕业生。在校期间，她就依靠家教，赚到了自己所有的学费和生活费。毕业后，她不等不靠，开办了一所家政服务站，在自主创业的路上努力拼搏。她说："创业是贫困大学生最好的人生经历，在遇到挫折时就要学会自己不断地爬起来。"

揽到了第一份家教的活

福建师范大学的同学和老师们说，在福州大学城自主创业的大学生有千百个，曾燕华的创业故事最普通却也最动人。

曾燕华的家在福建北部三明地区的宁化县山区农村，家境贫寒的她从小就知道自己上学所花的每一分钱都是父母辛苦劳动的血汗钱。2004年，曾燕华考上了福建师范大学中文系文秘专业，从考上大学的第一天起，她就暗暗下定决心，不能再让父母面朝黄土背朝天地为供养自己拼命，要靠自己的一双手支撑起自己的大学学业。

入校后不到一个月，曾燕华就举着一块自制的"家教"小牌子，站在了人来人往的街边。她说，开始的时候，从早到晚站一天，也没有人来搭理一次，那种绝望的感觉几乎让人崩溃，但越绝望越想着要坚持，于是课余周末，只要有时间，她就举着牌子站在街头，站了足足一个月后，终于揽到了第一份家教的活，尽管报酬只有1小时20元，但她觉得成功已经开始走来。

大一时，她每个月家教收入有三四百元，到了大二时，揽到的家教工作逐渐多了起

[①] 一名女大学生的创业之路. 福建日报. 2009-02-11.

来，收入每个月达八九百元。有些家教的活自己顾不过来做的，就推荐转让给同学去做。

渐渐地，曾燕华对福州的家教市场有了一个较为清晰的了解，她开始觉得，与其大家像散兵游勇一样做家教，不如成立一个学生社团，有组织地吸纳学生对口社会上的家教市场。于是，福建师大第一个组织学生通过家教开展勤工俭学的学生社团成立了，这个起名"梦点"的学生家教社团，逐渐在福建师大发展得红红火火。到大三时，曾燕华每月的收入达3000多元，社团组织的成功埋下了曾燕华自主创业的种子。

自主创业路更宽

2008年，大学毕业走出校门的曾燕华，凭借自己丰富的社会实践经验，很快在福州找到了工作单位，但仅仅两个月的办公室白领生活就让曾燕华坐不住了，她说，上学时自己坚韧努力，为的是不给贫困的家庭增加负担，毕业了为什么还要缩手缩脚，不靠创业去实现自己的人生目标呢？于是，果敢的曾燕华辞去工作，在福建师大附近租了一处门面房，申领了营业执照，重新恢复了自己的"梦点"——组建家政服务站。

曾燕华说，创业的路并不平坦，家政服务站刚开张时，凡事都想赶紧做大。当时曾在福州家政市场推出了一个大学生保姆项目，两个月时间，宣传费花了上万元，大学生招了400多名，却发现市场根本不认可，最终不但赔了钱，而且引起了许多非议，让服务站声誉受了损。

现在才感觉到，只有做精做专，才能做强，而且在没有资金的情况下，只能从小做起。两年来，在"梦点"找过家教的福州家庭已有2000多户，有4000多名福州各高校的大学生成为"梦点"的会员，小小的家政服务站正在走入正轨。

曾燕华的合伙人，福建师大英语专业毕业的郑学文，也是一名曾靠勤工俭学读完大学的贫困学生。他说，贫困大学生没有很好的社会背景，没有创业资金，但一定要培养自己的创业能力和创业激情，走上充满挑战的创业路，就能找到成功的机会。

第一节 创业项目与创业机会

一、创业项目选择

所有的创业行为都要落实在一个个具体的创业项目之上。创业项目的寻找和选择至关重要,在探寻创业项目时要舍得花工夫。

1. 创业项目的分类

创业项目可以依据不同的标准进行分类:从观念上来看,创业项目分为传统创业和新兴创业;从方法上来看,创业项目分为实业创业和网络创业;从投资上来看,创业项目分为无本创业、小本创业和投资创业;从创业的方式来看,创业项目分为加盟创业、体验式培训创业、创业方案指导创业等。

创业项目还可以归结在以下六大领域之中:产品、服务、技术、渠道、规则和资金。围绕产品展开的,不管是生产还是销售,或者是贸易都属于产品领域;服务就是围绕服务展开,如宾馆、饭店、培训、咨询等;技术,是以技术为核心竞争力而展开的;渠道,即代理商;规则,指特许经营、连锁加盟等,软硬件系统有一定的垄断性;资金,投资公司等。这六种类型的项目,特点是不一样的。大学生应该在准备创业的时候就仔细观察自己喜欢领域的发展和变化情况,为自己选择创业项目做参考。

加盟招商的小本创业项目类别

特色餐饮、鞋服经营、美容健身、医疗保健、物业保洁、特色种养、汽车养护、时尚家居、礼品玩具、情侣饰品、教育培训、建筑装潢、能源再生、数码影像、娱乐文化、书刊资料、信息通信、生产加工、特色产品、特色服务、电子商务

2. 创业项目选择的策略和方法

(1) 基于解决别人困难,选定创业项目

"别人的困难往往就是企业成功的机会。"企业通过为他人提供有益的服务、为他人解决工作和生活中的困难可以获得正当合法的盈利。譬如,北大方正公司创始人王选先生为解决印刷行业困难,发明了激光照排系统,一举创业成功;有人针对大城市中的三口之家,夫妻两人上班经常为接送孩子上学和孩子吃饭的事发愁这一困难,开办托教服务项目,投资少、见效快,也取得了成功。

(2) 分析已有商品存在的问题,选定创业项目

市场上销售的商品总会存在这样或那样的问题。有的样式呆板,有的颜色单一;有的在功能和性能方面不够完善,有的在结构方面不够合理,等等。创业者经过调查分析,针对这些商品存在的问题,进行改进、完善、提高,以此作为创业项目往往成功率很高。比如,美国迪斯尼乐园的创始人迪斯尼,就是针对当时市场上卡通影片存在的问题,通过改

进技术创业的。

(3) 透视热销商品背后隐藏的商机，选定创业项目

以热销商品为导向，认真分析热销商品背后隐藏的商机，再选定创业项目进行经营。例如，当看到市场上鸡蛋热销时，分析预测鸡蛋热销背后隐藏的商机：一是马上会兴起养鸡热，二是当养鸡热兴起后，鸡饲料将会供不应求。因此，既不去卖鸡蛋也不去养鸡，而是跳过两个阶段去生产鸡饲料。这样当养鸡热兴起后，自然就会财源滚滚。

(4) 基于市场供求差异分析，选定创业项目

从宏观上看，任何产品或服务的市场需求总量和市场供给总量之间往往都会存在一定的差距。通过调查分析，若发现哪个产品或服务的市场供给不足，就可以从中找到创业机会，选定创业项目。市场需求不仅是多样化的，而且是不断变化的。因此，即使有时市场供求总量平衡，但结构也会出现不平衡，这样就会有需求空隙存在。创业者通过分析供需结构差异，也可以从中发现创业机会，选定创业项目。比如，我国饮料市场的供求状况总体上看是供过于求的，但广东三水酒厂厂长李经纬先生，当年创业时就是在这供过于求的市场状态中，通过分析供需结构差异发现了创业机会，开发出运动保健饮料，起名"健力宝"，一举打开市场，不断发展壮大为今天的健力宝公司。

(5) 利用市场细分，选定创业项目

所谓市场细分，就是根据整体市场上顾客需求的差异性，以影响顾客需求和欲望的某些因素为依据，把某种商品的整体市场划分为若干个消费者群的一种市场分类方法。通过市场细分划分出的每个消费者群就是一个子市场。每个子市场都是具有相同或类似需求倾向的消费者构成的群体。因此，属于同一子市场的消费者对同一商品的需求极为相似；分属不同子市场的消费者对同一商品的需求则存在着明显的差异。因此，进行科学的市场细分有利于发现市场机会，选定目标市场，确定创业项目。

选定创业项目需要考虑的因素

创业者在选择创业项目时，通常需要慎重考虑以下主要因素。

1. 相关的政策与法律

一是拟选定的项目是否属于国家政策和法律鼓励的范围。如果属于鼓励的范围，即使短期内预期利润不太高，只要项目本身发展前景好也可以选定。二是拟选定的项目是否属于国家政策和法律禁止或限制的范围。如果属于禁止的项目，无论预期的利润有多高都必须放弃；如果属于限制的项目，一般也应放弃，因为选择这样的项目创业往往要付出高昂的代价，而且没有发展前途。

2. 个人兴趣、爱好和特长

一个人只有选择喜欢又有能力做好的事情，才会自觉地、全身心地投入进去，在遇到困难和挫折时，百折不挠，千方百计克服困难，实现创业目标。成功创业者，大多是从事自己感兴趣、有特长的项目。选择自己感兴趣、有特长的项目是创业成功的有利因素。

3. 对拟选行业的熟悉程度

一般地说，创业者应在自己熟悉的行业里选择创业项目，才能提高创业成功的把握度。被誉为"经营之父"的松下幸之助，创业之初选择生产电器插座项目，是因为他在这

一行当过学徒工,对这一行熟悉并且有特长;被誉为"领带大王"的企业家曾宪梓之所以选择生产经营领带创业,是因为他曾在其哥哥的领带厂里打过工,对领带的生产技术和经营管理都很熟悉。创业之初选择自己熟悉的行业和项目是创业成功的关键。

4. 市场机会及其利用能力

所谓市场机会,是指市场上存在的尚未满足的需求。譬如经过调查发现,很多妇女在生孩子坐月子期间缺乏有经验的人手照料其本人和婴儿,而当地市场上没人提供这种专业化服务。也就是说,该市场需求尚未得到满足——这就是一个市场机会。对于创业者来说,这种客观存在着的市场机会并不一定会成为你的创业机会。因为市场机会成为创业机会是有条件的:第一,创业者必须具有利用该机会的资源能力和技术能力;第二,创业者利用该机会能够足以实现其经营目标。

5. 具备承受风险的能力

创业是有风险的。创业过程会受到太多的不可控因素的影响,谁也不敢保证一定能够成功。因此,在你选择创业项目投资之前,无论你对该项目多么有把握,都必须考虑"未来最坏的情况可能是什么?最坏的情况发生时,我能不能承受?"慎重考虑创业风险,正确对待风险,既要勇于进取,又不能盲目冒险,尽可能把创业风险控制在能够承受的范围之内。

(资料来源:http://groups.tianya.cn/tribe/showArticle.jsp?groupId=434862&articleId=d3b13aa3d0d50b5581de84e7a412c7fa 有删改)

3. 创业项目选择的步骤

(1) 市场分析

准确的市场分析是选好创业项目的前提。可靠的市场容量及其增长速度,可以为创业企业带来商机,相反也可能限制创业企业的灵活性与发展。创业项目的市场分析主要包括三个部分,即行业环境分析、目标市场分析和竞争对手分析。

行业环境研究的方法主要有行业专家访谈法和二手资料分析法。专家访谈法的访谈对象包括行业协会、政府主管部门、大学和研究院所的专家,竞争对手的雇员,客户所在单位的专家等。二手资料分析法中的二手资料的来源包括专业网站、综合经济网站(如中国经济信息网)、专业报刊、行业协会报告、专利数据库、中央及省级政府部门行业发展计划、专业展览会、专业研讨会、专业咨询顾问机构报告等。

目标市场研究首先必须确定市场细分的标准。如果是个人消费者,一般的标准有年龄、性别、家庭人数、收入、地理区域等;如果是单位客户,一般的细分标准有行业、地区、规模、利润、购买目的、产品性能等。确定细分的目标市场后,可以通过调查问卷的方法对目标市场进行分析。如对单位客户的基本调查信息包括:行业、地址、销售额、利润、员工数、主要产品/服务、现有供应商、购买决策者、需求数量等。制定调查问卷之前可结合行业研究状况试访几个潜在客户,以便使问卷更具可信度。

分析竞争对手,既有助于创业者摸清对手的情况,又能从中学习竞争对手的长处,从而提高创业者新建企业的竞争能力。分析竞争对手不但要了解现有多少竞争对手,他们提供什么样的同类产品,销售额是多少,还要确切地了解对手的产品,他们的研发能力和技术储备,他们的目标市场及其营销策略,他们目前的盈利状况和潜力,他们的核心竞争能力,他们的技术人员和管理人员,他们的生产设备和生产能力,他们供货商的情况,他们成功或失败的根本原因,他们采取的战略,他们的销售渠道及销售系统,他们的主要客户，主要客户对他们产品/服务的评价，客户对他们的忠诚度如何等。

（2）产品与技术评价

评价产品的创新程度主要考查新产品相对于原有产品的创新情况，看其功能是否有所增强，性能是否有所改善，是否能更好地满足用户的需求。评价产品的独特性，则要看新产品是否具有独一无二的特点，市场上是否存在同类产品，以及是否难以仿制。

评价技术的先进性可以用三个方面的指标来衡量，即技术功能指标、技术性能指标和技术消耗指标。技术功能指标是否先进直接决定着产品的功能水平。由于产品功能是通过技术功能实现的，顾客买的是功能、解决方案，因此一定要保证顾客获得先进的技术功能。技术性能指标是否先进主要表现为技术参数的先进与否，是不是采用目前最领先的技术。技术消耗指标是否先进，主要是指实现技术功能、技术性能的各类消耗的水平。技术的实现对消耗的要求可能很高，降低消耗就意味着节约成本。

评价技术的可靠性体现在核心技术的成熟性、技术整体的配套性和技术的风险性三个方面。核心技术的成熟性主要是看技术效果的稳定性和产品的均一性，以及核心技术是否经过工业性试验。技术整体的配套性主要是看一项工业生产中所用的所有技术是否配套，如果所有的技术都很先进，但是在共同使用过程中却不能协调配套，那么这样的技术组合就是一个失败。技术的风险性是指由于新思想与新技术本身的先天不足（技术不成熟、不完善）及可替代的新技术出现的时间短等多种因素带来的风险的大小。此外，还包括制造技术和使用技术的不确定性所带来的风险的大小。

（3）财务评价

财务评价是对过去财务状况的总结分析和对未来财务状况的预测。对过去财务状况的分析主要是研究企业的财务状况和财务方面的能力；而项目未来财务状况的预测，主要是通过对项目的未来收益进行预测，看项目是否能够给投资者带来高额回报，其重点是项目的预期收益。

财务预测主要是预测损益表、预测现金流量表，重点考查投资资本需求、资本支出维持水平、计划资本支出、计划折旧与摊销时间表、资产寿命、融资需求等；预测资产负债表，重点考查各科目的变动情况及其合理性、销售和损益的对照。投资回报的预测主要是根据创业投资项目的特点，选择和确定能够正确反映项目风险的贴现率，建立合理的现金流量模型，并用这一贴现率计算项目的投资收益、净现值、投资回收期、投资回报率等。

投资回报率是进行财务评价的一个重要指标，考虑到新事业开发可能面临的各项风险，合理的投资回报率应在25%以上。一般而言，15%以下的投资回报率，将不是一个值得考虑的新事业机会。通常，越是知识密集的新事业机会，对于资金的需求量越低，投资报酬率反而越高。因此，在创业开始的时候，不要募集太多的资金，最好通过盈余积累的方式来创造资金。毛利率高的新事业机会，相对风险较低，也比较容易实现损益平衡；反之，毛利率低的新事业机会，风险则较高，遇到决策失误或市场产生较大变化的时候，企业很容易就遭受损失。一般而言，理想的毛利率是40%。当毛利率低于20%的时候，这个新事业机会就不值得考虑。

（4）风险评估

在对创业投资项目进行风险评估时，需将定性分析与定量分析结合起来，通过系统而充分的考虑，定性分析出与项目有关的各种不确定因素，确定这些不确定因素的概率分布，并在项目多方案比较和选择的不同条件下，定量地分析出与项目有关的各种因素在发生变化时对项目投资效果所产生的影响。

风险评估的内容主要有以下几点。

① 评价技术和产品的风险。重点分析核心技术的含金量有多少，是否具有完全的自主知识产权，技术和产品的持续发展能力如何。

② 评价创业团队的风险。企业是否拥有优秀的企业家，已经成为企业经营成功与否的关键。应重点分析企业家的素质、核心技术人员的稳定性、团队与企业利益的关联度以及管理的开放性等。

③ 重点分析企业无形资产价值、企业核心资产价值、资本增长倍数与回报率，即投资回报风险。

④ 注重对政策环境、人文环境等风险因素的分析。

（5）判断项目是否有致命的缺点

致命的缺点一般会因创业项目的内涵与创业者风险承担能力的高低而有所差异。如果发现以下六点致命瑕疵之一，则创业者要十分谨慎。因为，该创业项目极有可能面临失败的后果。

① 创业团队缺乏相关产业经验与企业管理能力。

② 看不到创业项目的市场利基和为创造顾客价值的能力，不具有明显的市场竞争优势。

③ 创业项目的市场机会不明显，市场规模不大或实现盈利遥遥无期。

④ 运营创业项目的资源能力有限，无法达到具有竞争优势的经济规模。

④ 看不到创业项目能够获得显著利润的机会，包括毛利率、投资报酬率、损益平衡时间等指标。

⑤ 不具备市场控制能力，关键资源与通路均掌握在他人手中。

适合在校大学生的创业项目

一、借助学校品牌的项目

1. 各类教育与培训。比如你所在的学校有医学、心理学、教育学，便可借助大学的品牌优势和专业的师资资源，开展各种培训项目。

2. 成熟的技术转让。理、工、农、医类院校，都有一些技术课题和成熟的技术项目。大学生可以把这件事做起来，为技术寻找市场，实现转化。

3. 各种专业的咨询。经济管理等专业的大学生，可成立企业咨询组织，邀请业内权威专家组成"专家顾问组"，提供咨询服务。

二、利用优势的服务项目

1. 家教服务中心。可以在同学中挑选能够胜任家教的，组成团队。另外，通过与重点中学、小学的老师合作，选择有优势、又有市场需求的家教科目。

2. 成人考试补习。可以与本校的成教学院或其他相关部门合作，以其名义独立运作。

3. 会议礼仪服务。成立一家某大学的礼仪服务队，既可以与专业的礼仪公司合作，也要直接面向各类大型会议。

4. 速记训练经营。许多场合，如研讨会、新闻发布会、各种论坛等，都需要速记。针对速记市场，可以训练专业的速记人才并提供相应的服务。

三、可以独立运作的专业项目

1. 各种专业外包服务。有些研发或服务项目,其业务特点可以外包开发,适合专业人才或小团队独立自主地去做。互联网又为这种方式提供了可行且便利的条件。这种业务外包和分包的模式,为大学生创业项目选择提供了一个新途径。

2. 图书制作前期工作。比如选题策划、文字录入、版式设计、包装设计,还有校对等,都适合具有该方面特长的大学生独立来做。

3. 各类平面设计工作。比如广告、宣传画、书皮、商标等。此类事情对有艺术设计特长者特别适合,属于创意设计类项目。

4. 各种专项代理业务。比如专利申请代理、技术产权代理、各类注册代理等,像商标注册、域名注册就可以进行代理业务。

四、利于对外合作的项目

1. 婚礼化妆司仪。婚礼经济是长盛不衰的,又总是与节假捆绑在一起的,服务内容又是分门别类的。不限于化妆和司仪,任何一个单项,都可以独立打造自己有特色、有创意的服务内容。

2. 服装鞋帽设计。服装鞋帽的生命力在于推出新款式,设计是这类企业的生命。设计出新款后,做成样品,让大鞋商定货,再拿订单委托鞋厂加工。

3. 各类信息服务。不论哪类信息,只要够专业、够翔实、够深度就会有许多人需要,大到行业,小到名录都有商业价值。

4. 主题假日学校。凡是与中小学生的德、智、体发展有益的事情都可以办主题鲜明的假日学校。做好这件事,选题很重要,借助有影响、有公信力的资源,亦可以与旅游公司联手举办相关活动。

五、小型多样的经营项目

1. 手工制造。有位大学女生,把剪纸做得很专、很透、很有规模,销到了许多国家,还搞起了专业培训。

2. 特色专柜。在黄山有个幽静的山谷,那里的农民自己采摘、炒制野山茶。北京有位大学生,在一家大茶庄开了个一米的专柜,专门经营这种野山茶。

3. 网络维护。许多企业、事业单位为了节约成本,使用兼职的网络维护员。许多大学生有网络维护的技术专长,不妨成立项目组,同时为几家公司的网络做兼职维护服务。

4. 体育用品。山东的一个大学生搞了个"体育文化工作室",直接从厂家进运动服装和体育用品,在本校和几个周边学校经营。

(资料来源:http://28.27.cn/c/20111212/1323655426_400343_1.html 有删改)

二、识别和评估创业机会

1. 创业机会的内涵

"机会"一词,在《辞海》中的解释是"行事的际遇机会、时机"。针对创业活动来说,创业机会是创业活动中的机遇,是对新产品、新服务或新业务需求的一组有利环境,是一种有利于创业的偶然性和可能性,或者说还没有被实现的商务必然性。

创业机会存在于社会和经济的变革过程中。环境的变化,会给各行各业带来良机,透过变化,就会发现新的前景。例如,产业结构的变化,科技的进步,价值观与生活形态的变化，人口因素的变化，社会和政治结构的变化，以及顾客需求的变化，甚至着眼于大家"苦恼的事"和"困扰的事"，都能从中发现某些创业机会。

创业机会有四个本质特征：有吸引力，持久性，及时性，创造或增加价值。创业者利用机会时，机会窗口必须是敞开的。"机会窗口"是一种隐喻，以描述企业实际进入市场的时间期限。一旦新产品市场建立起来，机会窗口就会打开。随着市场成长，企业进入市场并设法建立有利可图的地位。在某个时点，市场成熟，机会窗口被关闭。

创业机会和创意之间是有很大区别的。创意只是一种思想、概念和想法，它可能满足也可能不满足机会的标准。许多企业失败并不是因为创业者没有努力工作，而是因为没有找到真正的机会。

创业机会就是通过把资源创造性地结合起来，迎合市场需求（或兴趣、愿望）并传递价值的可能性。因此，创业机会实际上是一个动态发展的概念。随着市场需求被创业者精确定义出来，未得到利用或充分利用的资源也被更精确地定义为潜在的用途，创业机会就从其最基本的形式中发展起来，形成了一个商业概念。这一概念的核心是如何满足市场需求或如何利用资源。随着商业概念不断成熟，创业机会就发展成为商业模型。如果从市场需求角度出发，这个模型就要确认满足市场需求所需资源的类型和数量。于是，创业机会发展到其最复杂的形式，正式的现金流、活动日程安排和资源的需求都被添加到模型中来。这些附加内容使商业概念逐渐变成一个完整的商业计划。从创业机会的最初形式到商业机会和新企业的形成，理论上是一个有序的系统化过程。但在实践中，这一过程很少是有序或完全系统化的。在创业者的不断开发下，机会从一个简单的概念发展得越来越复杂。

所以，机会不是被发现的，而是被创造出来的！

一个好的商业机会的特征

即便某个商业机会有着较大的原始市场规模，存在着较大的时间跨度，其市场规模也会随时间以较高的速度成长，创业者也需要进一步分析、判断该机会是不是较好的商业机会。

较好的商业机会有以下几个特征。

（1）在前景市场中，前5年的市场需求稳步且快速增长。不难设想，如果某个商业机会的市场需求不能稳步而快速增长，新创企业将不可能驻足于足够大的盈利空间之中，也就不可能迅速成长起来，在激烈的市场竞争中，新创企业无疑会纷纷落马，这对创业者是极为不利的。

（2）创业者能够获得利用特定商业机会所需的关键资源。这里所称的资源，包括利用特定商业机会所需的技术资源、资本资源、财力资源、资讯资源、公共关系资源等。理性地看，某个商业机会再好，即便存在巨大的盈利空间，若创业者缺少利用该机会所需的关键资源，那他也无法利用这一机会。

（3）创业者不会被锁定在"刚性的创业路径"上，而是可以中途校正自己的创业路径。原因在于，市场千变万化，科技日新月异，政府政策不断调整，创业者需要根据这些变化不断调整自己的"创业路径"。所说的创业路径，即创业的战略思路、组织结构、运营策略、市场技巧、技术路线等。如果创业者利用特定商业机会的创业路径是不可调整的，无论是因为主观的原因，还是客观的原因，创业者都不可能真正抓住和利用相应的商业机会。

(4) 创业者可以通过创造市场需求来创造新的利润空间，牟取额外的企业利润。创新经济学告诉我们，市场是可创造的；企业要占领市场、获取利润，往往需要靠自己去创造新的市场需求。典型的例证，四川成都彩虹电器集团发展微型电热器具之初，北京四通集团创业伊始发展电脑打字机，都是通过创造市场需求来创造和扩大利润空间，占领市场，获得额外的企业利润的。尽管当时存在着对电热器具、打字机的市场需求，但若这些企业不去创造市场对于微型电热器具、电脑打字机的特定需求，或者这些需求是不可创造的，或者这些企业创造市场需求的努力得不到潜在用户的响应，那么这些新创企业的创业努力就不可能获得市场的利润回报，这些企业也不可能获得较大、较快的发展。

　　(5) 特定商业机会的风险是明朗的，至少有部分创业者能够承受该机会的风险。在风险面前无所作为，是企业经营的大忌之一。然而，如果某一商业机会的风险不明朗，无法搞清风险的具体来源及其结构，那么创业者就无法把握风险、规避风险或抑制风险，就无法降低风险损失、提高风险收益。

　　因此，一个好的商业机会，其风险必须是明朗的，且有一定数量的创业者能够承受相应的风险，否则，该商业机会就无所谓"机会"了。

（资料来源：李家华，郑旭红. 创业有道. 高等教育出版社，2011.）

2. 创业机会的评估

　　评估创业机会的目的是在众多的机会中，通过分析、判断和筛选，发现利己的、可以利用的创业的商业机会。曾有人言："机会之中蕴涵着商业利润，发现具有吸引力的商业机会是创业成功的基石"。一些创业者的经验表明，固然抓不住机会无法创业，但抓错了机会则有害于创业。

　　即使某个商业机会是较好的机会，但对于特定的创业者而言，仍需要进一步分析其现实性，判断"这一机会是否是自己可以利用的机会？""自己是否值得利用这一机会？"

　　对特定的创业者而言，为了做出理性的判断，他必须回答以下一些问题。

　　(1) 自己是否拥有利用该机会所需的关键资源，诸如相应的企业运作能力、技术设计与制造能力、营销渠道、公共关系等。面对某个商业机会，企图利用这一机会的创业者不一定必须拥有所需的全部资源，但他必须拥有利用这一机会的关键资源。否则，要么创业无法起步，要么在创业中会受制于人。例如，有一家企业投入市场的掌上电脑十分畅销。但不难设想，如果该企业缺乏产销掌上电脑的多数关键资源，他就无法生产并销售这一产品，更不要说借此创业。

　　(2) 自己是否能够"架桥"跨越"资源缺口"。在特定的商业机会面前，多数情况下，企业不可能拥有所需的全部资源，但他必须有能力在资源的拥有者与自身之间架起桥梁，以弥补相应的资源缺口。前述的某掌上电脑产销公司，尽管其自身没有研制开发该类产品的能力，但他有能力动员相应的设计公司和制造厂商加入自己的创新与创业活动。如该公司将自己的设计思想按契约传递给某家专业设计公司，设计公司为其设计出了符合功能要求的产品方案；将生产订单委托给某些制造企业后，制造企业为其生产出消费者满意的产品。可以说，这家公司以掌上电脑起步的创业，是创业者架桥跨越资源缺口、成功创业的一个典型案例。将此例推而广之，不难看到，在市场经济中，创业者只有勇于和善于架桥跨越资源缺口，组合利用市场资源，才可能取得创业的成功。

　　(3) 遇到竞争力量，自己是否有能力与之抗衡。现实中，一旦某个商业机会逐渐显露，就会有不少的创业者、竞争者蜂拥而上，这是十分平常的现象。但是，假若某个创业者想利用特定机会并获得创业的成功，他就必须具备与其他创业者、竞争者进行竞争的能力。典型的例子，如四川成都彩虹电器集团发展电热毯产品，即二次创业之初，国内同期有上百家企业参与了电热毯市场的商业机会竞争。但是，由于"彩虹"有强于他人的创业精神和创新能力，结果在几轮竞争之后，"彩虹"成了这一产品制造业的龙头企业。

（4）是否存在可以创造的新增市场以及可以占有的远景市场。理性地看，某个商业机会是否值得创业者利用，除了要有足够大的原始市场规模之外，其市场也应是可创造、可扩展的，具有足够的成长性，存在远景市场。创业者真正可把握的是"可创造的市场部分"，而不是"顺其自然成长的市场部分"。例如，目前一些创业者热衷于"网络增值服务"创业，其原因就在于网络增值服务市场是可创造的。只要创业者巧妙地提供"鼠标加水泥"的增值服务产品，就可能培育起博大的网络增值服务前景市场。

（5）利用特定机会的风险是否可以承受的。显然，创业者要想利用某个商业机会，他就必须具备利用该机会的风险承受能力。这包括承受相应的技术风险、财务风险、市场风险、政策风险、法律风险和宏观环境风险的能力。就特定的创业者而言，如果利用特定机会的风险是该创业者不可承受的，而他硬要"甘冒风险、知难而进"，那在创业之初就可能自取灭亡。

总体上看，面对特定的商业机会，创业者只有拥有利用该机会所需的关键资源，能够架桥跨越资源缺口，有能力与可能遇到的竞争力量抗衡，可以创造新的市场并有能力占有前景市场份额，同时，能承受利用该机会的风险，这一机会才是该创业者可资利用的商业机会。

阅读材料：蒂蒙斯的商业机会评价框架

行业与市场	1. 市场容易识别，可以带来持续性收入 2. 顾客可以接受产品或服务，愿意为此付费 3. 产品的附加价值高 4. 产品对市场的影响力高 5. 将要开发的产品生命长久 6. 项目所在的行业是新兴行业，竞争不完善 7. 市场规模大，销售潜力达到1 000万～10亿元 8. 市场成长率在30%～50%，甚至更高 9. 现有厂商的生产能力几乎完全饱和 10. 在五年内能占据市场的领导地位，达到20%以上 11. 拥有低成本的供货商，具有成本优势
经济因素	1. 达到盈亏平衡点所需要的时间在1.5～2年以下 2. 盈亏平衡点不会逐渐提高 3. 投资回报率在25%以上 4. 项目对资金的要求不是很大，能够获得融资 5. 销售额的年增长率高于15% 6. 有良好的现金流量，能占到销售额的20%～30%以上 7. 能获得持久的毛利，毛利率要达到40%以上 8. 能获得持久的税后利润，税后利润率要超过10% 9. 资产集中程度低 10. 运营资金不多，需求量是逐渐增加的 11. 研究开发工作对资金的要求不高

（续表）

收获条件	1. 项目带来附加价值具有较高的战略意义 2. 存在现有的或可预料的退出方式 3. 资本市场环境有利，可以实现资本的流动
竞争优势	1. 固定成本和可变成本低 2. 对成本、价格和销售的控制较高 3. 已经获得或可以获得对专利所有权的保护 4. 竞争对手尚未觉醒，竞争较弱 5. 拥有专利或具有某种独占性 6. 拥有发展良好的网络关系，容易获得合同 7. 拥有杰出的关键人员和管理团队
管理团队	1. 创业者团队是一个优秀管理者的组合 2. 行业和技术经验达到了本行业内的最高水平 3. 管理团队的正直廉洁程度能达到最高水平 4. 管理团队知道自己缺乏哪方面的知识
致命缺陷	不存在任何致命缺陷
创业者的 个人标准	1. 个人目标与创业活动相符合 2. 创业者可以做到在有限的风险下实现成功 3. 创业者能接受薪水减少等损失 4. 创业者渴望进行创业这种生活方式，而不只是为了赚大钱 5. 创业者可以承受适当的风险 6. 创业者在压力下状态依然良好
理想与现实 的战略性差异	1. 理想与现实情况相吻合 2. 管理团队已经是最好的 3. 在客户服务管理方面有很好的服务理念 4. 所创办的事业顺应时代潮流 5. 所采取的技术具有突破性，不存在许多替代品或竞争对手 6. 具备灵活的适应能力，能快速地进行取舍 7. 始终在寻找新的机会 8. 定价与市场领先者几乎持平 9. 能够获得销售渠道，或已经拥有现成的网络 10. 能够允许失败

第二节 做好创业准备

机会总是被赋予有准备的头脑。"凡事预则立，不预则废。"准备得越充分，大学生创业成功的几率越高。

一、审视自我

在创业开始之前，同学们需要评估自己的优势和劣势，看看自己是否具备创业的素质和能力。同学们可通过认真思考和回答以下问题,来初步判断自己是否具备创业的基本素质和能力。

1. 你适合创业吗?

作为创业者或者小企业的领导者,在如何拓展业务、如何定位市场、如何管理财务和员工等各种细节,经常需要做出决定,而这些决定是在压力环境下要求你迅速独立完成的。创业需要热情、需要理念,更重要的还需要你的能力。你的策划和组织能力如何?你的团队组建和管理能力如何?你的决策和综合管理能力如何?你的创业风险(资金风险、竞争风险、团队分歧风险、核心竞争力缺乏风险等)规避能力如何?

2. 你能长时间保持创业激情吗?

运营一个企业有可能把你的意志耗尽。尽管有些创业者感觉自己被肩上的责任重担压垮了,但是强烈的创业激情和坚强的意志,却能够使其企业成功,并且在遇到经济衰退等困难的时候帮助他顽强地生存下来。因此,检查你选择自主创业道路的原因,确认这些原因在今后创业的道路上无论碰到什么困难,都将激励你勇敢的坚持下去。至少你的创业冲动能够强到使你长时间保持创业的激情。认真检查你个人拥有的技能、经验和意志。因为有可能在相当长的一段时间内,企业的业务没有进展,有可能会出现与员工发生思想激烈碰撞的现象,不理解你、不支持你的现象也可能会经常发生,这将会使你感到郁闷、孤独,你准备如何承受?你承受得了吗?

3. 你的身体和精神状态适合创业吗?

创业过程充满挑战,意味着长期而艰苦工作的开始。同时,创业也意味着创业者需要更加努力、自觉地工作,将失去很多休息时间。身体健康是承受创业高强度体力和精神压力的前提,你的身体健康状况是否允许你从事这样的工作?因为在创业过程中,有时会令人非常兴奋和愉快,有时会给人带来烦恼和颓丧,你有没有这样的心理准备?

4. 你的家庭支持你创业吗?

和谐稳定的家庭是事业成功的基础,创业之初对你的家庭生活影响很大,能否成功你的家庭支持也很重要,你确信你的家庭会支持你吗?

5. 你准备承受创业初期的风险了吗?

创业始终伴随着风险。在确定了创业目标后,创业者接下来要问的问题是:创业的风险有哪些?我创业最坏的结果是什么?我能否接受?我能否从坏结果中走出来?

二、心理准备

创业是一件极具挑战性的事情,创业的道路充满艰难曲折,要求创业者做好充分的心理准备。创业者自身的素质和心态非常重要,在创业实践中起着关键的调节作用。

"贫贱最安稳,富贵险中求。"创业是与风险并存的,创业的成功有着很大的不确定性,而对于这种风险必须做好充分的心理准备。

(1)要对不得不面对的激烈竞争有心理准备。

(2)要对可能遇到的困难有心理准备。

(3)要对必须付出的艰辛和高强度工作有心理准备。

(4)要对失败有心理准备。

优秀的创业心理素质

1. 自信，有勇气，有胆量。敢作敢为，勇于拼搏和开拓，勇于承担自己行为的后果。
2. 独立思考，自主判断。摆脱依靠意识，在选择人生道路和创业目标时可以摆脱干扰自主决策。
3. 善于交流、合作、沟通。可以通过交流、合作和沟通取得理解、支持和帮助，为自己营造融洽的人际关系、良好的商业氛围和作为领导者的独特个人魅力。
4. 不盲目冲动，有自制力。在变化面前可以保持冷静、理智。能够自觉约束自己，遵守企业准则和社会规范，可以控制自己的私欲。
5. 顽强向上，坚持不懈，不屈不挠。在创业的过程中保持高昂的斗争和坚定的信念。
6. 善于自我调节，适应性强。创业者在创业中要承受来自各个方面的巨大压力，适时进行自我调节，是保持清醒头脑的前提。
7. 具有诚信意识和社会责任感。

这些心理素质中有先天的因素，但更多的则是在后天的学习、生活、实践中不断地磨炼出来的。有意识地培养以上的心理素质，对于创业成功会大有裨益。

(资料来源：高桥，王辉. 大学生职业发展与就业指导教学指南. 现代教育出版社，2008. 有删改)

三、资源整合

资源是创业必不可少的关键元素，创业者整合资源能力的大小基本决定了创业的成败。创业者整合资源的能力与创业者的素质、管理能力、企业研发能力等直接相关，创业者应该注重资源整合能力的提升。

1. 人脉资源

人脉资源整合是资源整合中的重中之重，整合到大量的人脉资源就可以整合吸引到人才、资本、技术等，创业就会变得更容易、很快乐。人脉资源的整合在某种程度上来说就是做人，做一个让他人快乐同时也让自己获益的人。

以下是人脉资源积累的几个技巧。

(1) 长期投资。平时要注意人脉资源的积累，不要事到临头才去找人帮忙。因此，你必须从现在开始建立联系，人脉资源的形成需要很多时间和精力，这也是一种投资。积累人脉资源，必须以自身的人格魅力来积聚，酒肉、投机、侥幸得来的不会长久。

(2) 维护管理。人脉资源是可以通过合作、交流、关心、帮助、友情、亲情等进行维护的，并会不断巩固，如果不去维护就会变得疏远，所以人脉资源需要经常性地维护，同时在维护中可以不断地发展新的人脉关系。

(3) 不断拓展。每个人一生中能认识多少人？包括老师、同学、亲戚、同事、朋友、客户等，一般不超过500人，而能够真正帮助自己的一般不会超过50人，所以每个人的人脉资源都是有限的，你的发展同样也会受到你的人脉资源的限制。同时，你所认识的可能没有能力帮助你，有能力帮助你的你可能不认识，所以在客观上就需要不断认识更多的人。

 **六度空间理论**

"六度空间"理论又称作六度分隔（Six Degrees of Separation）理论。这个理论可以通俗地阐述为："你和任何一个陌生人之间所间隔的人不会超过六个，也就是说，最多通过六个人你就能够认识任何一个陌生人。"该理论产生于20世纪60年代，由美国心理学家米尔格伦提出。

"六度分隔"说明了社会中普遍存在一些"弱链接"关系，但是却发挥着非常强大的作用。对人类社会来讲，通过网络使人与人之间都可以构成弱纽带。社会中普遍存在的"弱纽带"，使人与人之间的距离变得非常"相近"，这在社会关系中发挥着巨大的作用。

根据"六度空间"理论，假设一个人能认识25个人以上，那经过7次介绍之后（间隔六人），一个人可以被介绍给25的七次方，等于6 103 515 625人，超过60亿！而25只是个保守的数字，所以事实上结果会更大。

（资料来源：http：//baike.baidu.com/view/357796.htm 有删改）

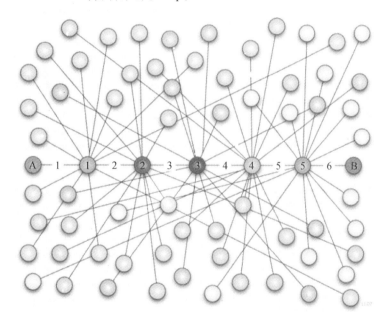

2. 信息资源

信息资源即是财富。创业者在创业的整个过程中，需要整合利用大量的信息，才能一步一步将其发展为一个新创企业并有效运作。商业机会的获得和评估，就有赖于信息的整合和分析。

信息资源与人力、物力、财力以及自然资源一样，都是创业者的重要资源，因此，应该像管理整合其他资源那样整合信息资源。

创业者在做决策时，关心的问题是来自包括竞争对手、政府、行业、合作伙伴、客户等在内的周边环境的变化。在对变化的预测、分析的基础上做出尽可能合理的决策，这个层次上的信息整合通常针对创业者以及创业企业管理时所遇到的问题。

3. 资金筹措

资金筹措，是指创业者为了生存和发展的需要，筹集和运用资金的活动。任何创业都

是需要成本的,就算是最少的启动资金,也要包含一些最基本的开支,如产品定金、店面租金等,更别说大一些的商业项目了。因此,对创业者来说,能否快速、高效地筹集到资金,是创业的第一步。

创业启动资金通常有六种来源:自己投资、亲戚朋友借款、找合伙人融资、银行贷款、政府支持、风险投资。大学生基本没什么资金,低成本小项目的资金也许能够向家人或朋友借到,但是,如果相对较大,如需要上百万的资金,就需要进行创业融资活动。资金筹措的主要渠道有以下三种。

(1) 银行等金融机构的贷款

银行贷款被誉为创业融资的"蓄水池"。银行贷款有以下四种形式:(1) 抵押贷款,指借款人向银行提供一定的财产作为信贷抵押的贷款方式;(2) 信用贷款,指银行仅凭对借款人资信的信任而发放的贷款,借款人无须向银行提供抵押物;(3) 担保贷款,指以担保人的信用为担保而发放的贷款;(4) 贴现贷款,指借款人在急需资金时,以未到期的票据向银行申请贴现而融通资金的贷款方式。成功申请贷款并非只与银行打交道就可以了,而是需要经过工商管理、税务、中介机构等一道道"门槛",且手续烦琐,任何一个环节都不能出问题。

(2) 政府、高校的支持

政府陆续出台的相关扶持大学生创业的政策,为大学生提供了创业融资的另一渠道。许多省市和高校推出了大学生"零成本"创业的新举措,即毕业若干年内的高校毕业生从事个体经营,从注册登记之日起的若干年内免收登记类和证照类等各类行政收费、取消最低注册资本限制。

(3) 风险投资

风险投资是一种高风险高回报的投资,风险投资家以参股的形式进入创业企业,为降低风险,在实现增值目的后会退出投资,而不会永远与创业企业捆绑在一起,并且风险投资通常比较青睐高科技创业企业。风险投资家关心创业者手中的技术,也关注创业企业的盈利模式和创业者本人。虽然大学生要想取得风险投资是比较困难的事情,但相对而言,可以从风险投资获得比银行贷款更大的资金额度。

【实践活动】

自行安排时间,走访校区或者社区周边的企业,并填写表格。学生在走访小企业的创业过程中,要不断思考,带着问题到走访中去寻求答案,再把自己在实践中发现的问题,带到课堂上,经过老师答疑和同学互动讨论,可以进一步加深对小企业的认识。

	服务商品 (有形无形)	服务质量 (好中差)	经济效益 (好中差)	装修环境 (好中差)
超 市				
咖啡馆				
理发店				
医 院				
批发市场				

1. 这些企业有什么不同？用自己的感受如实表述。

   _____

2. 这些企业的服务哪个最好？生意怎样？整体感觉如何？

   _____

3. 观察他们的装修跟其他同类企业有什么异同？对生意影响大小？

   _____

4. 他们为顾客提供的产品有什么不同？哪个企业最盈利？

   _____

【拓展资源】

1. 王永友．创业学概论［M］．哈尔滨：哈尔滨工程大学出版社，2003．
2. 郁义鸿，李志能．创业学［M］．上海：复旦大学出版社，2000．
3. 曼丽编译．天职：美国员工创业精神培训读本［M］．北京：中央编译出版社，2004．
4. 〔美〕柯林斯等著，真如译．基业长青（企业永续经营的准则）［M］．北京：中信出版社，2002．
5. 王英杰，郭晓平．创业教育与指［M］．北京：机械工业出版社，2006．
6. 陈德智．创业管理［M］．北京：清华大学出版社，2006．

【思考题】

1. 寻找创业项目，可以通过哪些途径？
2. 选择创业项目应该遵循哪些原则？
3. 如何评估商业机会？
4. 大学生要成功创业应该具备哪些心理素质？
5. 整合人脉资源时应该注意什么问题？
6. 筹措资金的基本渠道有哪些？

第五章
探究创业成败

本章导读

创业有规律可循吗?创业有方法吗?有人说,创业是有规律和方法的。创业的规律就是综合直接和间接经验,作出正确决策,合理调配各种资源,把握"天时、地利、人和",使投资取得最佳收益,从而成就一番事业。创业有方法吗?有人说,创业是有方法的。创业的方法就在于摸清事物本身的规律,正确做出判断,并付诸实践。

创业本身是个过程,是一个不断总结与学习的过程。而在成为创业者之前,了解创业本质和基本常识,把握创业规律,分析创业成败案例,借鉴创业方法,提升创业素质和能力,对准备或有志于创业的人来说,是必要的积累和准备。因为,这样可以使创业者在自己能够掌控的范围内,规避创业过程中的一些风险,提高成功概率。

通过本章,你可以了解和掌握以下内容:
- 把握创业的规律,了解大学生创业的基本途径;
- 从失败的大学生创业案例中吸取教训,以免重蹈覆辙;
- 了解成为创业者的基本过程;
- 了解提升创业能力的基本方法。

创业先锋故事

有梦想更要有理性——大学生创业成败启示录[①]

老板梦6个月破灭

已经从创业失败的阴影中走出来的小邵,现在在郑州一家商业杂志社过着"朝九晚五"的白领生活,对于自己的创业经历,他淡淡地笑了笑,"太多的问题导致了创业的失败"。

2009年7月,小邵从河南财经政法大学毕业后,进入一家事业单位从事文字工作。千篇一律的工作让他觉得有些枯燥。正在谋求新路的他,碰上哥哥的一个朋友想开一家策划公司,两人一拍即合。

说干就干,2010年年初,他不顾身边朋友的劝说辞掉鹤壁的工作,带着半年多的积蓄来到郑州,在经三路一家写字楼上租了一间60多平方米的房子,购买了简单的办公家具后,公司就草草开张了,取名郑州红顶策划有限公司。公司向外打出的主营业务是品牌策划、品牌设计、品牌推广、画册设计、样本设计、标志设计、空间设计等。说来有意思,当时两个人一个大学学的专业是营销,另一人是管理,谁也没有接受过广告方面的专业培训,要说拉业务,俩人都行,要说做专业,两人都不精。

公司成立不到三天,第一笔业务就已经上门,一家企业想做公司网站。"尽管第一笔业务是合伙人以前的老客户给的,但是心里仍是非常激动,我俩都不会做网站,我们只好通过熟人找到在一家网络公司工作的朋友代做,从两万元佣金里抽出60%分给对方。"这样,8000元佣金不费事地入账了。掘到第一桶金的两人兴奋不已,对未来充满信心。第一个月,凭借合伙人以前的人脉,两人接了三四单"大生意",事业做得顺风顺水。但到第二个月,这种名为策划公司实为中介公司的机制的弊端开始浮出水面。例如,为企业做的网站出问题后反映回来,他们再反馈到代做人,代做人因是兼职不能立即处理,导致客户强烈不满。

"为了解决这种问题,我也开始学着做网站、彩页,其中一家基金会的画册就是我自己学着鼓捣出来的。"一个初学者鼓捣出来的东西,质量自然不会太高,即便人家看着熟人的份上通过了,但大都是一锤子买卖,回头客很少。

后来,出现的问题越来越多,他与合伙人之间的分歧也越来越大,最终,公司在开到第6个月时,正式关门。

创业建言:

"建议刚毕业的师弟、师妹们还是慎重对待个人创业,不能太草率,创业除了需要极大的勇气之外,还要具备解决各种问题的能力。一旦你解决问题的速度跟不上问题爆发的速度,就会处处被动。"对于失败,用小邵自己的话说,失败也算是人生的一笔财富,积攒了足够的成本,还会再来一次。

---

① http://4050.lenso.cn/article/3817

4年开设3家分店

从一个小区一个小区挨家挨户敲门跑业务,到现在成为鹤壁最年轻某品牌总经销商,24岁的小陈创业路虽然艰辛,却一步一个脚印,收获颇丰。

2008年,大学毕业后的小陈,因家庭原因,放弃了自己喜爱的旅游管理专业,在父母的资助下代理了一个建材品牌。

"刚开始不知怎么入手,只能用最笨也是最直接的办法,蹲点营销。就是选定一个刚交房的小区,逐门逐户询问人家需不需要装修。"回忆起当初的辛苦,小陈仍心有余悸。七八月份正是最热的时候,小陈奔波于淇滨区新天地小区和香江翡翠城两个小区,碰到业主,就向业主推销,碰不到业主,就挨家挨户往门缝里塞广告活页。"因为是新入住的小区,有时一天也碰不到几位业主,再加上我年龄小,很难取得对方的信任。那段日子算是尝到了遭人白眼的滋味。"

跑了整整一个月,才接到一单生意。"我创业的信念开始动摇,觉得自己选错了行,但是在亲戚朋友的鼓励下,我坚持下来了。"这份坚持,最终有了收获。随着客户越来越熟,对她越来越信任,第二个月、第三个月……生意越来越好。

2009年3月,她的销售业绩在全省所有经销商中位居第三,加上她是所有经销商中年龄最小的一位,被选为经销商代表前往杭州开会。全国总经销商大会上,她因销售业绩突出被授予奖杯。"没去开会之前,总觉得自己在单打独斗、孤军奋战,这次大会上其他经销商的成功经验让我找到了差距,也找到了动力。"

从杭州开会回来,充满斗志的小陈,开始租用各小区广告栏做广告,走品牌营销道路,"两个月时间,基本上新区所有小区都有了我们的广告,品牌知名度逐日提高,销售业绩也开始提高"。

2009年9月19日,因业务需要,她将店面从30多平方米扩展到80平方米,将原来店面改作壁纸代理。"新店面从找房子,到装修,基本上是我一手完成的,看着店面如期开业,心里充满自豪。"

今年3月,她又盘下壁纸店旁边的一家店面,开设建材分店。

创业建言:

创业,特别是年轻人创业,贵在坚持,最忌浮躁。

既是学生更是老板

漂亮,能干,是记者对刘子涵的第一印象。尚在读大学的她,已经在淇滨区华夏南路拥有一家100多平方米的服饰店。

刘子涵从小就对服装和皮包有着浓厚的兴趣,因为经常逛街,逐渐跟服装店的老板熟识起来。攀谈中,她发现女士服饰和皮包生意的利润空间十分可观,便萌生了自己创业的念头。

2009年暑假,刘子涵偶然在报纸上看到一则国家鼓励大学生自主创业的消息,更加坚定了她创业的念头。

但店铺选在哪儿?资金从哪里来?从哪里进货?开学了,谁经营店铺……"开店前,我经常扪心自问,我是不是把事情想得太简单了?但我又不想让自己的青春留有遗憾,如果我连试都不敢试的话,怎么知道自己到底行不行?"过完暑假回到学校,刘子涵便开始频繁穿梭于各个服饰批发市场,询问货源和货价,了解进货、补货、盘货等程序。

寒假来临,在父母的支持下,已经积累了一定经验的刘子涵放假一回家,便每天穿梭于新老区之间，从找摊位、谈租金，到设计货柜、做货柜，再到去外地进货，忙得不亦乐乎。2010年1月23日，小店赶在春节前购物高峰期顺利开张了。

刚开张前几天生意并不好，但由于刘子涵迅速根据顾客需要调整了款式和价格，生意迅速好了起来。

经过一年的努力，刘子涵的皮包店经营得有声有色。今年年初，她又和朋友在华夏南路开设了一家100多平方米的服饰店。初创业时那句"等积累了一定的资金后，我打算把店面扩展到新区"的宣言也已成功实现。

对事业，对未来，比起很多大叹不知路在何方的同龄人，拥有双重身份的刘子涵信心十足。

创业建言：

大学生创业要从自己熟悉的行业入手，注意控制成本，创业之前要做好充分的市场调查，根据销售情况及时调整对策。

(《鹤壁日报》记者　王利英　实习生　袁　彬)

第一节 创业的一般规律

一、探析创业规律

1. 创业理论简介

创业活动的蓬勃发展，引发了国内外许多人对如何创业、如何成功地创业等一系列问题的思考，其间一些学者提出了具有广泛影响的创业理论模型。这些理论来源于创业实践，在实践中也指导着创业活动。因此，这些理论可以理解为创业的一般规律。

（1）蒂蒙斯创业过程模型

富兰克林·欧林创业学杰出教授，居有"创业教育之父"称号的弗里·蒂蒙斯认为，成功的创业活动必须对机会、创业团队和资源三者进行最适当的匹配，并且还要随着事业的发展而不断进行动态平衡。创业过程由机会启动，在创业团队建立以后，就应该设法获得为创业所必需的资源，这样才能顺利实施创业计划。

蒂蒙斯认为，在创业前期，机会的发掘与选择最为关键；创业初期的重点则在于组建创业团队；新事业启动以后，才会产生增加资源的需求。他认为，在创业过程中，由于机会模糊、市场不确定、资本市场风险以及外部环境变化等因素经常影响创业活动，致使创业过程充满了风险，因此，创业者必须依靠自己的领导、创造和沟通能力来发现和解决问题，掌握关键要素，及时调整机会、资源、团队三者的组合搭配，以保证新创企业顺利发展。

蒂蒙斯模型把创业视为一种高度动态的过程，并把机会、资源和创业团队看做是创业过程最重要的驱动因素。蒂蒙斯认为，商业机会是创业过程的核心要素，创业的核心是发现和开发机会，并利用机会实施创业。因此，识别与评估市场机会是创业过程的起点，也是创业过程中的一个关键阶段。资源是创业过程中不可或缺的支撑要素，为了合理利用和控制资源，创业者往往要制定设计精巧、用资谨慎的创业战略，这种战略对创业具有极其重要的意义。而创业团队则是实现创业这个目标的关键组织要素。他的研究表明，创业者或创业团队必须具备善于学习、从容应对逆境的品质，具有高超的创造、领导和沟通能力，但更重要的是具有柔性和韧性，能够适应市场环境的变化。

（2）加纳创业模型

加纳认为创业就是新组织的创建过程，也就是将各个相互独立的行为要素组成合理的序列并产生理想的结果。他认为，描述新企业创业主要有四个维度：创立新企业的个人——创业者、他们所创建新企业的类型——组织、新企业所面临的环境及新企业创立的过程。任何新企业的创立都是这四个要素相互作用的结果。加纳模型的特点是这一模型不仅描述了新企业的创建，也适用于单个创业者的创业行为，此模型并不是专门回答"新企业是如何创建的"这一问题，而是为新企业的创业提出了可供参考的发展模型，因此这一模型也是动态的。

(3) 威克姆创业模型

威克姆提出了基于学习过程的创业模型。该模型的意义在于：

① 创业活动需要创业者、机会、组织和资源四种要素，这四种要素互相关联；

② 本质上，创业者的任务就是有效处理机会、资源与组织之间的关系，实现要素间的动态协调和匹配；

③ 创业过程是一个不断学习的过程，而创业型组织就是学习型组织，它通过学习来不断改变要素间的关系，实现要素间的动态平衡，最终成功完成创业。

2. 创业的一般过程

创业过程一般可以划分为创业动机的产生、创业机会的发现与识别、资源的整合、企业的创建、新创企业的成长和创业的收获六个阶段。

(1) 产生创业动机

一个人是否能成为创业者，直接受三个方面因素的影响。一是个人特质，每个人都具有创业精神，但其强度不同；二是创业机会。创业机会的增多会形成巨大的利益驱动，促使更多的人创业；三是创业的机会成本评估。

(2) 识别创业机会

创业机会一般分为两种：一种是意外发现的，另一种是经过深思熟虑才发现的。国家产业政策的调整、新技术的出现、人口和家庭结构的变化、人的物质和精神需要的变化、流行时尚等都可能形成商业机会。及时、准确地识别创业机会之后，还要对机会进行评价和提炼。

(3) 整合资源

整合创业资源是创业过程中最为关键的阶段之一，除非成功地完成这个阶段，否则无论多么有吸引力的机会，或者有多好的新产品和服务，创意都等于零。创业者需要整合的资源包括：基本信息（有关市场、环境和法律问题）、人力资源（合作者、最初的雇员）和财务资源等。

(4) 创建企业

企业的创建需要进行大量的准备工作，其中创业计划、创业融资和注册登记尤为关键。创意能否变成行动，关键看其能否形成一个周密的创业计划；资金往往成为新创企业的"瓶颈"，创业融资在企业的创建过程中至关重要；当创业者完成创业计划并获得融资之后，就可以按照法定程序进行注册登记，包括确定企业的组织形式，设计企业名称，向工商行政管理机关提出企业登记注册申请，领取《企业法人营业执照》等内容。

(5) 做好新创企业运营

新创企业要在市场上取得成功，就需要在企业营销策略、组织调整、财务稳健管理等经营管理方面更上一层楼，这是企业成长管理的重要内容。从成长走向成熟的标志之一是能够建设好自己的品牌，在品牌、知识和企业文化等方面形成竞争优势。

(6) 收获创业结果

创业结果指在预期阶段内可感知的成功或失败。对创业者来说，回报可能是多种多样的，须从中进行仔细的选择，以使收益最大化。对回报的满意程度在很大程度上取决于创业者的创业动机。有调查发现，多数创业者的创业动机首先是自己当老板，然后才是追求利润和财富，对这些人来说，当老板的感受就是回报。

不同行业创业的规律

清华大学中国企业研究中心 2006 年通过调查研究发现，不同行业的创业在融资渠道、投资回报预期、资金门槛、依赖优势、创业初期困难等方面有很大差别。

1. 不同行业的融资渠道

各行业资金门槛不同，其创业资金来源也各有特色。个人资金是所有行业创业资金的主要来源，其中，批发零售业和餐饮业除了个人资金外，合伙集资也是其主要的融资渠道；而信息服务业、工业和农业加工业则更较多地从银行获取贷款作为其创业的主要来源。

2. 不同行业的投资回报预期

批发零售业、餐饮业、农业养殖业和信息服务业希望能尽快收回成本，其中希望半年内收回投资所占比重最大。工业加工业和农业加工业则对投资回收周期较为理性，希望在 5 年后可以收回成本的所占比重最大；而休闲娱乐业、农业种植业则主要预期在 2~5 年之内收回投资。工业加工业和信息服务业对创业的投资回报更为乐观，希望达到 10 倍以上回报所占的比重最大；农业、批发零售业则较为保守，希望能达到投资总额 1 倍的占主体；而餐饮业、休闲娱乐业预期达到 5~10 倍投资回报的比重最大。

3. 不同行业的资金门槛

工业加工业的资金门槛是九个行业中最高的，投资规模主要集中在 50 万~100 万元；其次是农业加工业，投资规模在 30 万左右。信息服务业和服装加工业的投资规模主要在 5 万~30 万之间；餐饮业、农业种植业和批发零售业的规模相对较小，主要集中在 10 万以下。

4. 各行业依赖优势

不同行业的发展特点和产品差异，所要求积累的资源和能力是有很大差异的。对于批发零售业而言，熟悉项目进货和销售渠道是其最大优势，而工业和农业加工业、信息服务业则更看重对行业的熟悉程度；掌握关键技术则是服装加工业的最大优势所在。

5. 不同行业的创业初期困难

创业初期，各行业创业者都会或多或少遭遇各种困难和障碍，有些是社会、经济大环境下普遍共存的，由于各行业自身发展特点不同，初期的创业困难也会有较明显的行业差异。调查中发现筹集资金和市场供需问题是各行业普遍所共同面临的初期困难。其中，技术困难是工业加工业、农业加工业和养殖业在创业初期遭遇的最大障碍；而对于批发零售业和餐饮业而言，场地问题尤为迫切；人才和技术问题则是信息服务业和服装加工业所面临最关键的初期障碍；与政府部门的关系处理是休闲娱乐业在创业初期所面临的关键问题。

（资料来源：李华晶. 大学生自主创业的融资渠道与对策研究.
经济与社会发展，2010 年第 2 期. 有删改）

二、找准赢利模式

所谓赢利模式，说白了就是企业赚钱的方法，而且是一种有规律的方法。它能在一段较长时间内稳定维持，并为企业带来源源不断的利润。

对于创业者来说，最重要也是最难的就是找到创业项目的赢利模式。如果能够找到适合的赢利模式,意味着创业就成功了一半。

下面简单介绍几种创业赢利模式,供创业者参考。

1. "鲫鱼"模式

鲨鱼是十分危险的家伙,许多鱼类都是它们的攻击目标,但鲫鱼却能与鲨鱼共游,鲨鱼非但不吃它,相反倒为它供食。鲫鱼就是依附于鲨鱼,鲨鱼到哪儿它就跟到哪儿。当鲨鱼猎食时,它就跟着吃一些残羹冷炙,同时,因为它还会为鲨鱼驱除身体上的寄生虫,所以鲨鱼不但不反感它,反而十分感激它。因为有鲨鱼的保护,所以鲫鱼的处境十分安全,没有鱼类敢攻击它和能够攻击它。这种生存方法,就是创业的"鲫鱼"赢利模式。

"鲫鱼"模式在加工企业集中的长江三角洲、珠江三角洲一带十分流行,在广东东莞、江苏昆山,类似小企业随处可见,主要表现为配套或贴牌生产与代理。实践证明,这是初创小企业走向成功的一条捷径,风险小且成功概率高。这种模式的本质在于,大企业有通畅的产品流通渠道,有广大的客户群体,就像一条庞大凶猛的鲨鱼,而中小企业无论在资金、技术,还是在人才等方面,都存在着诸多先天不足。如果中小企业能找到与大企业的利益结合点,与大企业结成联盟,就可以有效弥补自身的短板,自然也就可以分享大企业的利润大餐。

2. 专业化模式

俗话说"一招鲜,吃遍天"。专业化与多元化相比,对初创小企业来说更容易赢利,也更容易成功。

专业化可以成为赢利模式,是因为它精而深,提高了竞争门槛。专业化的生产,其组织形式比复合式生产要简单得多,管理也相对容易。在市场营销方式上,一旦市场打开,后期几乎不需要有更多的投入。成本降低的另一面,就是利润的大幅度提高。而在通常情况下,专业化生产一般最后都会形成独占性生产,至多是几个行业寡头同台竞争,行业间比较容易协调,从业者较易形成相互保护默契,有利于保持较高的行业平均利润。

有研究表明,普通产品的生产者,其利润约是15%;而一个专业化生产的产品,其边际利润通常可以达到60%~70%。当一个企业进行专业化生产时,其多数成本都用在解决方案的开发和创意阶段,一旦方案成立,就可不断复制,并依照自己的意愿,确定一个较高的市场价格。专业化生产的另一个方式是,以简单化带动大规模,迅速降低行业平均利润,使小规模生产者根本无利可图。

3. 利润乘数模式

利用已经广为市场认同的形象或概念进行包装生产,可以产生良好的经济效益,这种方式类似于做乘法,所以称之为利润乘数模式。该模式成功的关键是如何对所选择的形象或概念的商业价值进行正确的判断。

美国迪斯尼公司是这一模式的缔造者和成功实践者。它将同一形象以不同方式包装起来,米老鼠、唐老鸭、小美人鱼等卡通形象出现在电影、电视、书刊、服装、背包、手表、午餐盒上,以及主题公园和专卖店里。每一种形式都为迪斯尼带来了丰厚的利润。

实际上,这种做法在出版界更为盛行,如伴随《水煮三国》的走红而出现的"水煮"系列,随着《把信送给加西亚》而出现的"加西亚"系列,还有随着《谁动了我的奶酪》出现的"谁动了我的……"系列,所卖的都是为人们所熟知的概念,甚至是人们已经习惯认知的几个简单文字。

利润乘数模式的利润来源十分广泛,可以是一个卡通形象,可以是一个伟大的故事,也可以是一个有价值的信息,或者是一种技巧,甚至是其他任何一种资产,而利润化的方式,则是不断地重复叙述它们,使用它们,同时还可以赋予它们种种不同的外部形象。如世界上最昂贵的猫(Hello Kitty)、世界上最著名的狗(SNOOPY)、世界上最受欢迎的熊(Winnie Pooh)等卡通形象,都是利润乘数模式最经典的案例。

4. 独创产品模式

这里的独创产品是指具有非同一般的生产工艺、配方、原料、核心技术,又有长期市场需求的产品。鉴于该模式的独占性原则,掌握它的企业将获得相当高的利润。比如祖传秘方、进入难度很大的新产品等。

独创产品模式,实际上也是很多创业企业在创业之初可以大力借助的模式。"独创"的魅力所能带来的高额利润早已不是什么秘密。但独创产品模式也有很多风险。

(1) 因为独创,即意味着"前无古人",所以往往需要很大的研发费用和很长的研发时间。

(2) 因为独创,即意味着市场认知度不高,也即意味着打开市场,获取市场认同需要花更多的钱。

(3) 尽管事前可能做过很细致的调查,但一个独创产品在真正进入市场之前,是很难测度市场是否最终会接纳它的。常常发生的一种情况是:花了很多钱,花费了很大的力气拿出了产品,结果却不获市场认同。

(4) 由于对产品缺乏细致的了解和认知,国家有关部门很难对某一种独创性产品提供完善的保护,生产者将面临着诸多带有恶意的市场竞争,这种竞争经常会使始创者陷入困境。

保护和延长独创性产品的生命周期,延长利润产出周期,减低创业风险的办法有:

(1) 提高专利意识,积极寻求国家有关部门的保护;

(2) 增强保密意识,使竞争者无隙可乘;

(3) 进行周期性的产品更新,提高技术门槛,使后来者难以进入;

(4) 使企业和产品更加人性化,增强消费者的忠诚度;

(5) 在产能或投入不足的情况下,积极进行授权生产或技术转让,让产品迅速铺满市场,不给后来者以机会。

5. "跟跑"模式

跟跑,即有策略地跟进强者,与"跟风"的盲目性不同。策略跟进需要经营者对自己做出正确评估,并分析清楚自己的优势、劣势之后,对未来走向做出判断。

在马拉松比赛中,经常可以看到运动员会形成"第一方阵"和"第二方阵"。一个有趣的现象是:最后取得冠军的往往是开始位居"第二方阵"的运动员。因为"第二方阵"的运动员在大部分赛程中都处于"跟跑"的位置。所以可以清楚地看见"第一方阵"运动员的一举一动,并根据其变化很好地把握赛程,调整自己的节奏。另一方面,作为"第二方阵"的成员,他们所承受的心理压力也相对较小,又因为一直处于引弓待射、蓄而不发的状态,积蓄的体能有利于在最后冲刺阶段爆发。所以,"第二方阵"中的运动员获得冠军并非偶然。

从策略上讲,"跟跑"实际上是压缩投入成本的最好方法。从利润角度讲,"跟跑"者向来比跑在前面的要省力,因此利润率也相对要高。在商业活动中,每一个商业行为都有成本的代价，拣取胜利果实等于将成本最小化了，从而也就等于获得了最大化的利润。

6. "拼缝"模式

"拼缝"模式是指同时吸引供应商和消费群两方面的关注目光，而为供应商和消费者两方面提供沟通渠道或交易平台的中介服务，从中获取不断升值的利润。

"拼缝"模式只适用于供应商与许多客户发生交易，双方的交易成本都很高的市场领域。"拼缝"实际就是在不同的供应商与客户之间搭建一个沟通的渠道或是交易的平台，从而降低了买卖双方的交易成本，各方都可以获得较高的回报。

"拼缝"模式对创业企业来说是值得借鉴的模式，是因为它有很大的市场空间和强烈的市场需求。绝大多数初创企业在市场开拓上都会存在困难。一些创业者有好的产品却找不到合适的消费者，而一些消费者有消费需求又找不到合适的产品。通过"拼缝"，可以将供需双方联结在一起，让初创企业直接面对他们的客户，做成生意的可能性大大提高。以北京为例，目前北京设立了很多专题性购物街区，如东直门的餐馆一条街簋街、三里屯酒吧一条街、马连道茶叶一条街等，以及各种专业批发市场，如天意小商品批发市场、动物园服装批发街等，实际上这些专题街区、市场的建立，就等于是为创业者提供了一个"拼缝"场所。

据统计，运用"拼缝"模式在单位时间内，可能做成的生意数量会达到传统运作模式的2倍或3倍。而由于"拼缝"模式的运用，等于集合了供应商与客户之间的力量，因而宣传成本、运作成本都得到很大幅度下降，因此在单位时间和单位努力程度所带来的利润也是传统模式的7～10倍。

7. 产品金字塔模式

为了满足不同客户对产品风格、类型、价位等不同需求，达到客户群和市场拥有量的最大化，一些企业不断推出高、中、低各个档次的产品，从而形成产品金字塔。在塔的底部，是低价位、大批量的产品，靠薄利多销赚取利润；在塔的顶部，是高价位、小批量的产品，靠精益求精获取超额利润。

将产品金字塔模式演绎得完美、经典的代表之一是美国的马特尔公司。仅仅购买一个芭比娃娃花不了多少钱，但是如果要按照包装上提示的，将芭比娃娃的各种小佩饰购买全，就不得不花费比买一个芭比娃娃多出几倍的钱，甚至芭比娃娃的一个小小化妆盒都比芭比娃娃本身价格高。马特尔公司就是著名的芭比娃娃的生产商。在该公司推出芭比娃娃后，经常遇到一个尴尬的局面，刚刚推出一个20美元～30美元的芭比娃娃，模仿者马上就制造出15美元的仿制品。马特尔公司研究了一个方案，即建立一道产品防火墙。该公司史无前例地推出了一个价格仅10美元的芭比娃娃。这样的价格几乎无利可图。但是这款10美元的芭比娃娃进入市场后，立即吸引了全美国女孩子的目光，让她们纷纷走进马特尔公司设立的各个芭比娃娃专柜。这一招对于模仿者显然是致命的，市场上的仿造品很快就消失了。与此同时，马特尔也陆续收到来自全国各地专柜的捷报，那些一开始仅仅购买10美元芭比娃娃的女孩子们，会继续购买其他辅助性的玩具设备以及其他类型的玩具，使马特尔公司从这些辅助设备和玩具中大获其利。

8. 战略领先模式

起步领先不代表永远领先，不能确保永远赢利。为应对后来者激烈的竞争，需要适时改变竞争策略，确保从起步时的飞跃领先到战略上的始终领跑，使利润源源不断。

战略领先可以从以下三个方面考虑。

（1）主业领先

创业者在决定企业核心主业时，不妨寻求暂时市场竞争和挑战不大，但有发展前途的领域，抢在他人前面，奠定坚实的发展基础。

（2）技术领先

有领先的核心技术，企业才会有生命力，才可抢占新领域的高额利润。

（3）人才领先

拥有更多更专业的人才资源，可以使初创小企业一步步壮大。运用人才领先的战略领跑赢利模式，就可以创造一流的产品，铸造一流的品牌，从而创造一流的利润。

第二节　创业失败探因

一、创业失败常见原因

从创业初期的资金分配与调度、人才招募与任用、营销策略与执行、管理模式与运行，以及市场变化、竞争等，都有可能导致创业失败。一般来说，创业过程中最常见的失败原因有以下几种。

1. 资金短缺

创业者低估财务上的需要，财务预算有缺陷，在营运或生产上无法有效运用资金等，都可能造成亏损和现金流不足。许多创业者在创业之初没有考虑到流动资金的重要性，在没有足够的流动资金的前提下就贸然创业。在创业后企业经营不是很顺利的时候，需要坚守一段时日的时候，往往因为没有充足的流动资金而不得不提前关门，宣告创业失败。一般地，在创业时流动资金至少要能维持半年以上的运作，才能去创业。

2. 市场分析不足

不了解潜在市场的需求量，错误预估占有率，对销售渠道和竞争对手的情况了解不足等问题，都是市场分析不足的表现。在没有深入的市场调研，准确的市场信息的情况下，做出的市场营销策略就会脱离市场实际，偏离市场需求，从而导致营销失败。

3. 不良产品太多或不良率太高

由于不良产品太多，或者产品的不良率太高，成本和损耗都过大，产品质量不强，加之缺乏知名度，从而导致产品滞销，造成大量库存囤积，最终导致创业失败。

4. 错误的策略

落后的经营管理及销售策略、错误的竞争策略等，这些策略失误也是导致创业失败的重要因素。创业者发生较大的错误或变故时，往往找不到合理应对的经验和解决办法。因此，对于创业者来说，一个错误的策略就可能是致命的。

5. 产品淘汰率太快

如果产品的生命周期太短，又或者生产出来的产品不合潮流，使得新产品面世不久就遭到淘汰命运。在这种情况下，新产品未能取得应有的效益，反而消耗研发和生产成本，从而丧失机会，创业者就很可能遭遇失败的命运。

6. 管理混乱

创业者管理经验不足，朝令夕改，常常在错误中学习，但却耗费了公司的许多资源，无法建立一套合理、高效率的制度。比如用人不当，造成不必要的内耗；财务制度有漏洞，让员工有损公肥私的机会；不重视安全生产，造成重大的人员伤亡事故等。

7. 时机不当

产品投入市场的时机不当。例如，冬天开空调机专卖店，受到产品淡季因素的影响，可能招致创业生涯挫折。或者是创业不久就受到国家、地方新颁布的行业管理条例所限制，从而无法取得预期的收益，造成资源浪费或无法经营。

8. 不了解国家的有关规定

许多行业，国家是有经营限制或需要特别许可方能经营的。也有一些行业原先允许经营，因政策改变而受影响，甚至会无限期对某个行业进行停业整顿等，这些法律法规都要了解清楚，否则，必然会创业失败。

二、大学生创业常见问题

据调查，超过一半的大学生创业个案最终都是以失败而告终。创业者一般都认为最艰难的时期是筹备创业的阶段，殊不知企业正式运作后，各式各样的问题接踵而至，新企业随时都面临"猝死"的可能。

大学生在创业过程中会遇到很多问题，只要对这些问题有充分的认识，并及时加以正确的调整，就可能摆脱失败，走向成功。

大学生创业过程中常见的问题有以下几个。

1. 眼高手低，盲目跟风

这是许多大学生创业的"通病"。比尔·盖茨的神话，使高科技行业成为大学生眼中的创业金矿，以致不少学生不屑于从事服务业或技术含量较低的行业。其实，高科技创业项目往往需要一大笔启动资金，创业风险和压力都非常大，大学生期望值过高，对行业缺乏深度审视，对市场缺乏深刻了解，很容易失败。另外，他们在确定经营方向时爱盲目跟风，哪行赚钱做哪行，总觉得这样能减少投资风险，少走弯路。然而，市场运作有其自然周期，当市场过于饱和时，利润空间就会缩小，"一窝蜂"热潮有时正意味着"恶性竞争"即将来临。

选择恰当的创业项目是创业成功的关键。大学生创业者首先要调整好心态，客观分析自身的创业条件，冷静分析创业环境，切忌盲目跟风、过于自负，一定要选择自己最熟悉、最擅长、最有经验、资源最丰富的行业来做。对选择的创业项目要多提问题，看是否有市场发展价值、前期投资是否太多、何时可收回成本等，第一步走稳了再走第二步。大学生创业需要冷静、理智。

2. 经验匮乏，纸上谈兵

缺乏经验是目前大学生创业中普遍存在的问题，不少大学生创业者不习惯对其产品或项目做市场调查，而是进行理想化的推断。例如："如果有 1 万人需要我们的产品，每件售价 10 元，我们就有 10 万的收入。"这种想当然的方法显然是站不住脚的，同时又没有切实可行的创业计划，缺乏从专业角度整合资源、实施管理的能力，这是大学生创业失败

的一个重要原因。

在创业初期一定要做好市场调研，一些可行性研究也可委托专业机构进行。在了解市场的基础上，要制订详细、周密的创业计划。同时还应具备一定的企业管理及市场营运的知识和经验。即使是两三人的"办公室式"小企业，也必须有明确的财务、人事制度。有条件的话，可聘请有管理经验的咨询顾问把关。

3. 感情用事，刚愎自用

由于创业团队的成员大多是自己熟悉的人，在创业初期，大学生社会与人生经验不足，常感情用事，对于企业中出现的经营方向、用人问题、财务问题等大都以忍让、和解的方式处理，而忽视了必备的契约签订和严格的约束制度。同时，大学生又正值盛年，一般都有个性，自信心较强，在创业中又容易出现自以为是、刚愎自用的问题。随着企业的成长，这种工作关系引发的矛盾和问题会逐渐显露，不仅不利于企业的快速发展，有时甚至导致企业步入破产境地，影响了创业的成功。

在强调团队合作的今天，团队精神已经成为了大学生创业者不可缺少的素质，因此，大学生创业者在创业过程中，要头脑清醒，既要明白创办企业不是搭一个草台班子，事事要有章法，感情用事害死人；又要摆正自己在团队中的位置，虚心接受其他成员的不同意见，取长补短，积聚创业实力，这样企业才能步入正轨，健康发展。

4. 贪大求全，灵活不足

企业在创建以后，很多创业者出现了过分追求成长速度的问题，尤其是当企业效益逐渐凸显后，创业者只看到了眼前的利益，缺乏严密的分析，付出全部成本（包括人力、物力和财力），希望靠一次出手就能获得成功。一味地扩大经营规模，而根本不考虑随之而来资金吃紧、原材料供应不上、人员紧张、销售不畅等一系列致命的问题，这无异于拔苗助长。而一旦出现问题，却不会以退为进，及时调整、改变战略，无论哪一个环节解决不力，企业的破产为时不远。

没有长远战略规划的企业是短命的。对于小企业的发展来说，稳健永远要比成长更重要，如果每年能有盈利，更要放眼长远，并妥善处理好资金预算、市场预测，以及材料、人员相关要素的协调等管理问题。出现问题，要善于总结和吸取教训，做出适当的调整和"退却"，为将来的发展积蓄力量。要为自己明确一个可持续发展的创业计划，扎扎实实，按部就班，逐步把事业做大做强。

5. 缺少创新，意识淡薄

大学生是一个特殊的群体，其教育背景影响了创业行业的选择。大学生创业大多立足于技术项目，因此，创业项目是否具有创新性，就成为大学生创业能否成功的首要条件。以往不少大学生创业失败，一个重要原因就是忽视技术创新，拿不出有自主知识产权的创造发明，或是有了发明却缺乏自我保护意识，没有及时申请知识产权。

大学生创业应选择自主知识产权明确的项目，并根据市场的动态做好产品的创新工作，即产品的更新或换代。同时还应加强自我保护，及时申请专利，使企业有序、稳步地发展。

6. 不讲信用，随意毁约

大学生创业要讲求职业道德。有的大学生创业失败，就是因为缺乏商业信用，稍有不满就肆意毁约，造成两败俱伤。这种不负责任的态度，很容易上业界的"黑名单"。企业要想维持下去，恐怕很难。

当今市场经济已进入诚信时代,作为一种特殊的资本形态,诚信日益成为企业的立足之本与发展源泉。大学生既然选择了创业之路,就要遵守这一行的规范。刚入行,更应把信用放在第一位,以此赢得客户的信赖,这样才能使自己的企业得到长久的发展。

7. 心理脆弱,意志不坚

有的大学生心理承受能力较差,对创业中的各种困难估计不足,一次营销决策失误、一次小型财务危机,抑或是一次上门推销失败,都会让他们感到创业的艰难,在心理上元气大伤,进而影响到他们的创业激情。

成功与失败往往只有一步之遥,创业过程中遇到各种问题与麻烦,是十分正常的现象,大学生要正确看待这些问题,不要遇到挫折就放弃,要有良好的心理承受能力和坚强的创业毅力,经得起打击,吃一堑长一智,及时振作起来,分析失败的原因,找到自己的弱点与不足,并加以改正,企业自然就会焕发新的活力。

8. 管理混乱,安排失当

大学生第一次创业,没有工作经验,对企业运营知之不多,创业团体在一个很短的时间内组成,没有磨合,易出现时间观念不强,缺乏自我约束的状况。不懂得怎样合理地利用时间,工作少时自由散漫,一旦紧张起来又毫无头绪、一团糟,这些就是管理混乱的表现。

创办企业就像居家过日子,必须精打细算,安排合理时间。要养成长时间工作的习惯,白天用来做销售业务、管理日常事务、拜访客户等必需的工作,而把整理账目、整理方案等工作留到夜晚来做,对每一天的工作情况、进度做出总结,对第二天的工作做出计划。这样工作起来才能井然有序。

【实践活动】

1. 根据上述内容,制定访谈提纲,访谈一名成功的企业家,了解其创业历程,学习其创业经验,对未来自己的创业历程提供借鉴。
2. 探索创业精神的内涵,对照自身条件与潜力,培养自己的创业精神,提升创业与创新能力。

【拓展资源】

1. 马良. 创业实训资源手册[M]. 北京:中国时代经济出版社,2009.
2. 宋克勤. 创业成功学[M]. 北京:经济管理出版社,2002.
3. 〔美〕多林格. 创业学战略与资源(第3版)[M]. 北京:中国人民大学出版社,2006.

【思考题】

1. 如何学习并了解创业常识?
2. 大学生创业者常犯的错误有哪些?如何规避?
3. 如何激发创业意识?
4. 如何培养创业精神?
5. 如何提高创业能力?

第六章
掌握创业技巧

本章导读

　　创业能力是大学生创业素质的一个重要方面。创业能力是一种多方面的综合能力,与创业的成败直接相关。比如要想在某一领域开展创业活动,就必须深入了解该领域的创业活动要求及发展规律。大学生创业前,应着重培养和提高创业活动所需的各种能力。

　　大学生要创业,仅有良好的愿望是不够的,要真正实现创业目标还要有过硬的本领。创业者要想成功创业,必须具备相应的创业技能。创业技能对于创业者确定创业目标、理清创业思路、做好创业准备有直接作用。例如,大学生创业者在创办企业时,就需要了解创办企业所需的条件、形式与基本流程。

通过本章,你可以了解和掌握以下内容:
- 了解实施创业的一般过程;
- 了解创业企业的基本商务模式;
- 了解创业所需资金的筹措途径和方法;
- 了解企业选址应注意的问题,掌握选址的技巧;
- 了解企业的注册过程,学会注册公司;
- 掌握商业计划书的内容和结构,学会拟写商业计划书;
- 了解一般商业计划可能遇到的风险类型,学会评估创业风险。

创业先锋故事
80后闽商四年赚得千万资本①

黄森坤

性别：男　　籍贯：福建省　　毕业院校：福建农林大学

创业档案：

1999年，考入福建省农林大学资源与环境学院，利用课余时间打工赚钱；之后，他还成为校园市场开发总代理，代理过手机充值卡、MP3和电脑等；毕业后，到一家在业内很有名气的企业工作；

2004年，他就与杨威、杨柳创办了东讯网络，主打无线增值；

2007年，公司被国家发改委下属的中国中小企业协会评为"最具投资价值企业"；同时他本人也被中央电视台经济频道、中国光彩事业促进会、中国中小企业协会共同组成的评审委员会评为2007年"中国十大成长之星"。

创业经历：

黄森坤具有闽南人特有的豪气与激情——喝酒总是一口干；唱歌却更喜欢民族与美声，他说这样更能抒发情感。有时戏说他缺少商人的诡谲，而他总是认真地说，我不是商人，我是"80后"的企业家！

是呀！一位"80后"企业家，会有怎样的创业故事呢……

创业的种子在校园埋下

1999年9月，黄森坤从福建省漳州市漳浦县第一中学考入福建省农林大学资源与环境学院，开始了四年的大学生活。

也许是因为家境贫寒，大一的黄森坤除了认真完成每门功课外，想得最多的是如何利用课余时间去打工挣钱，以减轻家庭负担。开始，他和很多大一的学生一样，尝试去做家教，可是，他马上发现，这条路不是他的所长——他对小孩没有太多的耐心，况且家教也无法充分发挥他善于沟通、善于销售策划的优势。于是，他开始把目光转向其他领域。

21世纪的来临，让全世界都感到欣喜，中国更是面貌一新。经济的快速发展，老百姓的生活有了明显的改善。大城市的中国人开始讲究生活的品质，旅游成了老百姓假日生活的最好选择。大学校园也不例外，家庭条件好的大学生们，也都利用周末、节假日去旅游。

---

① 黄森坤：在校园埋下创业种子. 海峡都市报. 2009-07-07.

黄森坤凭借他敏锐的市场嗅觉第一时间发现了这一商机。

福建农林大学，地处福州西郊，紧依闽江，周边的旅游资源十分丰富。黄森坤利用了几个周末时间，骑车或坐车深入考察学校周边的景区，最终发现离学校二十多公里的闽侯县白沙镇境内的大穆溪漂流项目非常适合开展学生旅游。于是，黄森坤便主动上门向大穆溪漂流公司介绍了联合开发榕城学生漂流市场的发展规划。在黄森坤的系统、成熟和富有创新的规划面前，景区的负责人当场便同意把整个榕城的学生市场全权委托黄森坤开发经营。于是，在福州的各大校园内便开始出现了"情侣漂"、"冒险漂"、"全家漂"等形式各样适合不同群体的漂流套餐，整个漂流市场不断红火，迅速从校园走向社会，这让黄森坤成为了一位知名的校园市场开发总代理。之后"移动动感地带卡的校园代理"、"手机专卖合作"、"MP3专卖合作"、"电脑专卖合作"等各种各样的校园市场合作项目接踵而来，黄森坤便成为了名副其实的校园市场的经销人，欣喜于成功的同时，也让黄森坤赚到了第一个一万、两万……从此黄森坤便不再为学费而发愁了。

三个年轻人的创业团队

2003年7月黄森坤大学毕业，他放弃了当公务员和留校的机会，先来到一家业内很有名气的企业工作。

黄森坤心里很清楚，他不会在这家企业干很久。他之所以选择这家企业，是因为他需要一个创业的缓冲期，以便于他找准创业的切入点。

但黄森坤没有想到的是，在这家企业他认识了杨威和杨柳——他日后的创业伙伴。

杨威和杨柳都是湖北人，也毕业于同一所大学——武汉理工大学。杨威1980年出生，比黄森坤大一岁，杨柳是1979年出生。杨威是武汉理工大学的双学士，而杨柳是武汉理工大学的硕士研究生。

黄森坤说，他们三人的结合就是天意，就是机缘，更是黄天不负有心人。

一次偶然的交谈，让三位年轻人激情燃烧——他们从下午一直谈到深夜，再到凌晨。共同的追求与信念，让他们决定辞去现在的工作，去开创一片属于他们的新天地。

2004年3月，福建东讯网络科技有限公司正式注册成立。这家业务主打无线增值，以现代信息技术、通信技术应用为发展方向，集技术开发、运营为一身的综合性高科技企业，创业初期便面临整个行业规范化经营的整顿阶段。

"谁都知道，一家企业如果在创办初期刚好遇上行业的大发展，企业就能顺势发展。我们不是，公司成立后，就遇上电信增值行业大整顿，公司之间的竞争已经白热化了。"黄森坤说，当时真是困难，我们三个人都是大学刚毕业，又没有什么家庭背景，公司的资金只有四处借的50万元，如果不能尽快地赢利，公司一年都撑不下去。但我们有的是自信、拼搏、吃苦、团结的信念。公司凭借着团队的力量，创新学习不断壮大自己，并快速突破行业的发展困境。面对着不断倒闭或转型的同行业企业，他们依然执著于自己的计划、自己的梦想，决不放弃！

也许是老天爷被这三位年轻人的创业激情和执著所感动，黄森坤的公司半年就实现赢利，第一年营业额就突破百万，三个年轻人终于赚到了对于他们具有生死意义的第一桶金。

对于成功的关键是什么？黄森坤说，是一个好的团队。

他和他的两位副总杨威和杨柳，志同道合，相互信任。这种信任不是说在嘴上，而是发自内心，体现在行动上。而他们三人在性格、专长和知识结构上的互补性，又是这个团队具有竞争力的重要因素。

黄森坤很爱说的一句话是：不是没有好的项目，而是苦于没有好的团队。

黄森坤的激情演讲感染了东讯的全体员工——这是"80后"企业家特有的激情和张扬。

黄森坤说，他现在还不敢奢谈幸福，但确实感到很快乐——因为仅仅短短的4年时间，东讯公司就已经发展到拥有5家控股子公司，拥有1000万元的注册资本；获得了国家信息产业部颁发的全国性增值业务经营许可证；并成功实现了移动或电信全网IVR、短信、彩铃的接入运营，并与十几个省、20个运营商开展了充分合作；公司的产品线从刚开始的短信、IVR两种简单业务，不断发展到了现在的彩铃、WAP、互动媒体游戏、短信、IVR等多业务共同交叉发展的良好局面；公司的经营模式从单纯的业务内容供应，运营发展到了专业的内容供应、运营和业务平台、系统的建设并存的发展格局。2007年公司又成功进军了移动电子商务这一热门而富有发展潜力的行业，公司的年营业额已超过千万，并逐步成为电信增值领域、移动电子商务领域里较具核心竞争优势的企业之一。

第一节　创业关键技能

一、学会分析市场

1. 市场的含义

市场经济条件下，企业的生产和经营必须围绕市场的需求来组织，创业者都是按照自己对市场的理解来组织经营活动的。随着商品经济的发展，市场这个概念的内涵也不断充实和发展。市场主要有以下含义。

（1）市场是商品交换的场所。商品交换活动一般都要在一定的空间范围内进行，市场首先表现为买卖双方聚在一起进行商品交换的地点或场所。这是人们对市场最初的认识，虽不全面但仍有现实意义。

（2）市场是商品的需求量。从市场营销角度来看，市场是指具有特定需要和欲望、愿意并能够通过交换来满足这种需要或欲望的全部顾客。顾客是市场的中心，而供给者都是同行的竞争者，只能形成行业，而不能构成市场。

人口、购买能力和购买欲望这三个相互制约的因素，结合起来才能构成现实的市场，并决定着市场的规模与容量。人们常说的"某某市场很大"，并不都是指交易场所的面积宽大，而是指某某商品的现实需求和潜在需求的数量很大。

（3）市场是商品供求双方相互作用的总和。比如人们经常使用的"买方市场"或"卖方市场"的说法，就是反映商品供求双方交易力量的不同状况。在买方市场条件下，市场调研的重点应放在买方；反之，则应放在卖方。

（4）市场是商品交换关系的总和。在市场上，一切商品都要经历商品——货币——商品的循环过程。一种形态是由商品转化为货币，另一种则是由货币转化为商品。这种互相联系、不可分割的商品买卖过程，就形成了社会整体市场。

 **什么是市场细分**

所谓市场细分，是指企业在市场调查的基础上，依据消费者的需要和欲望、购买行为和购买习惯等方面的明显的差异性，把某一产品的市场整体划分为若干个消费者群的市场分类过程。在这里，每一个消费群就是一个细分市场，其内部的消费者对同一产品具有极为相似的需求倾向。

市场细分，并不意味着把一个整体市场加以分解，而实际上常是一个聚集而不是分解的过程；市场细分，不是对不同产品进行分类，而是对同种产品的需求各异的消费者或用户进行分类。

市场细分的基础是同一产品的消费需求具有多样性和差异性。从消费需求角度看，整个市场可分为两类：一类是同质市场，即消费者对某一产品的需求、欲望、购买行为，以及对企业营销策略的反应等方面具有基本相同或相似的一致性；另一类是异质市场，即消费者对某种产品的质量、用途、特性等方面的需要和欲望是不同的，或者在购买行为、购买习惯等方面存在差异性。正是由于这些差异性市场的存在，使市场细分成为可能。市场细分实际上就是把一个异质市场划分为若干个相对来说是同质的细分市场。

（资料来源：http://hi.baidu.com/305332385/item/e82298fa2a53e5693d14857b 有删改）

2. 目标市场

所谓目标市场，是指企业营销活动所要满足的市场，是企业为实现预期目标而要进入的市场。企业的一切营销活动都是围绕目标市场进行的。选择和确定目标市场，明确企业的具体服务对象，关系到企业任务、企业目标的落实，是企业制定营销战略的首要内容和基本出发点。

多数企业是通过市场细分，来选择和确定目标市场的，也有不少企业以产品的整体市场作为目标市场。选准目标市场的关键是知己知彼。知己就是客观地估价本企业的力量，看到自己的长处和短处，避免在缺乏优势和市场上瞎碰乱撞。为了选准目标市场，企业不仅要力求知己，而且力求知彼，也就是力争了解竞争对手和服务对象，以便能够避实就虚，占据有利市场。

除上述应注意的问题外，企业在选择目标市场时还应注意处理好以下几个关系。

（1）眼前和长远的关系

企业的经济活动具有连续性，它的现状是历史的继续，未来的开始。因此，在目标市场分析面前，成功的企业注意保持战略头脑，力争站得高一些，看得远一些，不计一时的得失，根据企业的长期发展目标来选择现实的目标市场。

日本索瓦蕾服装公司，1954年成立时，就下决心要在妇女流行服装市场上占据一席之地。40多年来，它始终围绕着公司的长期发展目标选择具体的目标市场。公司建立初期，当时只是几个人组成的缝纫组，就根据日本女装仿欧美式样的特点裁剪、缝制法式流行女装。60年代初，日本妇女掀起西服热，它便承包、定做女式西服，由缝纫组发展成为小型服装厂，在社会上开始站住了脚。从此，它不再局限于跟在其他企业后面，赶"潮流"，而开始了解妇女时装需求心理和女装市场行情，在目标市场系列中选择出最佳目标市场——黑色礼服市场。因为它了解到，随着人们生活水平的提高，妇女们希望有一身参加红白喜事时穿的黑色礼服代替日本传统和服。于是索瓦蕾服装公司在大企业尚未经营的领域里开始了黑色礼服的制作，10年之中，年营业额连续翻番。当它注意到黑色礼服在大城市市场趋于饱和时，宁肯牺牲眼前的利益，转变产品方向。20世纪80年代以来，开始制作花色女式流行服装和装饰品，并逐年扩大比例。这个例子说明，根据企业的长期发展目标选择目标市场，企业就能一步一个脚印地向前发展，最后到达胜利的彼岸。

（2）集中和分散的关系

大多数企业特别是中小企业信奉市场集中的原则，它们在可能的目标市场体系中，选择一个目标市场投入企业的全部力量。它们感到中小企业生产能力、生产规模、市场占有率有限，集中力量于目标市场有利于企业更好地了解市场状况和顾客需求，减少分散经营的开支，缩小经营管理的空间，增加考察市场的次数。如果把力量分散在几个市场上，每一个目标市场只能投入更为有限的人力和财力，不利于与竞争对手相抗衡。只有全力以赴于一个目标市场，企业才能迅速发展，获得更多的资源、技术、利润和经验，为打下一个目标市场创造条件。

（3）稳定与变化的关系

企业的目标市场一经确定下来，先有一般相对稳定时期。它们开拓了一个新的市场，就要投入人力、物力、财力，想方设法满足顾客需要，建立起企业和产品的信誉，在这个市场上站稳脚跟。任何一家成功的企业都有这方面的经历和体会。但是企业的目标市场是随着市场要求的变化而变化的，它不是一次性决策，企业要适应市场多变的特点，就必须不断开拓新市场。

如何选择目标市场策略

采用哪种目标市场策略，取决于企业、产品、市场等多方面的条件。

（1）企业资源

如果企业实力雄厚、管理水平较高，根据产品的不同特性可考虑采用差异性或无差异性市场策略；资源有限，无力顾及整体市场或多个细分市场的企业，则宜于选择集中性目标市场策略。

（2）产品性质

这是指产品是否同质，能否改型变异。诸如大米、小麦、煤炭等某些初级产品，尽管这些产品自身可能会有某些品质差别，但顾客一般并不太重视或不加区别，因而这类产品适宜实行无差异营销；相反，对于品质、性能等方面存在较大差别，消费者对其的需求也是多样化的这类产品，适宜采用差异性或集中性的策略。

（3）市场是否同质

如果顾客的需求、购买行为基本相同，对营销方案的反应也基本一样，即市场是同质的，在此情况下可实行无差异营销；反之，则应实行差异性或集中性的策略。

（4）产品生命周期

处于介绍期和成长前期的新产品，竞争者较少，品种比较单一，宜于采用无差异目标市场策略，以便探测市场需求和潜在顾客。产品一旦进入成长后期或已处于成熟期，市场竞争加剧，就应改为差异性营销，以利于开拓新市场；或实行集中性营销，以设法保持原有市场，延长产品生命周期。

（5）竞争对手的目标市场策略

假如竞争对手采用无差异营销策略，本企业应当采用差异性策略以提高产品的竞争力;假如竞争对手都采用差异性营销策略,本企业就应当进一步细分市场,实行更有效的差异性或集中性策略。

(资料来源:http://www.chinavalue.net/Finance/Article/2005-12-13/16188_2.html 有删改)

3. 创业市场微观环境分析

微观环境是指对企业服务其顾客的能力直接构成直接影响的各种力量,包括供应商、营销中介、顾客、社会公众和竞争者等。

(1) 供应商分析

供应商是指对企业进行生产所需而提供特定的原材料、辅助材料、设备、能源、劳务、资金等资源的供货单位。这些资源的变化直接影响到企业产品的产量、质量以及利润,从而影响企业营销计划和营销目标的完成。

对供应商主要进行以下几个方面的分析。

① 供应的及时性和稳定性。原材料、零部件、能源及机器设备等货源的保证供应,是企业营销活动顺利进行的前提。任何一个环节在供应上出现了问题,都会导致企业的生产活动无法正常开展。为此,企业为了在时间上和连续性上保证得到货源的供应,就必须和供应商保持良好的关系,必须及时了解和掌握供应商的情况,分析其状况和变化。

② 供应的货物价格变化。供应的货物价格变动会直接影响企业产品的成本。如果供应商提高原材料的价格,必然会带来企业产品的成本上升,生产企业如提高产品价格,则会影响市场销路;可以使价格不变,但会减少企业的利润。为此,企业必须密切关注和分析供应商的货物价格变动趋势。

③ 供货的质量保证。供应商能否供应质量有保证的生产资料直接影响到企业产品的质量,进一步会影响到销售量、利润及企业信誉。例如,劣质葡萄难以生产出质优的葡萄酒,劣质建筑材料难以保证建筑物的百年大计。为此,企业必须了解供应商的产品,分析其产品的质量标准,从而来保证自己产品的质量,赢得消费者,赢得市场。

(2) 营销中介分析

营销中介是指为企业营销活动提供各种服务的企业或部门的总称。营销中介对企业营销产生直接的、重大的影响,只有通过有关营销中介所提供的服务,企业才能把产品顺利地送达到目标消费者手中。营销中介的主要功能是帮助企业推广和分销产品。

营销中介分析的主要对象有以下几个。

① 中间商,是指把产品从生产商流向消费者的中间环节或渠道,它主要包括批发商和零售商两大类。中间商对企业营销具有极其重要的影响,它能帮助企业寻找目标顾客,为产品打开销路,为顾客创造地点效用、时间效用和持有效用。一般企业都需要与中间商合作,来完成企业营销目标。为此,企业需要选择适合自己营销的合格中间商,必须与中间商建立良好的合作关系,必须了解和分析其经营活动,并采取一些激励性措施来推动其业务活动的开展。

② 营销服务机构,是指企业营销中提供专业服务的机构,包括广告公司、广告媒介经营公司、市场调研公司、营销咨询公司、财务公司等。这些机构对企业的营销活动会产生直接的影响,它们主要任务是协助企业确立市场定位,进行市场推广,提供活动方便。一些大企业或公司往往有自己的广告和市场调研部门,但大多数企业则以合同方式委托这

些专业公司来办理有关事务。为此,企业需要关注、分析这些服务机构,选择最能为本企业提供有效服务的机构。

③ 物资分销机构,是指帮助企业进行保管、储存、运输的物流机构,包括仓储公司、运输公司等。物资分销机构主要任务是协助企业将产品实体运往销售目的地,完成产品空间位置的移动。到达目的地之后,还有一段待售时间,还要协助保管和储存。这些物流机构是否安全、便利、经济直接影响企业营销效果。因此,在企业营销活动中,必须了解和研究物资分销机构及其业务变化动态。

(3) 顾客分析

顾客是指使用进入消费领域的最终产品或劳务的消费者和生产者,也是企业营销活动的最终目标市场。顾客对企业营销的影响程度远远超过前述的环境因素。顾客是市场的主体,任何企业的产品和服务,只有得到了顾客的认可,才能赢得这个市场,现代营销强调把满足顾客需要作为企业营销管理的核心。

顾客类型主要有以下几种。

① 终端消费者,指为满足个人或家庭消费需求购买产品或服务的个人和家庭。

② 生产者,指为生产其他产品或服务,以赚取利润而购买产品或服务的组织。

③ 中间商,指购买产品或服务以转售,从中赢利的组织。

④ 政府,指购买产品或服务,以提供公共服务或把这些产品及服务转让给其他需要的人的政府机构。

⑤ 国际市场,指国外购买产品或服务的个人及组织,包括外国消费者、生产商、中间商及政府。

上述五类市场的顾客需求各不相同,要求企业以不同的方式提供产品或服务,它们的需求、欲望和偏好直接影响企业营销目标的实现。为此,企业要注重对顾客进行研究,分析顾客的需求规模、需求结构、需求心理以及购买特点,这是企业营销活动的起点和前提。

(4) 社会公众分析

社会公众是企业营销活动中与企业营销活动发生关系的各种群体的总称。公众对企业的态度,会对其营销活动产生巨大的影响,它既可以有助于企业树立良好的形象,也可能妨碍企业的形象。所以企业必须处理好与主要公众的关系,争取公众的支持和偏爱,为自己营造和谐、宽松的社会环境。

社会公众分析的对象主要有以下几类。

① 金融公众,主要包括银行、投资公司、证券公司、股东等,他们对企业的融资能力有重要的影响。

② 媒介公众,主要包括报纸、杂志、电台、电视台等传播媒介,他们掌握传媒工具,有着广泛的社会联系,能直接影响社会舆论对企业的认识和评价。

③ 政府公众,主要指与企业营销活动有关的各级政府机构部门,他们所制定的方针、政策,对企业营销活动或是限制,或是机遇。

④ 社团公众,主要指与企业营销活动有关的非政府机构,如消费者组织、环境保护组织,以及其他群众团体。企业营销活动涉及社会各方面的利益,来自这些社团公众的意见、建议,往往对企业营销决策有着十分重要的影响作用。

⑤ 社区公众,主要指企业所在地附近的居民和社区团体。社区是企业的邻里,企业

保持与社区的良好关系，为社区的发展作一定的贡献，会受到社区居民的好评，他们的口碑能帮助企业在社会上树立好的形象。

⑥ 内部公众，指企业内部的管理人员及一般员工，企业的营销活动离不开内部公众的支持。应该处理好与广大员工的关系，调动他们开展市场营销活动的积极性和创造性。

(5) 竞争者分析

创业企业进行市场竞争环境分析，需要识别自己所面对的竞争的对手，这似乎是一件简单的工作，但是创业企业实际的和潜在的竞争对手范围很广，它往往被新出现的企业或技术击败，就像柯达在胶卷业最大的竞争威胁来自数码相机。

根据产品替代观念，可以区分四种层次的竞争者。

① 直接竞争：当其他企业以相似的价格向相同的顾客提供类似产品与服务时，企业将其视为直接竞争者。例如，被海尔视为主要竞争者的是价格、档次相似，生产同类彩电的康佳、TCL 等企业。

② 行业竞争：企业可把制造同样或同类产品的企业都广义的视作行业竞争者。

③ 形式竞争：企业可以更广泛地把所有制造商能提供相同服务的产品的企业都作为形式竞争者。例如，海尔企业认为自己不仅与家电制造商竞争，还与其他电子产品制造商竞争。

④ 通常竞争：企业还可进一步更广泛地把所有争取同一消费者的人都看成是竞争者。例如，海尔可以认为自己在与所有的主要耐用消费品企业竞争。

创业企业还可以从行业观点来辨认自己的竞争对手。行业竞争观念是从行业角度来界定竞争者，主要来自现有竞争企业、潜在加入者、替代品生产者。

创业企业所面临的市场竞争内容主要包括产品、价格、宣传、服务、信誉等各个方面。

① 产品竞争。首先是产品质量竞争，主要是指产品内在质量（可靠性、适用性、先进性等）；其次是产品形式的竞争，主要有产品品牌、包装、外观、商标等；还有产品服务竞争，主要根据服务的阶段性有售前服务、售中服务、售后服务。

② 价格竞争。这是市场竞争的主要手段，价格竞争可能赢得市场占有率，也可能使企业的利润降低，因此要小心慎用，创业企业应该不断节约生产成本，提高经营管理水平，以取得价格上的优势。

③ 渠道竞争。这是产品营销的基础，是产品从生产者到消费者经过的流程。

④ 促销竞争。这是吸引消费者的有效手段，可以借此来宣传产品，传播商品信息，同时宣传企业，帮助消费者在心中树立良好的企业形象。

⑤ 信誉竞争。商业信誉是消费者心目中对企业或产品的一种信任感。信誉在市场竞争中处于很重要的地位。

总之，只有对市场微观环境进行深入的把握与分析，才能制定出针对性的、有实效的市场营销策略，进而才能取得创业的成功。

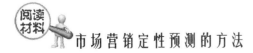

市场营销定性预测的方法

市场营销预测（Marketing Forecast）是根据收集到的市场过去和现在的资料，应用科学的预测方法对市场未来的发展变化进行预计或估计，为科学制定营销决策提供依据。

定性预测是指依靠预测人员的经验和知识及综合分析能力，估计预测对象的发展前景的一种预测方法，主要有以下几种。

1. 营销人员意见预测法

营销人员意见预测法是指长期从事市场营销活动的人员凭借他们对产销情况、市场环境的熟悉、对消费者需求心理和消费水平的了解、长期积累的销售经验，对未来的市场销售趋势进行估计和预测。一般适用于短期预测。这种预测方法比较接近现实，但是容易受营销人员近期销售绩效的影响，有时估计值比较保守或过于乐观。

2. 决策人员意见预测法

决策人员意见预测法是厂长、经理等高级主管人员根据产品销售、资金财务、市场环境、管理水平等资料，通过听取各类负责人的汇报和意见，在此基础上综合分析判断市场变动趋势的一种预测方法，常用于中长期预测。

3. 用户意见预测法

用户意见预测法是预测者通过访问、电话、信函和投票等方式了解用户的需求情况和意见，掌握消费者的购买意向，预测消费者未来需求特点和变动趋势的一种预测方法，主要用于工业品和耐用消费品市场预测。如海尔电视刚刚投放市场时，海尔公司通过打电话的方式向消费者征询意见，以了解消费者对海尔电视的看法。这种方法效果很好，但是费用较高。

4. 访问意见预测法

访问意见预测法根据预测目标的要求，预测者事先拟定访问提纲，通过当面访问或书面访问的形式向被调查者征询意见，然后对各种意见进行归纳、整理、分析和判断，从而取得预测方案的预测方法。适合对某商品的规格、款式、质量和价格等具体问题进行预测。

5. 问卷调查意见预测法

问卷调查意见预测法是预测者依据预测任务的要求，拟定调查提纲或调查表，直接向消费者调查而取得预测结果的预测方法。

6. 扩散指数预测法

扩散指数预测法是指根据一批领先经济指标的升降变化，计算出上升指标的扩散指数，以扩散指数为依据来判断市场未来的景气情况，进而预测企业的景气情况。

7. 比例推算预测法

比例推算预测法是利用事物之间存在的比例关系，从一种事物的已知情况推断另一种事物的未来发展变化趋势。

8. 依存关系预测法

依存关系预测法是根据互补产品之间的数量依存关系，对某种产品的需求量进行预测的方法。

9. 专家意见法

专家意见法是根据市场预测目的和要求，向有关专家提供一定的背景资料，通过会议的形式对某一经济现象及其前景进行评价，并在专家分析判断的基础上，综合他们的意见，对市场发展趋势进行推断。

10. 德尔菲法

德尔菲法由美国兰德公司首创和使用，是专家会议调查法的改进和发展。德尔菲是古希腊一座城市的名字，该城有座阿波罗神殿，阿波罗是太阳神，善于预卜未来，后人借用德尔菲比喻预见能力高超。德尔菲法是使用系统的程序，采取不署名和反复进行的方式，先组成专家组，将调查提纲及背景资料提交专家，轮番征询专家意见后再进行汇总预测结果，经过几轮的反复征询、归纳和修改，直到各专家的意见趋于一致，才宣告结束。其结论比较接近实际，适用于总额的预测。

(资料来源：张宗恩. 大学生创业训练教程. 现代教育出版社，2010.)

二、设计商业模式

（一）商业模式简介

商业模式，简单的理解是指能够为公司带来收益并且收益越来越大的赚钱方式，主要包括三种模式：销售模式、运营模式、资本模式，其核心是对资源的整合能力。

1. 销售模式

销售模式是指产品或服务的销售方式，这是商业模式的最基本体现，是商业模式的实现通道。如果缺乏有效的销售模式，看起来再好的商业模式也没有用。戴尔的销售模式是传统直销模式的融合与再创新：通过互联网的电子商务方式，将产品直接交到消费者手里，打造了传统营销无可比拟的低成本优势、渠道优势。

2. 运营模式

运营模式特指企业内部人、财、物、信息各要素的结合，这是商业模式的核心。如果缺乏合理有效的运营模式，即使再高效的销售模式也会由于缺乏持续而优秀的产品、服务供应而枯萎。以携程旅行网为代表的低价酒店经营模式都是富有特色的运营模式。

3. 资本模式

主要指企业获得资本的方式以及资本运作的方式，这是商业模式的支撑体系。如果缺乏有效的资本模式，前两种模式都有可能会遇到现金危机而导致整个商业模式的崩溃。众所周知，很多创业企业就是在资金链方面出现了问题，才被迫关门，宣告创业失败。

以上三种模式的有效结合，使得内外资源获得有效整合，形成强大的竞争力。如果结合不到位，资源就很难获得高效整合，会导致企业的失败。

（二）商业模式设计五步法

商业模式的五大要素：利润源（即企业顾客）、利润点（即企业提供的产品或服务）、利润渠（即产品或服务的供应和传播渠道）、利润杠杆（即生产产品或服务的内部运作）和利润屏障（即保护产品或服务的战略控制活动）。商业模式就是以上述五大要素的某一个至两个要素为核心，五大要素相互协同的价值创造系统。无论是设计还是完善企业商业模式，都必须遵循商业模式设计完善的五步法。

第一步：界定和把握利润源——顾客

设计商业模式的时候，首先需要分析顾客需求，目的就是要为产品寻找能够比较容易呈现价值的顾客群。一般来说，企业赢利的难度并非在技术与产品端，而主要还是在顾客端。有时纵然是把握好企业顾客的一点点需求，也可能产生巨大的顾客价值。如果商业模式无法找到相对明确的顾客需求，那么这项新事业将会遭遇无法创造利润的潜在风险。

第二步：不断完善企业利润点——产品

利润点是指企业可以获取利润的、目标顾客购买的产品或服务。利润点决定了企业为顾客创的价值是什么，以及企业的主要收入及其结构。

好的利润点是顾客价值最大化与企业价值最大化的结合点，它要求一要针对目标顾客的清晰的需求偏好，二要为目标顾客创造价值，三要为企业创造价值。有些企业的产品和服务或者缺乏顾客的针对性，或者根本不创造利润，就不是好的利润点。

第三步：打造强有力的利润杠杆，构筑商业模式内部运作价值链

打造利润杠杆，规划企业内部运作价值链是商业模式设计与完善的重要内容，它决定了产品或服务是否为企业带来价值和带来价值的多少。企业利润杠杆主要包括以下几种：组织与机制杠杆、技术与装备杠杆、生产运作杠杆、资本运作杠杆、供应与物流杠杆、信息杠杆、人力资源杠杆等。这些内部运作活动可以清楚界定企业的内部运作的成本及其结构以及计划实现的利润目标。

设计良好的利润杠杆可以使商业模式极具竞争力。将没有竞争优势的企业内部价值链外包，是打造利润杠杆的一条有效途径。很多公司意识到在一个非常长而复杂的企业内部价值链上，他们也许只能在价值链的3～4个环节具有高度竞争力，但要想在所有环节上都具有竞争力是不太可能的，而一旦认识到企业内部价值中的优势环节，就应该把公司定位在那个位置，将其他部分以签约方式外包别的公司，从而使利润杠杆更加有力。同样的产品，由于利润杠杆不同，或者说由于企业内部运作价值链的差异，导致了产品的成本迥异，一个企业可能赚钱，另一个企业可能亏损。这足以说明，利润杠杆决定了企业利润的多寡。

第四步：疏通拓宽利润渠，构筑商业模式外部运作价值链

利润渠，即企业向顾客供应产品和传递产品信息的渠道，是商业模式得以正常运作必不可少的外部价值链。产品或服务的价值传递是企业把产品和服务传递给目标客户的分销和传播活动，目的是便于目标客户方便地购买和了解公司的产品或服务。

戴尔电脑是成功的商业模式，它的利润渠本身就为戴尔创造了巨大的价值，首先，直销模式大幅降低成本，简化、消灭中间商，这样避免庞大的渠道成本。其次，直销模式加快了戴尔的资金周转速度。

第五步：建立有效保护利润的利润屏障

利润屏障是指企业为防止竞争者掠夺本企业的目标客户，保护利润不流失而采取的战略控制手段。利润杠杆是撬动"奶酪"为我所有，保护"奶酪"不为他人所动。

比较有效的利润屏障主要有建立行业标准、控制价值链、领导地位、独特的企业文化、良好的客户关系、品牌、版权、专利等。JVC在索尼之后创建了VHS摄像标准制式，在性能及价格上当时都不具备竞争优势，但JVC信奉"优秀技术大家共享"，在摄像机产业的上链与彩电行业强强联盟，在下链与录像带租用店和音像制品商广泛合作。JVC的VHS摄像标准制式最终被市场逻辑性地选定为行业标准。

商业模式也是一种企业创造利润的思维方式，虽然有许多不同的创造利润方式，但每个企业最终只会从中选择一种方式，而企业的主导思维架构将是决定商业模式的主要因素。许多技术创新面对的是一种不确定性极高的未来环境，而市场信息也无法全盘取得，因此没有一个商业模式能确保未来利润一定会被实现，也没有所谓最佳的商业模式。

三、资金及其筹措

1. 一般的筹资渠道

资金是企业的血脉，是企业经济活动的第一推动力和持续推动力，必须解决资金的问题，才能迈出创业的第一步。筹资的途径是非常多元化的，常见的有银行、政府机构、创投公司、互助会、亲朋好友及一些金融理财工具等筹资方式，根据其来源可以分为内部筹资和外部筹资。按融资性质又可以分为债务融资和股权融资等。

债务融资是指利用涉及利息偿付的金融工具来筹措资金的融资方式，通常也就是贷款。创业者签署承诺保证偿本还息。这种融资方式，只要偿还贷款，贷方就无权过问公司的未来发展方向。缺点在于如果借方不能偿还贷款，贷方可以迫使公司破产以收回贷款，尽管贷款资金只是公司价值的一部分。贷方甚至可以拿走创业者的房子和财产来替代所欠的资金。因此应慎重考虑。

股权融资是通过赋予投资者在企业中某种形式的股东地位以进行融资的方式。股权意味着作为所投资金的回报，投资者获得公司一定比例的所有权。股权投资者比贷款人承担更大的风险。如果公司不能赢利，投资者也没有利润可得。投资者不能迫使公司破产以追回原始投资。一旦公司破产，投资者可以取得贷款人追回贷款后剩余资产的求偿权。虽然股权投资者承担的风险更大，但他们获得潜在的股本收益率也更高。如果公司兴旺，就可以很快收回投资。利用股权融资时，在公司成功之前，无须偿还资金，但是放弃所有权，创业者就会失去对公司的控制权。

2. 大学生创业常见融资方式

（1）传统融资方式

传统的融资方式是指通过亲属、朋友等获得创业资金的融资方式。这是一种最常见的融资方式，适用于家庭条件较好或社会关系较广的创业者。由于亲戚、朋友等关系非常容易建立彼此间的信任，所以如果能得到亲人、家属的支持并且具备这样的经济条件，那么大学生创业者就能获得稳定可靠的启动资金。

（2）创业贷款

大学生申请创业贷款的途径主要有三个：直接向银行申请贷款，申请科技型中小企业贴息贷款和利用新的技术成果或知识产权、专利权进行担保贷款。

创业贷款，一般是个人因创业或再创业提出资金需求申请，经银行认可有效担保后而发放的一种专项贷款。当前，包括中国工商银行、中国银行、中国农业银行、浦发银行、中信银行、交通银行等在内的各银行都已推出个人创业贷款业务，中国农业银行更是早在2002年9月就推出了《个人生产经营贷款管理办法》并一直坚持运行。

创业小额贷款

2006年共青团中央、国家开发银行联合启动"中国青年创业小额贷款项目"。支持对象主要是全国40岁以下青年初次创业的小额贷款和40岁以下青年企业家二次创业的中小企业贷款。青年创业小额贷款每人单笔额度一般在10万元以内，最多不超过100万元；青年创办的中小企业贷款单户额度一般在500万元以下，最多不超过3000万元。贷款期限一般不超过3年。

记者从南京市总工会小额创业贷款担保中心了解到，合伙经营贷款额度将由原来的最高30万元增加到40万元，服务对象将由过去的下岗失业人员扩大至20~30岁的新生劳动力，包括应届大中专毕业生。同时，个人单笔小额贷款的额度也有可能由原来的5万元提高到 8 万元。

（资料来源：金融时报. 2006 年 04 月 25 日. 有删改）

（3）大学生创业基金

为鼓励大学生自主创业，不少地方政府设立了用于支持大学生创业的专项基金。如教育部近期设立了"华图教育大学生创业基金"。

北京、上海、重庆、广州、杭州等城市以及辽宁、山东、河南、安徽等省份也都分别设立了大学生创业基金，为大学生创业提供资金支持。

镇江市财政 2009 年设立 1000 万元大学生创业基金，鼓励大学生创业。

该基金主要用于创业孵化基地开办补贴、实施创业带动就业补贴、高校毕业生创业补贴、鼓励高新技术企业吸纳高校毕业生就业奖励、创业示范基地奖励等五个方面，补贴资金直接支付给符合条件的企业和高校毕业生。

（资料来源：新华日报. 2009 年 6 月 01 日.）

（4）风险投资

风险投资是一种新的投资模式，是在创业企业发展初期投入风险资本，待其发育相对成熟后，通过市场退出机制将所投入的资本由股权形态转化为资金形态，以收回投资，取得高额风险收益。

据统计，2011 年国内外风险投资机构共投资了 1 635 个项目，其中披露投资金额的 1 175 个项目，涉及投资金额 2 300.91 亿元人民币，投资市场表现极为活跃。从 2007 年到 2011 年，每年的募资金额比投资金额分别多出 495.34 亿元、679.22 亿元、646.65 亿元和 791.74 亿元，而总数更是高达 2 612.95 亿元。

 天使投资

天使投资（Angel Investment）是权益资本投资的一种形式，是指富有的个人出资协助具有专门技术或独特概念的原创项目或小型初创企业，进行一次性的前期投资。它是风险投资的一种形式，在根据天使投资人的投资数量以及对被投资企业可能提供的综合资源进行投资。

"天使投资人（Angels）"通常是指投资于非常年轻的公司以帮助这些公司迅速启动的投资人。在风险投资领域，"天使"这个词指的是企业家的第一批投资人，这些投资人在公司产品和业务成型之前就把资金投入进来。天使投资人通常是创业企业家的朋友、亲戚或商业伙伴，由于他们对该企业家的能力和创意深信不疑，因而愿意在业务远未开展进来之前就向该企业家投入大笔资金，一笔典型的天使投资往往只是区区几十万美元，是风险资本家随后可能投入资金的零头。

通常天使投资对回报的期望值并不是很高，但 10 倍到 20 倍的回报才足够吸引他们，这是因为，他们决定出手投资时，往往在一个行业同时投资 10 个项目，最终只有一两个项目

可能获得成功，只有用这种方式，天使投资人才能分担风险。其特征主要有以下几点。

1. 天使投资的金额一般较小，而且是一次性投入，它对风险企业的审查也并不严格。它更多的是基于投资人的主观判断或者是由个人的好恶所决定的。通常天使投资是由一个人投资，并且是见好就收，是个体或者小型的商业行为。

2. 很多天使投资人本身是企业家，了解创业者面对的难处。天使投资人是起步公司的最佳融资对象。

3. 他们不一定是百万富翁或高收入人士。天使投资人可能是您的邻居、家庭成员、朋友、公司伙伴、供货商或任何愿意投资公司的人士。

4. 天使投资人不但可以带来资金，同时也带来联系网络。如果他们是知名人士，也可提高公司的信誉。

天使投资往往是一种参与性投资，也被称为增值型投资。投资后，天使投资人往往积极参与被投企业战略决策和战略设计；为被投企业提供咨询服务；帮助被投企业招聘管理人员；协助公关；设计退出渠道和组织企业退出；等等。然而，不同的天使投资家对于投资后管理的态度不同。一些天使投资人积极参与投资后的管理，而另一些天使投资人则不然。

（资料来源：http://baike.baidu.com/view/206608.htm 有删改）

四、创业风险管理

创业的成功与否有很大的不确定性，创业环境的多变性，创业机会与创业企业的复杂性，创业者、创业团队与创业投资者的能力和实力的有限性，都是创业风险的来源。大学生创业一般具体有以下风险。

1. 机会风险

机会风险是在创业机会的识别与评估过程中，由于各种主客观因素，特别是创业者本身的生理、心理等主观方面的因素，对创业的机会选择有着重大的影响，导致对机会把握不准确或推理偏误等，使创业一开始就面临方向错误的风险；同时，也会存在由于创业而放弃了原有的学业所面临的机会成本风险，或者选择创业就放弃了就业的选择，也是该阶段存在的风险，构成机会成本风险。

2. 资金风险

资金风险是指因资金不能适时地筹集和供应而导致创业失败的可能性。可以说，此项风险贯穿在创业活动的全过程，但在创业的起始阶段更处在重要的地位，创业启动资金的筹备直接决定了创业能否顺利进行。现代社会，空手套白狼的创业奇迹越来越少，如果没有足够的流动资金，很可能会导致在创业初期就遭遇失败。通常一般的创业者在创业阶段的资金往往都比较缺乏或十分有限，资金风险普遍是创业前期的"命门"。大学生更是缺乏财务分析，在资金管理上表现出明显的不足。

3. 技术风险

技术风险是指创业设计向产品转化的过程中，因技术因素导致产品转化失败的可能性。由于创业前期企业的研发工作处于概念设计阶段，技术的可行性几乎无法判断和确定，所以处于该阶段的创业企业即使获得了少量的风险资金支持，也往往会因为技术问题而颗粒无收，甚至血本无归。

4. 竞争风险

竞争风险是指在创业过程中由于参与市场竞争而给企业带来的不确定性或损失。在市场经济条件下，任何一个行业都存在着激烈的竞争，任何一家公司都有许多的竞争对手。任何企业都要面对市场参与竞争，独家垄断市场的局面已不复存在。大学生创业者创办的企业，对于创业者来讲可能是第一次，但对于社会来讲并不是第一家，也许所创办的企业已经有若干家，甚至不乏"老字号"，所创企业是否能站住脚，是否能竞争得过人家，就要看创业者的能力和策略了。竞争风险无处不在，无时不在。

5. 市场风险

市场是生产或生活资料由生产者向消费者转移的一个交易平台。创业要想成功，在很大程度上依赖于市场，没有市场也就没有创业，产品没有市场是企业失败的首要原因。随着经济发展，消费者的个性化需求日益明显，如何让消费者了解自己的产品或服务，如何赢得消费者的反复消费？这些都是创业成败的关键。很多大学生凭着创业的冲动，没有进行市场分析，或分析只停留在肤浅的层次，没有预见到现金流的重要性，没有精确的市场定位等，结果当然是不能走向成功。

6. 环境风险

环境风险是指在创业过程中由于环境发生变化而给创业带来的利益损失。这一风险也贯穿在创业的过程中，但在中、后期的表现更为突出，一旦发生，可能给企业带来致命的打击。特别是高技术产品的创新活动，由于所处的社会、政治、政策、法律环境发生变化或由于意外灾害发生而造成失败的可能性更大，而且对这种变化，创业者自身是无法改变的。

7. 管理风险

管理风险是指创业者的组织、决策不到位而给企业带来的不确定性或损失。管理风险在创业中期尤为突出，因为这个阶段的企业在迅速地发展开拓，技术风险逐步消除，市场风险也变得很小，但是，该阶段由于管理的幅度在不断加大，人员在急剧增加，生产规模在不断扩大，市场区域在不断拓展，这些因素都在迅速增加管理的难度。创业者必须考虑如何控制成本，如何保证质量，如何畅通管理渠道，如何树立品牌等问题，使管理的风险变得最小。

8. 决策风险

在创业的前期存在着创业机会的把握、创业项目的选择等各种需要决策的风险。在创业的中期，同样也存在着创业发展方向的抉择，有时决策的重要意义甚至超过了初期，具有决定企业命运的重要作用。对于大学生创业者而言，要有敏锐的机会意识和高超的决策水平，善于发现机会、把握机会，并利用机会，决不可以根据不切实际的个人偏好或自己的喜怒哀乐而作出决策。创业有风险，需要慎重决策。

9. 团队风险

现代企业越来越重视团队的力量，一个好的创业团队对于创业成功是至关重要的。创业企业在诞生或成长过程中最主要的力量来源一般都是创业团队，一个优秀的创业团队能使创业企业迅速地发展起来，对创业企业的成功起着举足轻重的作用。但与此同时，风险也就蕴涵在其中，团队的力量越大，产生的风险也就越大。一旦创业团队的核心成员在某些问题上产生分歧而不能达到统一时，极有可能会对企业造成强烈的冲击。

10. 成熟风险

在创业后期,企业已进入成熟期,创业企业的最大风险是保守、不思进取的风险和产业多元化的风险。成熟期创业企业因为取得的成绩而不思进取,往往导致企业市场的萎缩而逐渐失去竞争力。另一个风险则是盲目的产业多元化,由于已经取得的成绩往往使企业领导者认为无所不能,不断地拓展不同的行业,从而导致资金链断裂而失败破产。

大学生创业风险的规避途径

创业前期的风险防范

1. 谨慎选择项目,避免盲目

跟风选择既有市场需求又符合自己的创业项目,这是大学生创业者必须好好掂量的。一般来说,大学生创业者既要客观地分析自身的创业条件,更要冷静地分析创业环境,立足于技术项目,尽量选择技术含量高、自主知识产权明确的项目,并在技术创新的基础上做好产品市场化工作。在选择过程中切忌盲目跟风,还要切记一点,做熟不做生,一定要选择自己最熟悉、最擅长、最有经验、资源最丰富的行业来做。

2. 合理组建团队,避开熟人搭伙

在风险投资商看来,再出色的创业计划也具有可复制性,而团队的整体实力是难以复制的,因此他们在投资时,往往更看重有合作能力的创业团队,而非那些异想天开的单干者。团队对于创业是否成功至关重要,志同道合的搭档会是你事业成功的无价之宝。因此,组建创业团队时要考虑专业互补、能力互补、性格互补,要使组建的团队有战斗力,避免熟人搭伙。

3. 注重实践磨炼,回避准备不足

经验不足,缺乏从职业角度整合资源、实施管理的能力,将大大影响大学生创业的成功率。要成功创业,最好先经历过实践的磨炼,先利用业余时间创立一些投资少、见效快、风险小的实体,培养自立自强的创业能力、适应社会的能力,通过实践增加创业体验,熟悉社会环境,学会社会交往。同时,对创业的决策要科学,要深思熟虑,该想到的困难要想到,做到心中有数,回避准备不足,以克服决策的随意性。

创业中期的风险防范

1. 强化内部管理,培养骨干队伍

一个企业要想持久地保持活力,除了要有不断的创新意识、敏锐的市场观察能力,严格的管理制度也是必不可少的。在出现问题时,都应该严格按照制度处理。创业中期是管理风险集中爆发的阶段,风险解决方案的核心是骨干人才队伍的建设和培养。核心岗位人员配置时建议采用"AB岗"的方式。所谓"AB岗"是指类似"书记+厂长"的方式,这样的方式,可充分发挥"相互帮助、相互协调、相互监督、责任共担"的团结协作的长处,可以增强核心岗位决策和执行当中的正确性,避免风险的发生。

2. 积极参与竞争,杜绝急功近利

没有春天的播种,哪来秋天的丰收喜悦。对于创业的思考来说也是一样,需要一个由小到大、由不成熟到成熟、由弱到强的过程。创业过程中,创业者要积极参与竞争,

逆境中要坚韧，顺境中要冷静，作为一个大学生创业者，必须做好与风险和困难作斗争的思想准备。

创业不是一件小事情，应该克服急躁情绪，端正心态，采取稳扎稳打、步步为营、积小胜为大胜的策略。我们不能想象：在一个早晨，一个沿街叫卖的小商小贩会成为百万富翁。可以说，任何浮躁和急功近利的举动，都会对创业者有害无益，甚至会前功尽弃。

3. 加强内涵建设，创立品牌形象

创业中期，创业企业要适应市场变化，采用"内抓管理，外塑形象"的战略思想。要注重强化内涵建设，挖掘内部潜力，充分调动员工的主动性、积极性和创造性，用企业文化凝聚人心。同时，企业的经营需要实施正确的品牌经营战略，需要品牌来支撑企业的成长。企业品牌经营以客户为中心，以不断创新的方式，不断地以产品和服务满足客户的需求，尤其是开发客户潜在的需求，并以独到的产品和服务满足客户的这种需求，这样企业发展才有后劲。

创业后期的风险防范

1. 建立激励机制，凝聚创新人才

人才是企业发展的关键，人力资本是企业的核心资本。创业过程中，创业者与员工承担着巨大的风险，需要彼此风雨同舟、共渡难关。创业成功后，创业者关注的是未来的更大回报，而员工更关注现在的既得利益。随着企业的扩大，新员工不断加入，他们更多的是一种职业选择，创业者需要考虑建立有效的激励机制来维系企业所需要的更多优秀员工。有效的激励机制既能保障老员工或合伙人的既得利益，又能真正凝聚创新人才，使企业得以稳步发展。

2. 尝试权力授予，完善组织架构

创业过程中，创业者主要是通过集权来实施管理。创业初步成功后，创业者应该尝试授权：一是管理问题变得又多又复杂，创业者不堪重负；二是员工渴望分享权力，希望得到更多的空间与舞台来发挥自己。通过把一些日常性的、非核心的工作授权给中层管理人员，创业者就可以把自己从繁重的事务工作中解脱出来，把更多的精力集中在战略性问题的思考上。同时，创业成功后，企业为了更好地发展，必须建立一整套完善的组织架构来有效地执行决策，有计划地完成企业的既定目标。企业的组织架构需要根据企业的目标和发展阶段来进行调整，创业者应该尝试围绕工作本身来进行完善组织，力图通过企业组织来实现自己的管理决策和管理理念。

3. 逐步合理扩张，健全制约机制

创业取得初步成功后，随着企业规模的增大和实力的增强，个人追求财富欲望的膨胀，再加上市场环境日渐规范和竞争的日趋激烈，创业者执著的个性开始显示出脱离实际的倾向，企业行为也围绕着个人的喜好而波动，从而盲目扩张，造成企业不能与自身能力、市场需求相协调，这样是极其危险的，稍不注意就可能血本无归。因此，要有计划、有步骤地逐步合理地扩张，建立相应的反馈机制与调控机制，健全各项规章制度，对权力进行必要的制衡，这样才能使创业企业稳步地成长壮大。

（资料来源：张晖怀. 新编大学生就业指导. 现代教育出版社，2011.）

第二节 创办企业的步骤

想要创业成功,事前准备的工夫不可少。创办新企事业的过程,一般可分为以下五个步骤。

一、进行市场调研

创业前的市场信息调研主要分为以下三个方面。

(1)行业状况研究:主要研究所关注行业的现状、发展趋势及行业生存条件等方面内容,需要密切注意新技术在行业的运用,也要关注与本行业相关的行业动向。

(2)消费者研究:主要了解消费者的需求、消费者的消费习惯与态度、消费者的满意度、消费者的媒体接触习惯与方式、消费者的生活形态与价值观、产品概念测试、广告及媒体研究等。

(3)竞争对手研究:主要了解行业内主要竞争品牌的知名度,进行市场占有率分析、竞争品牌市场行为分析(包括主要经营者的变动及其他动向)。竞争不仅来自于同行业同类的产品,还来自例如替代品、新加入的竞争者等多方面的威胁。

中小企业的市场选择战略

1. "空白领域"战略

大企业为了获得超额利润,追求规模经济效益,一般采用少品种、大批量的生产方式,这就自然为中小企业留下了很多大企业难以涉足的"狭缝地带",即所谓的"空白领域",给中小企业的发展提供了自然发展空间。

一般来说,常见的"空白领域"产品具有如下特点:一是规模较小,对大企业来说,生产的价值不大;二是大企业认为信誉风险大;三是属于多品种、小批量生产方式;四是小批量特殊专用。

2. "专门化"战略

"专门化"战略具体可分为下面三个方面的内容。

第一,产品类型专门化。即企业集中力量于一个产品系列、一种产品或某种产品特色的生产和经营上。

第二,顾客类型专门化。即企业只为某种类型的顾客提供他们所需的一种或多种系列产品与服务。

第三,地理区域专门化。即企业将其产品销售范围集中在某一个地方、区域。

3. "生存互补"战略

大批量的生产方式必然要引起社会分工协作的大发展,大企业为了获得"规模经济"必然要摆脱"大而全"的生产体制,求助于社会分工与协作,这实际上就为中小企业提供

了生存领域，增加了对中小企业的依赖性，这就是所谓"生存互补"战略。

4．"满足潜在需求"战略

市场的潜在需求是靠企业去开发和创造的，它一方面取决于消费者对产品的需求性，另一方面又取决于企业能否生产出必要的产品去创造和引导需求。中小企业在对市场调查研究和分析后，一旦发现前景良好的潜在需求，就应着手做好开发、生产、销售和管理工作，并加固经营堡垒，提高后来者的进入障碍，提高垄断能力，延长自己垄断这一市场的时间，从而取得更多的经济效益。

5．"满足服务"战略

中小企业的产品可能没有特殊之处，但可以通过特殊的服务来扩大自己的经营范围。建立服务网是需要大量人力物力的，即使是大企业也难以面面俱到，中小企业完全可以对一些大企业由于产品销售后的服务不到位现象，开展全方位的配套服务。另外，中小企业也可以根据自身的特点，通过提供特殊的售前、售中、售后服务，在无差异市场上划出相对安全的经营领域。如中小企业可以实行包装、包送，在产品销售后负责产品的安装调试、故障排除、终身维修等，为自己营造一个"市场空间"，从而获得企业经营的成功。

（资料来源：周章斌，黄路明．大学生职业发展与就业指导．现代教育出版社，2011．）

二、建立合作团队

企业的创办者不可能万事皆通，他可能是技术方面的天才，但对管理、财务和销售可能是外行；他也可能是管理方面的专家，但对技术却一窍不通。因此，建立一个由各方面的人才组成的合作团队，对创办企业是十分必要的。一个平衡的、有能力的创业团队，应当包括管理和技术经验的经理和财务、销售、工程以及软件开发、产品设计等其他领域的专家。

创业团队的组建主要有两种模式：① 一个人为主导，寻找其他团队成员。即一个人想到了一个商业点子或有了一个商业机会，他就去开始组成所需要的团队。② 群体性创业，创业之初即是合作伙伴，创业团队的建立主要来自于因为经验、友谊和共同兴趣的关系而结缘的伙伴，经由合伙彼此在一起发现商业机会。

1．组建创业团队的原则

组建创业团队的时候，应遵循以下原则。

（1）创业团队应有相近的价值观。对创业项目的理解应一致，经营理念，

（2）创业初期人手不多的情况下，每个创业成员都有可能一个人做几个人的事情，需要具备多项能力，至少能够承担一项职能性管理工作，如人力资源管理、财务管理、法务管理等。

（3）优势互补。从人力资源管理的角度来看，建立优势互补的创业团队是保持创业团队稳定的关键。在创建一个团队的时候，不仅仅要考虑相互之间的关系，最重要的是考虑成员之间的能力或技术上的互补性。在建立创业团队的时候，"主内"与"主外"的不同人才，耐心的"总管"和具有战略眼光的"领袖"，技术与市场等方面的人才都应该尽可能的考虑进来，以保证团队成员的异质性。如果一个团队里有总能提出建设性的可行性建议和总能不断地发现问题的批判性的成员，对于创业过程将大有裨益。

（4）有创业的心理准备，对创业事业有信心。创业是一项艰难而充满风险的事业，

创业团队成员需要有过硬的心理素质和抵抗挫折的能力。作为创业企业核心成员的领导者还有一点需要特别注意,那就是一定要选择对团队项目有热情的人加入团队,并且要使所有人在企业初创时就要有每天长时间工作的准备。任何人才,不管他(她)的专业水平多么高,如果对创业的信心不足,将无法适应创业的需求。自力更生、吃苦耐劳、坚持不懈、负责有信、乐观向上应该是创业团队必备的素质,只有这样的团队才是有战斗力的团队。

妥善处理团队成员之间的权力和利益关系

首先,是权力关系。在创业团队运行过程中,团队要确定谁适合于从事何种关键任务和谁对关键任务承担什么责任,以使能力和责任的重复最小化。

其次,是利益关系。这与新创企业的报酬体系有关。一个新创企业的报酬体系不仅包括诸如股权、工资、奖金等金钱报酬,而且包括个人成长机会和提高相关技能等方面的因素。每个团队成员所看重的并不一致,取决于其个人的价值观、奋斗目标和抱负。有些人追求的是长远的资本收益,而另一些人不想考虑那么远,只关心短期收入和职业安全。对后者来说,股权激励可能并不如高工资更受欢迎。

由于新创企业的报酬体系十分重要,而且在创业早期阶段财力有限,因此要认真研究和设计整个企业生命周期的报酬体系,以使之具有吸引力,并且使报酬水平不受贡献水平的变化和人员增加的限制,即能够保证按贡献付酬和不因人员增加而降低报酬水平。

(资料来源:贺俊英. 大学生创业基础与实训指导. 高等教育出版社,2010.)

2. 建立创业团队的共同理念

共同的创业理念是组建团队的一个基本准则。许多拥有杰出的技术或其他相关技能,以及良好教育背景的人在一起创业,往往由于缺乏共同的创业理念,成为高度个人主义竞争的牺牲品。他们的极端个人主义与团队的一致性要求格格不入,最终导致创业失败。

从成功地成长为大企业的创业企业的经验来看,创业团队应分享并达成以下理念:

(1) 凝聚力,即团队成员相信他们处在一个命运共同体中,共享收益,共担风险;

(2) 团队工作,即作为一个团队而不是靠个别的"英雄"来工作,每个人的工作相互依赖和支持,依靠事业成功来激励每个人;

(3) 正直,这是有利于顾客、公司和价值创造的行为准则,它排斥纯粹的实用主义或利己主义,拒绝狭隘的个人和部门利益;

(4) 为长远着想,团队成员相信他们正在为企业的长远利益工作,正在成就一番事业,而不是把企业当做是一个快速致富的工具,没有人打算通过现在加入进来而在困境出现之前或出现时退出而获利,他们追求的是最终的资本回报及带来的成就感,而不是当前的收入水平、地位和待遇;

(5) 承诺价值创造,即团队成员承诺为了每个人而使"蛋糕"更大,包括为顾客增加价值,使供应商随着团队成功而获益,为团队的所有支持者和各种利益相关者赚钱;

(6) 正确的平等观和公平原则,即在权力与利益分配上,团队成员不追求绝对的民主和平等,而是基于团队成员在一定时期内的职责、能力、贡献和企业的绩效,并随着时间推移做相应调整。

三、筹集创业资金

创办一个新企业,首先要确定资金需求。确定所需资金,应考虑三个方面的问题:开办企业所需资金、企业运营所需资金和企业人员的相关支出。

1. 企业开办资金

企业开办资金是指企业创办之初发生的支出。业务一旦开展,发生的费用就不再是开办资金。企业开办资金包括:仪器设备、初始库存、初始房租和水电费、营业执照和各类许可证、某些法律费用、开业典礼、广告宣传等。

2. 营运资金

企业自开始营业到产生足够利润维持企业正常运转之前,都需要运作资本投入。具体地说,营运资金包括库存、铺货、广告宣传、薪酬、税金、维修、保险、月租金及水电费等。

3. 人员支出

这部分包括创业团队和公司员工必需的各项支出,包括工资、社会保险、办公及必要的公司活动、培训等支出。

大多数大学生创业者没有足够的资本来创办一个新企业,他们必须寻求外部的资金支持。除了个人资金外,家庭和朋友也是最常见的资金来源。对于大学生创业者来说,正确衡量家庭和朋友提供资金的利弊得失,最好能够从一些志同道合的朋友处获得一定的资金,大家合伙投资,共同创业。

四、选择经营场所

对于那些刚刚开始创业的人来说,SOHO(Small Office & Home Office,指小工作室或家庭办公室)办公也许是一个好的开始,但当你已经需要成立一个公司,开始走上真正的创业之路的时候,有一个真正属于自己的正规的办公场所显得十分重要。

创业企业都需要有经营场所,企业的选址与未来的经营发展有着很大的关系。对于创业者来说,将创业的地点选在哪个城市、哪个区域是一件决定性的事情。尤其是以门店为主的商业或服务型企业,店面的选择往往是成功的关键。好的选址等于成功了一半。

大多数创业者都会选择在熟悉的环境(家乡或者学习的城市等)开展创业。在选定目标城市后,还需要进一步选择具体的经营地点。不同类型的创业企业,在选址上优先考虑的因素是不同的。

创业企业选址的思路

1. 生产性质的创业企业选址

这类创业企业在选址时要考虑具备生产条件:交通方便,便于原料运进和产品运出;

生产用电要满足，生产用水要保证；生产所使用的原料基地要尽量离企业不远；所使用的劳动力资源要能够尽量就地解决；考虑当地税收是否有优惠政策等。如果是一些可能对环境造成影响的生产项目，还须考虑环保因素。

2. 商业性质的创业企业选址

这类创业企业在选址时应考虑创业地的实际情况，客流量、店铺租金等。如在城市，若干个商业圈往往带动圈内商业的规模效应，选择在商业圈内会较好经营。但与繁华商圈寸土寸金的消费能力相应，店铺租金或转让费也是寸土寸金，往往会让创业者捉襟见肘，想要得一立足之地倍感困难。因而可以在商业圈内利用联合经营、委托代销等方式，或者在商业圈边缘选址，转向"次商圈"，将因此而节约下来的资金用于货品升级、提升服务等。在选址时要有"借光"的意识，比如在体育馆、展览馆、电影院旁边选址等。如果选择商圈之外的经营场所，则要注意做出特色，形成自己独特的风格，以达到"酒香不怕巷子深"的效果。

3. 服务性质的创业企业选址

这类创业企业在选址时要根据具体的经营对象灵活选址，但对客流量都要求较高。"天下熙熙，皆为利来；天下攘攘，皆为利往"，客流一定意义上就等于财流。在车水马龙、人流量大的地段经营，成功的几率往往比在人迹罕至的地段要高得多，但也应结合企业的目标消费群体特点，如针对居民的应设在居民社区附近，针对学生的则应设在学校附近。如果以订单为主，低成本、高效能的办公楼宇成为首选。

目前，创业的年轻人多以从事服务性和知识性产品的创业者为主，集中在网络技术、电子科技、媒体制作和广告等产业。这些性质的公司可以选在行业聚集区或较成熟的商务区以及新兴的创意产业园区。

在选择经营场地时，各行业的考虑重点各不相同，其中有两项因素是不容忽略的，即租金给付的能力和租约的条件。经营场地租金是最固定的营运成本之一，即使休息不营业，也得支出。有些货品流通迅速、空间要求不大的行业，如精品店、高级时装店、餐厅等，负担得起高房租，就设于高租金区；而家具店、旧货店等，因为需要较大的空间，最好设在低租金区。

（资料来源：李家华，郑旭红. 创业有道. 高等教育出版社，2011.）

五、申请注册公司

企业注册的一般步骤如下。

第一步

核名。到工商局去领取一张《企业（字号）名称预先核准申请表》，填写拟定的公司名称，由工商局上网（工商局内部网）检索是否有重名，如果没有重名，就可以使用这个名称，就会核发一张《企业（字号）名称预先核准通知书》。

第二步

租房。去专门的写字楼租一间办公室，如果你自己有厂房或者办公室也可以，有的地区不允许在居民楼里办公。租房后要签订租房合同，并让房东提供房产证的复印件。

第三步

编写公司章程。可以在工商局网站下载"公司章程"的样本，参照进行修改。章程的最后由所有股东签名。

第四步

到会计师事务所领取"银行询征函"。联系一家会计师事务所,领取一张"银行询征函"(必须是原件,会计师事务所盖章)。

第五步

去银行开立公司验资户。所有股东带上自己入股的那一部分资金到银行,带上公司章程、工商局发的核名通知、法人代表的私章、身份证、用于验资的资金、空白询征函表格,到银行去开立公司账户。开立好公司账户后,各个股东按自己出资额向公司账户中存入相应的资金。

银行会发给每个股东缴款单、并在询征函上加盖银行的公章。

第六步

办理验资报告。持银行出具的股东缴款单、银行盖章后的询征函,以及公司章程、核名通知、房租合同、房产证复印件,到会计师事务所办理验资报告。

第七步

注册公司。到工商局领取公司设立登记的各种表格,包括设立登记申请表、股东(发起人)名单、董事经理监理情况、法人代表登记表、指定代表或委托代理人登记表。填好后,连同核名通知、公司章程、房租合同、房产证复印件、验资报告一起交给工商局。工商局审核通过后,颁发营业执照。

第八步

办理公章、财务章。凭工商局审核通过后,颁发营业执照,到公安局指定的刻章社,去刻公章、财务章。后面步骤中,均需要用到公章或财务章。

第九步

办理企业组织机构代码证。凭营业执照到技术监督局办理组织机构代码证。办这个证需要半个月,技术监督局会首先发一个预先受理代码证明文件,凭这个文件,可以办理后面的税务登记证、银行基本户开户手续。

第十步

去银行开基本户。凭营业执照、组织机构代码证,去银行开立基本账户。

第十一步

办理税务登记。领取执照后,30日内到当地税务局申请领取税务登记证。办理税务登记证时,必须有一个会计,因为税务局要求提交的资料其中有一项是会计资格证和身份证。

第十二步

申请领购发票。如果你的公司是销售商品的,应该到国税去申请发票,如果是服务性质的公司,则到地税申领发票。

新《公司法》关于公司注册规定的变化

1. 降低公司注册资本的数额要求

新《公司法》取消了按照公司经营内容区分最低注册资本数额的规定,将有限责任公司的注册资本最低限额降至3万元人民币,并规定股份有限公司注册资本的最低限额降低为500万元。注册资本允许公司在2年内分期缴足，但首次出资额不得低于注册资本的20%。投资公司可以在5年内缴足。

2. 增加了一人有限责任公司形式

由于增加了一人有限责任公司形式，有限公司设立的法定人数不再是具有两人以上限制，只规定由50个以下股东出资设立即可。一人有限责任公司仍然属于有限责任公司的范畴，因此，《公司法》对有限责任公司的一般规定，都适用于一人有限责任公司。同时，针对一人有限责任公司的特殊性，新《公司法》对一人有限责任公司也做了一些特别规定。

（1）一个自然人或者一个法人可以设立一人有限责任公司。

（2）注册资本最低限额为人民币10万元，而一般有限责任公司则为3万元。

（3）一人有限责任公司股东应当一次足额缴纳公司章程规定的出资额，而一般有限责任公司的股东可以分期缴纳出资。

（4）一个自然人只能投资设立一个一人有限责任公司。该一人有限责任公司不能投资设立新的一人有限责任公司。

（5）一人有限责任公司应当在公司登记中注明自然人独资或者法人独资。

（6）一人有限责任公司的股东不能证明公司财产独立于股东自己的财产，应当对公司债务承担连带责任。

3. 放宽出资方式

原《公司法》仅规定公司可以货币、实物、工业产权、非专利技术、土地使用权出资，为放宽出资方式，同时避免增加过多的交易风险，新《公司法》采取列举和概括相结合的方法，规定股东可以用货币出资，也可以把实物、知识产权、土地使用权等以用货币估价并可以依法转让的非货币资产作价出资。

4. 提高非货币资产的出资比例

原《公司法》规定，无形资产的出资比例不得高于公司注册资本的20%，而新《公司法》规定货币出资金额不得低于公司注册资本的30%，即非货币资产（包括无形资产）最高出资比例不得高于注册资本的70%。

依照《公司法》规定，公司的注册资本必须经法定的验资机构出具验资证明，验资机构出具的验资证明是表明公司注册资本数额的合法证明，依照国家有关法律、行政法规规定，能够出具验资证明的法定验资机构是会计师事务所和审计事务所。

（资料来源：http：//hi.baidu.com/dsvhadlhbzbbipd/item/62b7fbeca92206c0baf37d77 有删改）

第三节 制订商业计划

创业计划又名"商业计划"，是一无所有的创业者就某一项具有市场前景的新产品或新服务向风险投资家游说以取得风险投资的可行性商业报告。

一、商业计划书

商业计划书是公司、企业或项目单位为了达到招商融资和其他发展目标的目的,在经过前期对项目科学地调研、分析、搜集与整理有关资料的基础上,根据一定的格式和内容的具体要求而编辑整理的一个向读者全面展示公司和项目目前状况、未来发展潜力的书面材料。商业计划书是包括项目筹融资、战略规划等经营活动的蓝图与指南,也是企业的行动纲领和执行方案。

商业计划书是一份全方位描述企业发展的文件,是企业经营者素质的体现,是企业拥有良好融资能力、实现跨越式发展的重要条件之一。一份完备的商业计划书,不仅是企业能否成功融资的关键因素,同时也是企业发展的核心管理工具。

商业计划书是国际惯例通用的标准文本格式形成的项目建议书,是全面介绍公司的项目运作情况,阐述产品市场及竞争、风险等未来发展前景和融资要求的书面材料。

一份完整的商业计划书,通常包括以下内容。

(一)摘要

摘要是全部计划书的核心所在,是创业计划的精髓。摘要一般包括以下内容:公司介绍、主要产品和业务范围、市场概貌、销售计划、生产管理计划、管理者及其组织、财务计划、资金需求状况等。摘要可放在最后撰写,即在完成商业计划书之后,在对整个项目有彻底把握的基础上,以简练、精辟的语言表达出来。

(二)公司介绍

公司介绍主要表述公司的发展历史、现在的情况以及未来的规划。具体而言,主要包括公司名称、地址、联系方法等基本信息;公司的业务状况,发展史,未来发展规划等经营信息;公司与众不同的竞争优势等信息。

(三)公司的研究与开发

公司的研发情况是指投入研究开发的人员和资金计划及所要实现的目标,主要包括:研究资金投入、研发人员情况、研发设备,以及研发的产品的技术先进性及发展趋势。首先,对技术的来源和所有权问题进行详细、诚实的说明。然后,介绍企业的技术研发力量和未来的技术发展趋势,以及研发新产品的成本预算和时间进度。

(四)产品或服务

创业计划的核心是一项创新性的产品或服务,以及它对最终客户的价值,主要内容是:产品的名称、特征及性能用途,产品的开发过程,产品处于生命周期的哪一段,产品的市场前景和竞争力如何,产品的技术改进和更新换代计划及成本。在这部分,创业者要对之做出详细、准确的说明,并且要通俗易懂。

(五)管理团队

对管理团队的表达,一般包括:对管理团队的主要情况作全面介绍;将管理机构、各部门的构成情况等以一览表等形式展示出来;特别需要提出的是,要充分体现创业团队的战斗力和团队精神,包括他们的职业道德、能力与素质。

(六)市场与竞争分析

在众多的商业计划书中,大约有17%不成功的理由是产品市场不够大,或不能创造足够的赢利。因此,创业者要在对市场进行了充分的市场调研的基础上,对自身产品或服务的市场进行合理的预测,并制定出相应的市场策略。其内容主要包括:① 市场用户情况。分析在同行业的经营中拥有什么样管理和多少用户,市场占有率如何,市场竞争情况任何,是否已经建立了完整的市场营销网络,营销手段如何等。② 产品或服务的市场前景预测。尽管预测不一定与实际相符合,但是作为一种新的产品或服务,在商业计划书中要对其进行初步的预测,以分析要承担的风险。在计划书中要回答下列的问题:新产品所在行业的前景如何,新的产品是否存在市场需求,市场需求的规模有多大,影响未来需求的因素有哪些,新产品的潜在目标顾客是什么等。③ 市场营销策略。即产品从生产现场到达最终用户手中的全过程,计划书中应当回答以下问题:营销机构和营销队伍,营销渠道的选择和营销网络的构建,广告策略和促销策略,价格策略,市场渗透与开拓计划,市场营销中意外情况的应急对策等。

(七)生产经营计划

生产经营计划,主要阐述创业者的新产品的生产制造及经营过程。从这部分内容可以了解生产原料如何采购,供应商有关情况,劳动力和雇员情况,生产资金的安排以及厂房、土地等。这部分内容要详细,细节要明确。这是对项目估值时的重要依据。在商业计划书中还要列出企业的主要设备和设施,包括生产设备、交通工具、厂房设施、商店设施、办公用品等,写明是否租赁,是否分期付款等。描述设备和设施的状况,是否可以继续使用,是否需要技术改造或维修更新。

(八)财务规划

财务规划是需要企业花较多的精力来做具体的分析,很多的商业计划书在谋求资金支持时遭遇失败,常常是由于其计划书将注意力集中于技术或产品等其他方面,而忽略了财务的规划。财务规划一般包括:① 财务规划的条件假设;② 预计的资产负债表,预计的利润表及附表,预计的现金流量表;③ 资金需求表,对所需资金的筹集情况、需要数量、时间以及使用状况、对投资的回报情况等做出分析。

(九)风险因素

风险因素是指详细说明项目实施过程中可能遇到的风险,并且提出有效的风险控制和防范手段。企业可能面临的风险包括:技术风险、市场风险、管理风险、财务风险和不可预见的风险。创业者要客观、实事求是地分析各种风险,不可人为缩小、隐藏风险因素。

商业计划书的写作要素"8C"法

(1) Company(公司/团队)

介绍创业企业和创业团队的详细情况。通过详细介绍使读者了解并信任你的公司和创业团队。

(2) Concept(概念)

介绍公司的核心产品,让读者能快速、准确地了解公司要卖的是什么。

(3) Customer(顾客/市场)

告诉读者顾客是谁,顾客的范围是什么。进行详细的市场分析,让读者明白市场需求、市场规模和市场前景,进而明确投资回报情况。

（4）Competition（竞争）

让读者明白你的竞争对手是谁，他们有什么优势和劣势。与之相比，你的竞争能力如何，有没有竞争获胜的法宝。

（5）Capabilities（能力）

对产品的把握是否到位，技术是否纯熟，能力是否足够。

（6）Capital（资本）

创业项目投资总额是多少，有多少自有资本，资金来源和融资渠道有哪些，所得投资将主要用于哪些方面。

（7）Conduct（经营/管理）

介绍企业的经营策略、营销战略、管理体制等相关内容。

（8）Continuation（后续经营）

当事业赢得开局后，后续的计划如何，短、中、长期的发展规划分别是什么。

（资料来源：张福建. 大学生就业与创业指导. 现代教育出版社，2011.）

二、评估商业计划书

一份优秀的商业计划书，必须符合以下标准。

1. 完整的格式

创业计划书中各个章节的排列都应按照严格的顺序。给人的第一印象就可以反映出作者是一位经过严格训练、头脑清楚、办事严谨、条理清晰、具有真正管理能力的企业家，或者是具有优秀企业家素质的人。

2. 明确的针对性

不同的投资者兴趣不同，侧重面不同，文化背景也不同。在写创业计划书之前，创业者一定要对投资者的背景及相关情况有明确的了解，要针对具体的投资者写出具体的创业计划书，投其所好。

3. 言简意赅的语言

整个创业计划书的书写和编排要言简意赅。整篇报告要直观性强，有强烈的视觉效果，使整篇报告让人易于抓住重点。报告中可尽量使用直观性强的图表。

4. 适宜的长度篇幅

一定要做到长短适中，既要把该说的情况全部阐述清楚，又要不烦琐。英文的创业计划书一般以30～50页为宜，中文的创业计划书以20～35页为宜。写得太短，难以把内容说清楚；写得太长，投资者会失去耐心。

5. 适中的写作风格

写作风格要掌握适中，恰到好处。既不要太平淡无奇，引不起投资者胃口，又不要太花里胡哨，过于煽动性。计划书要有冲击力，能抓住投资者的心。创业计划书既不是动员报告，也不是文艺作品，而是一篇实实在在的说明书。

6. 严密的逻辑性和严谨的科学证据

介绍技术时，要用科学事实和必要的数据，阐明技术的先进性和实际性。介绍设想时，更需要有充分的市场研究结果，阐述想法的合理性，证明这个想法是切实可行的。分析市场时，要对未来3～7年的市场前景有合情合理的分析，言之有据。对产品的市场分析一定要有充分的证据。如果由于条件的限制，没有第一手材料，也一定要提供可以类比的产品的资料。如果是现有企业，还要对过去3～5年的经营状况有简要而可信的分析。另外，写作时切忌海阔天空，漫无边际，更忌讳提供虚假的数据和不实的材料。凡是涉及数字的地方一定要定量表示，提供必要的定量分析。

【实践活动】

1. 自筹资金训练：如果你作为这个创业团队的成员之一，请完成下面训练任务。

任务说明：

创业资金：10万

创业团队：3人合伙创业，1人在应用软件开发方面的拥有多年开发经验，1人拥有多年市场销售经验，1人拥有多年管理经验。

创业方向：CRM小型应用软件开发。

资金预算可按如下分类：

制定财务预算表

几个运营时间点：

① 支撑运营时间规划：3个月/半年/一年

② 营业收入时间预计：3个月/半年/一年

③ 收支平衡时间预计：3个月/半年/一年

④ 实现利润时间预计：3个月/半年/一年

创业初始资金预算：

① 注册公司成本

② 固定资产投资

③ 办公费用（包括房租、水电、管理费）

④ 人员工资（人员组成、人员工资标准）

⑤ 市场费用

⑥ 销售费用

⑦ 税收费用

2. 根据上述内容，撰写一份商业计划书，并与老师、同学讨论，听取他们的意见和建议。

【拓展资源】

1. 杨华初．创业投资理论与应用［M］．北京：科学出版社，2003．

2. 叶苏东．项目融资：理论、实务与案例（第2版）［M］．北京：北京交通大学出版社，2010．

3. 熊飞等．创办一个企业［M］．北京：机械工业出版社，2005．

4. 张天桥，侯全生，李明晖．大学生创业第一步［M］．北京：清华大学出版社，2008．

5. 陈晓莉．商业计划书编写指南［M］．北京：电子工业出版社，2003．

6. 徐剑明. 自主创业实务［M］. 北京：中国经济出版社，2007.
7. 赵骅等. 创业管理的理论与实践［M］. 重庆：重庆大学出版社，2007.

【思考题】

1. 如何进行创业准备？创业准备有哪些具体的实务内容？
2. 小企业创业一般有哪些程序？每个环节都应该注意什么？
3. 商业计划书的组成要素有哪些？如何撰写一份优秀的商业计划书？

第七章
实践创业设计

本章导读

真正的创业实践开始于创业意识萌发之时。大学生的创业实践是学习创业知识的最好途径。

间接的创业实践学习主要可借助学校举办的某些课程的角色性、情景性模拟参与来完成。例如积极参加校内外举办的各类大学生创业大赛、工业设计大赛等,对知名企业家成长经历、知名企业经营案例开展系统研究等也属于间接学习的范畴。

直接的创业实践学习主要可通过课余、假期在外的兼职打工、试办公司、试申请专利、试办著作权登记、试办商标申请等事项来完成;也可通过举办创意项目活动、创建电子商务网站、谋划书刊出版事宜等多种方式来完成。

通过本章,你可以了解和掌握以下内容:
- 认识实际创业之前实践训练的重要性;
- 了解创业大赛及创业答辩需要注意的问题;
- 了解创业孵化机构的含义和孵化项目的方法。

创业先锋故事

赛才网——彰显年轻人的气魄[1]

王伟成

性别：男　　**毕业院校：**福州大学（管理学院信息管理与信息系统专业2004级）

创业档案：

王伟成及其团队成员打造了全国首家独创的"以竞赛事件营销为理念，以科技文化竞赛为产业，以人才协同作业为机制"的中高级互联网应用门户网站——赛才网。

2007年4月，他的作品顺利进入第三届"金融e家"全国大学生电子商务的竞赛决赛，并取得全国第四名的好成绩。

2007年度腾讯创新大赛，"中国赛才网"项目获得了创意铜奖。

2008年上半年，他和几个企业人合作开办了一家旅游公司，但尽管如此，他依旧放不下他心中的"赛才"梦想。

2008年6月，第五届"挑战杯"福建省大学生创业计划竞赛结果出炉，王伟成的团队获得了金奖。

创业经历：

2009年3月初，距2009年全国大学生英语竞赛（NECCS）还有一个月左右的时间，正是全国参赛选手寻觅历年试题温习备考的白热化时期，一个名为"英语竞赛资料汇总（下载说明＋试题＋听力）"的帖子在互联网上引起了不小的轰动。这个来源于赛才网论坛的帖子提供了一个可以免费下载2003—2009年全国大学生英语竞赛资料的公共邮箱，甚至有好心的工作人员将全套资料发送到参赛选手留下的邮箱中。很快，这个帖子的点击量突破26000人次。与此同时，由赛才网开辟的英语竞赛QQ交流群的队伍也如日中天，才几天时间，1~7号QQ群均已爆满。究竟这是一个怎样的网站，如同一场及时雨，带给众多参赛者久旱逢甘霖的喜悦？

我们刚起步，有困难，但也有信心、有目标

这是一家刚刚投入运营，成立仅仅5个月的公司，由6位平均年龄25岁，"年纪轻轻"的大学毕业生创建。然而正是这个团队，打造了全国首家独创的"以竞赛事件营销为理念，以科技文化竞赛为产业，以人才协同作业为机制"的中高级互联网应用门户网站——赛才网。

---

[1] "80后"谱写的"赛才"神话——访"赛才网"创业团队. 福州大学报. 2009-09-05.

公司创始人王伟成 2008 年 6 月从福州大学毕业时，已是身经数战，在全国电子商务比赛和创业大赛中频频获奖的"老将"；团队成员之一的江华鹏，除了个人获得过七项国家专利外，还曾经组建团队获得第六届"挑战杯"中国大学生创业计划竞赛银奖。这个由福州大学、安徽工业大学和泉州师范学院的本科生以及厦门大学研究生组成的创业团队，正在用他们的青春、激情、智慧和胆识，谱写着一个他们心中的"赛才"神话。

赛才公司的地址现在在福州某学校。"我们与校方达成了协议，他们为我们提供场所与设备，我们为该校的学生提供实习的岗位。我们刚起步，在资金有限的情况下，这对我们而言大大降低了成本。"公司创始人王伟成说。

王伟成介绍，最近公司正在开发一套新的系统，一旦开发成型，用户享受到的将不仅仅是目前的这些赛事信息和赛友交流服务，还将涉及更深层次的竞赛服务。例如，针对知识竞赛，将开辟答题系统和评分系统；而对于时下热门的设计大赛，赛才网将提供作品展示区域，开设投票系统，专家评审系统等。尽管这一套系统的研发还需要较长的时间和不断完善的过程，但整个团队对此充满了信心。

同样毕业于福州大学的团队成员林梅扬毅然从一家高薪企业辞退，转而"投奔"刚刚起步的赛才网。在谈及这一"伟大的抉择"时，他表现出一个青年独到的思想和见地："本身这个项目很好，其中蕴涵的潜在价值值得我们为之拼搏和奋斗。传统的赛事，到颁奖就结束，并没有将参赛过程中参赛选手的创意、发明创造、工艺创新等转化为经济驱动力。而赛才网正在试图搭建一个融赛事人才、比赛创意与企业市场需求为一体的平台。"

资金不足，他们开源节流；人手不够，他们自己顶上。创业的道路上洒满他们艰辛的汗水，但他们始终没有放弃，而是用自己的行动，向梦想的灯塔慢慢靠近。

"有一天下午，办公室停电了，当时我们 6 个人手头上的事情都做到一半，5 分钟后我们决定，到附近的网吧去工作，我们穿着正装，夹杂在一堆玩游戏的人中间正襟危坐。这一天将会载入公司的成长册。"林梅扬在回想起这一次经历时笑称。

团队成员苗春则讲述了另一个故事："7 月底我们对论坛进行了一次改版，将所有的门类放置到一个页面方便讨论，这时需要向论坛上增加一千八百多项赛事，工作量比较大。网站在白天访问量较多的情况下又不便关闭，所以我们只能在晚上十点过后加班进行整改。我和梅扬两个人，他负责版面分类，我负责技术。我们两个人从第一天晚上十点一直做到第二天凌晨，我撑不住回去休息了，梅扬又坚持做到第二天晚上。"其实，对他们而言，这种晚上加班甚至通宵达旦已经是家常便饭。

一切因"赛"而生

2006 年，福州大学管理学院信息管理与信息系统专业 2004 级学生王伟成无意中发现了第三届"金融 e 家"全国大学生电子商务的竞赛通知，对电子商务充满兴趣的他，以一个非专业学生的身份报名参加了这场比赛。2007 年 4 月，他的作品顺利进入决赛并取得全国第四名的好成绩。捷报传来之时，他正代表学院参加"用友杯"全国沙盘比赛的集训。欣喜之余，当王伟成得知 5 月份还将有一场全国电子商务专业大赛时，勇于挑战自己的他又报了名。两个月后双喜临门，他同时进入了全国沙盘比赛和电子商务比赛的决赛，8 月份的北京将成为他逐梦圆梦的起点。

然而此时，两个在同一月份进行的决赛，迫使他必须在"鱼和熊掌"中做出选择，经过再三斟酌，王伟成大胆而坚定地选择了电子商务比赛。此时距离比赛只剩下一个月的时间，但他的创意计划书还没有雏形。开弓没有回头箭，做出这样的决定后，王伟成开始静下心来勾画自己的创意计划书。

他在心中开始了矛盾而激烈的思考：2006年的电子商务比赛，许多电子商务专业的学生都不知晓。而我，一个非该专业的学生，却在无意中参加，还出了成果。在我参加沙盘比赛的关键时期，又出现了一个电子商务比赛，让我不得不做出选择，怎么会有这么多赛事的开展？我们参加这些赛事又是为了什么？赛事的最终目的又是什么呢？

勤于思考中的王伟成渐渐在纸上涂画着答案"用比赛来选拔人才，学校培养人才，为企业公司提供人才服务……"，要是有一个专门的平台进行系统的宣传和介绍，岂不是能为参赛选手带来更大的便利？王伟成意识到这是市场上的一个空白领域。灵感一闪而过，但此时的王伟成紧紧将它擒住。笔尖点向"赛"和"才"这两个关键字眼，"赛才"？他喃喃自语，略微拗口的组合令他有些迟疑，他将"赛才"百度一下，发现这不是一个独立的词条，或者说，这是他生造的一个词语。这时，他提笔在纸上写了些什么，注视了一会儿，突然会意地笑了，一个绝妙的计划已经在他脑中铺展开。

www.saicai.net是王伟成最初注册的域名，促使他最后决定将"赛才网"作为创意项目名称的是"赛才"的拼音字母组合。"我当时发现'saicai'中的's'可以代表'school'，也就是学校，'c'可以代表'company'公司，然后两个'ai'又很对称，这样就可以解释成'学校爱人才，公司爱人才'，这其实也反映了赛事的目的和本质。"言语间透着睿智的王伟成在谈及"赛才网"名称的诞生时，还带着一种妙手偶得的喜悦。

只用了3天，一本涉及创意介绍、财务管理、市场分析等多方面要求的计划书便大功告成。与此同时，适应比赛需求的静态网站也逐步成型。赛事结果不久便揭晓，王伟成的"赛才网"项目获得了全国第五名的好成绩，同时还得到了有关专家评委的认可和建议。

俗话说：真金不怕火炼，有火方知是不是真金。随后，王伟成又带上"中国赛才网"项目参加了2007年度腾讯创新大赛，获得了创意铜奖。来自官方部门和企业的双重认可，令王伟成更加坚定了自己的想法。在第五届"挑战杯"福建省大学生创业计划竞赛中，王伟成带着"赛才网"项目，组建了一支12人的参赛队伍为之奋战。紧张的筹备阶段，激烈的竞争环境，精益求精的答辩……没有人知道，此时王伟成的心中对赛才网的未来，开始有了更实质性的期待。

那段时间，稳重而不失灵活的王伟成开始周密地为自己的梦想忙前忙后，很快，得到了校方院方的支持。学校在福州大学管理学院的办公楼里设了一间"创业实验室"供他们专用，还有学科老师为他们提供专业的指导。来自老师、领导的大力支持成为团队的助推力。随后，"赛才网"于2008年3月15日成功举办了一场全校性的"企业沙盘"对抗大赛，这也是他们的创业成果的"小试牛刀"。

2008年上半年，就在许多大四学生忙碌于投递简历、求职面试的时候，王伟成基本放弃了求职就业的想法。一开始，他和几个企业人合作开了一家旅游公司，但尽管如此，他依旧放不下他心中的"赛才"梦想。

2008年6月，第五届"挑战杯"福建省大学生创业计划竞赛结果出炉，王伟成的团队获得了金奖。

这不仅仅是一个荣誉，更是给了王伟成一个信号："赛才网"的构想历经一次又一次赛事检验，经过一次又一次专家和企业人的评审和建议，以及团队为其可行性所作的亲力亲为的实践，如今沉淀下来的是一个日渐成熟的模式。万事俱备只欠东风。

很快，在经过深思熟虑和缜密的安排策划之后，福建赛才信息科技公司于2009年2

月成立了。

新的起点，梦的远航

辛勤的付出换来的是更完善的系统，更周到的服务。赛才网在不断发展完善的过程中，吸引了许多志同道合的合作伙伴和朋友。

赛才网与阿里巴巴集团、中共黑龙江省委宣传部、国际企业管理挑战赛（GMC）中国组委会、全国MBA培养院校《企业竞争模拟》大赛组委会、全国大学生管理决策模拟大赛组委会等企业和部门，都建立了合作关系。

同时，一些热心的赛友在了解到他们的创业理念之后，自愿加入到他们的队伍中，与他们并肩作战。"目前我们吸引了20多位来自各地的大学生作为我们相关版块的版主，他们都是经过我们考核，在所负责版块方面有一定专长，各方面素质能力不错的人。"林梅扬介绍道，"我们在寻找和我们有着共同理想契合点的人，一起为赛才的明天努力。"

短短五个月的时间，赛才网不断刷新自己的世界排名，7月份网站最新PR值为5，排名18万。每天拥有2万～2.5万的浏览量。

就在赛才网上线一个月后，一个与实体店对应的网站海峡汽车城也上线运营，目前业绩增长迅速，已经形成一定的影响力。"当得知福州市出台公示要求在2009年年底前将福州市内所有的4S店、维修点、二手车交易市场集体搬迁到闽侯县青口镇，建设海峡汽车城时，我们立即注册域名——我们准备做实体汽车城的线上服务。"林梅扬说，"这是一个没有策划书就直接上马的方案，但我们坚信可以这样做，因为赢利模式清晰，又便于以短线养长线。"

林梅扬将赛才网目前的发展状况定义在"初级高速发展阶段"。站在新的起点上，六位志同道合的年轻人团结合作，面对困难他们同甘共苦。在"赛马不相马，敢为天下先"这一响亮的公司司训下，他们坚信，未来属于有准备的年轻人。

第一节 模拟论证创业计划

一、参加创业大赛

1. 参加创业大赛的意义

大学生创业计划竞赛不是普通意义上的大学生的专业比赛。创业计划不是单纯的、个人的、集中在某一个专业的学生竞赛,而是以实际技术为背景,跨学科的优势互补的团队之间的综合较量。竞赛的意义也不局限于大学校园,从某种程度而言,创业计划竞赛是高等院校与现实社会和大学生与企业之间的互动与沟通。

参加创业计划大赛,创业者将有以下收益。

(1) 系统学习创业知识

参赛者在创作创业计划的过程中,一般可以通过大赛提供的系统培训,以及学习、交流,全面地接受创业者所应具备的知识和技能训练。

参赛者通过参加竞赛,可以获得对产品或服务从构想变为现实的全局把握。在完成商业计划的过程中,培养沟通能力、说服能力、组织能力。在接受挑战的过程中,增强创业的勇气、信心和能力。参加创业大赛的经历本身也是一种财富。

(2) 磨炼创业团队

参赛者通过比赛,可以结识未来创业的合作伙伴,参赛小组的成员将最有可能在将来形成创业合作关系,开创成功事业。在此过程中,创业团队可以得到磨合,磨炼团队创业能力,形成创业凝聚力。

参赛者将有机会加入一个充满智慧和活力的小组,与小组伙伴携起手来,接受挑战。参赛者将体验到前进中相互激励的力量,和交流中灵感火花的跳跃,以及成功时分享的喜悦。在这一过程中,参赛者会感受团队精神的力量,培养创业精神。

(3) 积累商业资源网络

参赛者通过比赛,可以结识风险投资家。国内风险投资家对创业大赛有浓厚的兴趣,将对具有实际运作价值的作品,进行投资可行性分析。参赛者可以向风险投资家充分展现自己的产品或服务的巨大市场前景,为进一步创业赢得资金。参赛者还将结识商界和法律界人士,为将来创业建立良好的商业关系网络。同时,很多新闻单位对全国大赛比较关注,可以借助媒体向社会推荐自己和产品整体形象,为未来创业建立良好媒体资源。

(4) 验证完善创业计划

参加创业比赛的过程,就是设计、论证、实施、优化、完善创业项目的实施方案的系统过程。参赛过程中,有创业团队的精心参与,有指导老师的专业指导,有大赛评委的精彩点评,有各参赛团队和参赛项目的交流,这些都是其他形式所不具备的创业论证优势。

2. 创业答辩

创业答辩是创业方案被创业大赛的评审或是潜在投资者们审核时的一个常规性的步骤。创业者在创业答辩时的表现体现了创业者的素质以及创业项目的成熟程度,直接决定了这个创业项目是否能够得到重要的支持与帮助。

创业答辩的一般流程包括:创业团队向评审呈交创业计划书,创业项目陈述(创业理由、具体方案设计等),回答评委提问,听取评委点评等。

创业大赛的制胜诀窍

美国麻省理工学院斯隆管理学院在创业方案大赛中积累的取胜诀窍如下。

1. 组建一个包括技术人才和管理人才在内的具有综合性技能的团队;组建起来的团队成员每人都能力十足,堪称创业家,同时又能灵活、协调、有效地工作,这是历届胜出团队的经验总结。

2. 开发出一种赢利模式,而不仅仅是一项发明。"仅仅说明你的产品或服务的性质还不够,还要清楚地阐明谁、为什么、在哪里、什么时候、如何等这些关键问题。技术方面的东西不论如何具体,都不能取代清楚明确的市场营销方案",这是往届胜者的经验之谈。仅仅是技术发明,而不构成一种赢利模式的创业方案不是一个好的方案。

3. 从各方面人士那里获取忠告,不论他们是同学、教师,还是竞争对手或家庭成员。

4. 分析顾客:他们在寻找什么?

5. 分析竞争对手:你有什么他们不及的长处?

6. 展示你有能力获得一种持续的、有竞争力的优势,例如你能够设立市场进入障碍,或是拥有自主知识产权,使得对手们无法夺取你的市场。千万记住告诉评审专家们,哪些人是你的顾客,他们如何能够从你的产品或服务中得到好处。

7. 写作的文字要直接、中肯。创业设计方案是需要呈交给创业大赛、创业园的评审专家,或是呈交给投资人的,而这些读者都会认真阅读你所提交的文字。要花费足够的时间和精力来撰写你的创业方案提要和创业方案全文,要竭尽全力,要严肃认真地对待。

8. 制订创业方案和安排时间时一定要实事求是、有根有据,注意避免好高骛远、不着边际。

9. 不要刻意在技术方面、质量方面和价格方面展开竞争。

10. 创业大赛的评审专家们,或者潜在的投资者们,能够吸引他们的是你如何分析出一大片市场空间,他们喜欢的是潜力巨大、增长快速的业务。如果你正在学到的是如何创造一项业务,那你就已获胜了。

(资料来源:http://edu.163.com/edu2004/editor_2004/job/040910/040910_155062.html)

二、商业经营模拟

对于大学生创业来说,仅仅从教科书或是传统的课堂上学习一些经营管理的相关理论是远远不够用的。通过模拟经营,或虚拟经营的方式,演练创业项目和实施方案,是保障创业成功的重要途径。

1. 通过软件模拟经营

企业运营模拟实战训练系统是一种全新的实验实训课程，系统运用计算机软件与网络技术，结合系统严密和精心设计的商业模拟管理模型及企业决策博弈理论，全面模拟真实企业的商业运营环境，学生在虚拟商业社会中完成企业运营中的各项管理决策。

创业者通过在模拟商业环境中对虚拟企业的运营管理，亲自参与企业运营管理的团队分工、战略规划、市场研究、生产计划、研发投入、销售管理、市场拓展、报表分析等决策，掌握在真实企业运营中会遇到的各种决策情况，并对出现的问题和运营结果进行有效的分析与评估，从而对企业管理中的各种知识技能有更深切的体会与感受，有效地将所学知识转化为实际动手的能力，提升实际分析问题与解决问题的能力，全面提升创业能力的素质。

真实的企业经营中，不允许创业者总是不断的尝试，去犯各种各样的错误，有些决策失误甚至会导致创业失败。通过经营模拟软件，可以帮助创业者在模拟运营中体验创业的运营管理，不冒实际风险，完成企业运营管理中的分析决策，包括：制定企业战略、分析市场信息、制订研发计划、产品特性设计、营销渠道建设、生产制造管理、竞争对手分析、产品定价策略、市场营销推广、全面预算管理、经营绩效分析等。在失败中吸取教训，在成功中领悟真谛，从而真正提升创办企业的实际能力。

2. 组建商务模拟公司

要学习真正的经营之道，仅仅停留在书本层面或是通过软件模拟仍是"纸上得来终觉浅"。组建"商务模拟公司"是一个不错的做法。

"商务模拟公司"的实施方法可参考以下步骤。

（1）行业选择

在老师的指导下，学生思考、讨论，在众多纷杂的行业中，寻找适合自己的创业机会，从而为"开公司挣钱"创造好的开端。这一过程可由全体学生参与，设计和展示自己的想法和梦想，让学生一开始就达到一个仿真的环境和状态。

（2）成本核算

选择行业之后，学生自行组建团队，并完成拟设公司的成本核算过程。这一阶段的实训，要求学生上网查询、市场调查，最后提交创业所需的资金，包括设备、原材料、人工、注册费用等相关费用清单，以规范和约束学生的盲目行动，这些均是在实习单位无法学到的东西，同时也是创业必须熟悉的环节。因为创业者必须知道项目有风险，投资需谨慎。

（3）创建公司

在前两步骤中，学生基本上能找到自己的专长。在召开第一次股东大会后，选出董事会、监事会的所有会员，并由董事会组建公司的管理机构：采购部、生产部、财务部、营销部、人事部等，竞争（聘）上岗，合理分工。之后完成公司名称、标识的设计、公司文化的宣传、创业计划书的编写、公司章程的拟定、公司组织机构示意图、公司管理制度的制定。同时，按照有限责任公司注册的整体流程，完成公司登记的整个过程。

该过程由学生扮演工商、税务、银行、会计事务所等角色，全面模拟公司工商注册的过程，一方面可以使学生对经济法和管理学原理有了更深刻的体会，另一方面又使学生熟悉职业岗位所需的各方面理论、知识及法律法规和政策，极大地引发了学生学习的主动性和积极性，从而实现了从感性到理性的提升。

(4) 公司运营

在公司成立的基础上,学生进行模拟公司经营,主要考查学生公关礼仪、商业谈判、签订合同、布置展区、财务管理、仲裁诉讼等方面的能力。其主要内容包括以下几项。

① 采购原材料:根据营销计划采购商品入库;存货管理;谈判、签订合同;寄发订单。

② 组织生产:根据生产计划组织产品的生产工作;废旧物资的利用,节约成本,增加收入。

③ 开展营销:涉及产品定价、广告设计、展销会的布展、上门推销等模块。

④ 销售具体商品、签订和提供服务、解决客户异议、处理客户投诉等。

⑤ 财务核算:为保证商流、物流、资金流的合理清晰,学生进行大量的票据传递和财务管理,做到每日的进销存日报表与现金日记账均做到核对无误。

⑥ 税务申报:税务申报也是保障公司正常运转必不可少的一部分,模拟公司的职员进行增值税、营业税、企业所得税等申报,另一些学生模拟税务局工作人员。

此过程尽量保持和安排行业的统一性和一致性,以求买方和卖方的相互性和竞争性,并适时由校方承担最终消费者和最初供应商的角色。

(5) 业绩总结

为了激发学生的创业动力,公平公正地评价每一位实习学生,主要采取以下几种评价方式。

① 经营业绩评比:各个"模拟公司"运营周期结束后,提交公司的资产负债表、损益表及现金流量表,评比出经营业绩最佳和综合实力最佳的公司。

② 岗位技能评比:对参加实习的学生进行岗位技能评比,如评出优秀经理人、优秀策划人、优秀财务总监、优秀营销总监等。

③ 创业计划书方案评比:对所有公司创业时的创业计划书和经营过程中的中标方案进行评比,评出优秀的创业计划书和投标方案。

沙盘实战模拟完全不同于传统的灌输式被动学习。它是通过引领学员进入一个高度竞争的模拟行业,由学员分组成立的若干"企业",在严酷的市场环境下,进行若干年度的模拟经营活动,学员在主导各自"企业"的系统经营管理活动中完成体验式学习。根据培训主题的不同,系列课程的设置不同,侧重的管理活动不同,学习内容不同。在每一年度模拟经营结束之后,学员都要通过认真反思与讨论,暴露自身误区,总结经营成败,体验管理得失。最后经过培训师高屋建瓴的点评解析进一步领悟科学管理规律,提高经营管理能力。

(资料来源: http://www.hj009.com/shop/shop_bulletin.aspx? newsID=439383 有删改)

第二节 申请孵化创业项目

一、了解孵化机构

1. 了解孵化器

高新技术创业服务中心,简称创业中心,国际上一般称之为"企业孵化器"(Business Incubator 或 Innovation Center),是一种新型的社会经济组织。孵化器,英文为 incubator,本义指人工孵化禽蛋的专门设备,后来引入经济领域,指一个集中的空间,能够在企业创办初期举步维艰时,提供资金、管理等多种便利,旨在对高新技术成果、科技型企业和创业型企业进行孵化,以推动合作和交流,使企业做大。联合国开发计划署在题为《企业孵化器在发展中国家的初步评价》的一文中将孵化器诠释为"孵化器是一种受控制的工业环境,这种环境是专为培育新生企业而设计的。在这个环境中试图创造一些条件来训练、支持和发展一些成功的小企业家和成功的企业。"一个成功的孵化器离不开五大要素:共享空间、服务体系、孵化企业、孵化器管理人员、扶持企业的优惠政策。

企业孵化器在 20 世纪 50 年代发源于美国,是伴随着新技术产业革命的兴起而发展起来的。企业孵化器在推动高新技术产业的发展,孵化和培育中小科技型企业,以及振兴区域经济,培养新的经济增长点等方面发挥了巨大作用,引起了世界各国政府的高度重视,企业孵化器也因此在全世界范围内得到了较快的发展。

在我国,企业孵化器大多都是由政府主办,企业孵化器主要提供一些场地、设施,技术咨询和市场连接上的服务,大部分在高新技术园区里。另外,还有一些在高新区外的,主要分布在一些大中城市。

企业孵化器是一种资源能力的集合,这种能力的集合,第一类应该包括所有看得见、摸得着的,如房子、设备等有利于企业成长的资源;第二类就是看不见的软件服务,包括如何进行工商注册,如何进行管理,如何提高企业的核心竞争能力等;第三类是资源提供。资源提供包括提供市场资源、技术资源、政府资源。

2. 企业孵化器在创业过程中的作用

(1) 节省时间

一个小企业要想获得必要的硬环境条件,必须要有相当的投资,而且要筹备很长时间。而企业孵化器把这一切都准备好了。一般一个小企业从入驻企业孵化器到开始正常运转,只需 10 天左右的时间。

(2) 少走弯路

对于一个小企业,在组建以及运营之初,面临相当多的问题,常常需要做出抉择。如起草公司章程、确定产权关系和企业性质、决定人员组合、合理利用资金、进行市场开拓等。富有经验的企业孵化器管理人员及有关专家的咨询服务,可以及时帮助企业家做出正确的选择。

(3) 创业者集聚效应

企业孵化器努力创造条件,使同时被孵化的创业者们可以很方便地进行交流,分享经验和信息,互相鼓励,甚至结成业务合作伙伴。

(4) 加速发展,提高了创业的成功率

良好的创业环境和优质的创业服务,使一大批中小科技企业在企业孵化器中快速成长。

二、申请加入创业孵化园

大学生通过加入高校创业孵化园,可以以最低的成本实践创业计划,积累创业经验,摸索商业模式。在孵化机构,新创企业可以充分利用孵化机构提供的各种便利、优惠的条件和创业资源,实现赢利的可能性大大提高。

1. 一般申请流程

目前,创业孵化园的入园流程一般都比较完善,基本按照"递交创业项目策划书——创业项目可行性评估答辩——重新修改项目策划——获得入园通知书——签署入园协议书及承诺书——领取创业点钥匙——开业申请,注册登记——开业"这一流程进行。

2. 注意申请条件

进入孵化机构都是有条件的,需要符合其管理规定。由于孵化机构的主管单位、运作模式、特色定位和服务模式都有所不同,具体审核条件也千差万别,所以申请前,最好到孵化机构咨询清楚,先判断是否符合基本条件,然后有针对性地准备材料,以免做无用功。

申请加入北京中关村国际孵化器的基本条件

1. 凡获得国外大学以上(含大学)学历的公派、自费出国留学人员,或在国内已经取得中级以上(含中级)专业技术职称,到国外高等院校、科研机构进修一年以上,取得一定成果,并于1990年以后回国的访问学者或进修人员,包括获得国外永久居住权、留学国再入境资格的人员,均可申请进驻孵化园区;

2. 申请人应拥有技术项目、专业从业人员、创办企业所必需的注册和营运资金;

3. 申请入园的留学人员应是企业创办者或技术牵头人,其技术在国内或国际具有领先水平;

4. 申请入孵的技术项目应属国家规定的高新技术领域;

5. 申请入孵的项目应产权(含知识产权)明晰;

6. 申请入孵的项目符合北京市产业规划、耗能低、无环境污染;

7. 申请人每年在园区内工作的时间不低于60个工作日。

(资料来源:http://www.incubase.net/)

【实践活动】

1. 寻找一个感兴趣的项目,设计完备的创业方案,并征求指导老师的意见。
2. 了解全国和本省市创业计划竞赛的主要项目及其参赛流程。

3. 试用某种创业模拟软件,体验经营企业的过程。

【拓展资源】

1. 刘道玉. 大学生自我设计与创业(第三版)[M]. 武汉:武汉大学出版社,2009.
2. 周航. 大学生就业与创业[M]. 重庆:西南师范大学出版社,2008.
3. 陈龙春. 大学生创业实践[M]. 杭州:浙江大学出版社,2008.
4. 陈敏. 大学生创业设计[M]. 上海:上海中医药大学出版社,2007.

【思考题】

1. 创业答辩时应该在哪些问题上多下工夫?
2. 创业和企业经营模拟主要有几种方法?

第八章
拓展创业素养

本章导读

创业，机会很重要，但机会往往青睐有准备的人，如果没有做好准备，当机会突然降临时，是很难把握住的。因为把机会转变成财富，需要一定的素养，而素养不是短时间能得到的！

创业是艰难的，在创业的过程中难免会遇到这样或那样的苦恼、挫折、压力，甚至失败，这就要求创业者必须具备承受挫折、迎接挑战的创业精神。对创业者来说，必须树立这样一个理念：你一定会赢。困难、挫折乃至失败，都是暂时的，关键是如何吸取教训继续前进。创业难，守业更难，即使成功创业之后，还要苦心经营，更需要良好的创业素养。总之，只有具有百折不挠的创业精神，才能到达胜利的彼岸。

通过本章，你可以了解和掌握以下内容：
➤ 了解创业精神的内涵；
➤ 使大学生创业者反思创业动机，端正创业态度；
➤ 树立正确的创业价值观；
➤ 掌握创业素养提升的方法。

创业先锋故事
喜欢自我挑战的创业者①

林妙妙

性别：女　　**籍贯**：福建龙岩　　**毕业院校**：华侨大学（经管学院财会专业2003届）

创业档案：

2003年2月，通过自己的努力，她在大四下学期的实习阶段拿下广州一家保健品公司的泉州总代理权，从此走上了自主创业之路。

2003年10月，她将店转让给他人，开展企业培训方面的业务。

创业经历：

大学生自主创业的少，自主创业成功的更是少之又少。华侨大学2003届毕业生林妙妙是泉州7名自主创业的大学生之一。

1999年刚进华侨大学经管学院学习财会专业时，林妙妙是一个比较内向的女孩子，不怎么喜欢说话，一心只放在专业课程的学习上。后来，也算是一次偶然的机会，改变了她的性格，也决定了她现在所选择的路。

大三那一年，林妙妙在一次讲座中，听了一堂有关市场营销的专题讲座，当时深深地被老师所讲的内容迷住了，并从此开始了解市场营销。

她原以为市场营销只是简单的买卖，听完那堂课后，她觉得市场营销需要很多沟通的技巧，是一个人综合能力的体现。这些是她自己的专业学不到的，也是以往她自己性格中缺少的因子。

从此后，林妙妙似乎变了一个人，个性开始变得外向与张扬，渴望与人沟通。她开始有意识地利用节假日做一些营销实践活动，比如推销手机、电视等，每每有所收获，心里就有很强烈的成就感，当时她就有自主创业的念头。有了这种念头后，林妙妙一直在寻找机会。

2003年2月，通过自己的努力，她终于在大四下学期实习阶段拿下广州一家保健品公司的泉州总代理权，从此走上了自主创业之路。

创业伊始，林妙妙也面临着每个大学生自主创业时资金缺乏的问题。她向亲戚朋友借了六七万元，在泉州市区租了一个店面做起了小老板。

但理想与现实总有差距，社会上的人际关系比较复杂，不像同学间的关系那样单纯，彼此的信赖感很强。林妙妙说："走向社会，跟人家接触，别人一看到你是个小女孩，对

---

① 千余学子签名承诺自主创业. 泉州晚报. 2004-06-09.

你的态度就不一定认可。在交流的时候，人家可能会跟你聊得很开心，但在开展业务时并不一定能达成。刚开始两个月，业务量非常小，所得的利润连店租都付不起。"

林妙妙坦言，当时她的压力挺大的。

沉下心来思考后，林妙妙深深地感到这是一个人脉经济与知识经济并举的年代，知识她在学校是积累了一些，但人脉方面就缺了很多。由于她老家是在龙岩而不是在泉州，所以开展业务时人脉就比较弱。泉州人有一种精神叫"爱拼才会赢"，她总觉得在这个地方也要"入乡随俗"努力去拼搏，为了开展业务，她尝试着努力去创造自己的"人脉"。

特别是后来，自己代理的公司老总来泉州时跟她说的一句话，让她终生难忘。他说：大学生刚毕业时的心态是一个多边形，经过磨炼变成四边形，再经过磨炼慢慢地变成三角形，最后变成圆形，磨炼多了心绪才会稳定，这样子才能自我约束。经过这些波折后，林妙妙成熟了不少。

到2003年10月，她觉得她那家店已经阻碍了个人发展，应该把眼光投向更广阔的天地。经过一番深思熟虑后，她毅然将店转让给他人，随后到国内一些大城市考察，探寻新一轮的创业方向。这时的她，仅仅经过几个月的历练，已经挣到了自主创业的"第一桶金"，不仅还掉了创业时借的几万元钱，还剩下近十万元存款。

调查中，她发现在泉州这样一个民营企业多、老板员工素质普遍偏低的大背景下，开展企业培训方面的业务很有市场前景，而员工作为工厂的主体，其素质提高了才能带动工厂整体水平的提升。目前，林妙妙正在紧锣密鼓地筹备着这份新的创业。

林妙妙说，尽管新一轮的创业之路还在"摸着石头过河"，但是她坚信自己的判断不会错。迎接挑战，才能不断成长，她的目标是，有朝一日，真正成为社会大学的大学生。

第一节 创业精神

一、创业精神

创业精神是创业者自身所具备的能帮助其完成创业过程取得创业成功的精神品质，它能够使创业者在艰苦的创业环境中仍然保持积极的创业心态。

创业精神是大学生创业素质的精神支撑，创业精神是创业素质的重要组成部分。只有具备良好的创业精神，才能保证创业过程的顺利进行。

美国安利公司董事会主席史提夫·温安洛先生曾讲过两个故事，阐述了他对创业精神的理解。

创业需要团结和分享

故事发生在格陵兰。"在零下 40 摄氏度的气温里，总有一群群的狩猎者去捕猎海象，让人吃惊的是猎人之间的关系，他们会在一间小木屋里扎营，把海象肉分给伙伴和猎狗并带回家中，但每一次他们都会留下一些肉，给下一次进驻的猎人。"

"懂得分享，在乎集体的成功，而绝不是独自拥有。"温安洛道出创业精神的精髓：只有分享成果，彼此扶持，团结在一起，才可以发挥最大的力量。

创业要勇于冒险

温安洛 12 岁那年，父亲带着他们一家 6 人到美国西部寻找机会，"当时坐的车是一部有 10 吨重、铁皮打造的小巴。"

在前进的路上，一座摇摇欲坠的桥横跨陡峭的峡谷。"父亲是工程师，我们很信任他，但那个桥破旧得似乎能被一只停在上面的苍蝇压垮。"父亲停下车，查看了一下地形，他将车倒退了 100 米，然后加足马力，全力以赴地飞跃了那座破桥，"我当时坐在父亲旁边，今天我能站在这里，就是告诉大家我是达标的。"温安洛风趣而自信地说。"创业是要冒风险的，当然前提是盘算清楚，一旦决定，就要加快速度，勇往直前。"

（引自《长江商报》2007.12.10. 有删减）

二、大学生应具备的创业精神

1. 坚定的创业信念

首先，要有创业成功的自信。人相信有什么结果，就可能有什么作为。一个人如果连自己都不相信能创业成功，他是不可能去争取和追求的。其次，要有创业的责任感。现代大学生应担当创业重任，上为国家做贡献，下为自己谋出路。最后，要有逆境中创业永不言败的创业精神。虽然身处逆境，却能拼力抗争，不断追求，这样，才能造就壮丽的创业人生。

2. 积极的创业心态

积极的创业心态能发现潜能、激发潜能、拓展潜能和实现潜能，进而帮助他获得事业上的成就和巨大的财富。积极的创业心态应包括：一是拥有巨大的创业热情，二是要清除内心障碍，三是要努力克服困难、创造条件，变不可能为可能。

3. 顽强的创业意志

创业意志指创业者能百折不挠地把创业行动坚持到底，以达到目的的心理品质。创业意志包括：一是创业目的明确，二是决断果敢，三是具有恒心和毅力。

4. 鲜明的创业个性

大凡创业成功者，一般都有鲜明独特的个性品质。一是敢冒风险。创业的价值就在于创造出自己独特的东西，要敢于冒风险，敢于走前人和别人没有走过的路。二是痴迷。对目标如痴如醉，全身心融进创业行动之中。三是独立自主。独立自主地解决困难和问题，不受各种外来因素的干扰。

三、培养创业精神

创业精神的培养不可能在一朝一夕之间完成，需要大学生在日常的生活学习中有意识地培养，潜移默化地铸就。

1. 克服依赖思想

一方面，受传统文化的约束，重权威轻变革、求顺从缺主动、多依赖少独立的行为模式普遍存在。另一方面，在传统教育模式的束缚下，学生被封闭在有限的空间环境，很少接触社会，像温室中的花草，适应性差，一遇到问题就倾向于求助外力。这些原因导致大学生的依赖思想严重，只有克服这种思想，才能走向自立，进而培养创业精神。

2. 克服娇气

娇气有两个来源：一是家庭的娇宠，二是市场经济的负面影响。伴随着市场经济的发展，"一切向钱看"的观念、浮躁虚华和片面追求高消费的风气都对青年学生产生了不同程度的影响。大学生应该在日常生活中有意识地克服这种不良生活习气，做自己力所能及的事，并尝试一些挑战和创造，只有这样才能树立创业精神。

3. 克服故步自封心理

创新是创业的精髓，也是创业精神的重要内涵，只有克服故步自封的消极心理，才能开启创新的脚步，进而才可能培养创业精神。很多人有创业的需要，但却迟迟不肯迈开创业的步伐，究其原因，故步自封的心理影响不可忽视。

4. 善于学习成功经验

成功的创业者多是有独立人格、有独立思想、有独立思考能力、有胆有识的人。他们立足现实又不满足于现实，敢于根据现实情况挑战自我、实施创新。就是这种求新求变的思维，促使他们在创业道路上取得成功，因此大学生应该对成功者的创业经验多加学习。

 **你是不是一个拥有创业精神的创业者**

第一个吃螃蟹的人不一定是一位极具创业潜质的人,但是他一定是一位很有创业精神、敢于挑战的人。

现代商人最大的特点就是有梦想、有胆量、有毅力,对机会的把握十分准确,并且永远领先于时代。而作为一个新时代的大学生,你具有创业精神吗?

假如你忽然有了一个奇特的想法,这个时候你能不能斩钉截铁地以最快速度作出应急对策?假如现在有一个非常好的项目在等待开发,但是因为市场上从来没有人做过这样的项目,这个时候你还有把握继续勇敢的试水这个项目吗?假如在创业的过程中,不断地遇到挫折、打击,你还能够持之以恒、坚持到底吗?

让我们通过一个小测试来衡量一下你是不是一个拥有创业精神的创业者。

以下测试题目,如果符合你的实际情况请打"√",不符合请打"×"。

1. 感情用事这个词不适合我。( )
2. 只要一点点小事就能使得我情绪激昂。( )
3. 已经规划好的事情,我不会因为情绪问题而改变或耽搁。( )
4. 一本我感兴趣的小说我会用一晚上的时间看完。( )
5. 我很少有因为生气而摔东西的行为发生。( )
6. 我曾经有按计划把几本书读完,结果一本都没读完的情况。( )
7. 我很少向别人抱怨我目前的遭遇和困境。( )
8. 我很在意别人对我的看法,即使我知道自己做的是对的。( )
9. 即使与我讨厌的人共事合作,我都会识时务地忍住我内心的不愉快。( )
10. 失败对我来说十分难以接受。( )
11. 我喜欢做些如栽花、养鱼、垂钓之类能修身养性、陶冶性情的事情。( )
12. 我经常否定自己的想法。( )
13. 我能长时间做一件枯燥,但十分重要的事。( )
14. 别人经常对我说"打起精神来"这句话。( )
15. 对于认定的事情,我不会动摇,直到成功为止。( )

计分方法:

以上奇数题目打"√"的计1分,打"×"的计0分;偶数题目打"√"的计0分,打"×"的计1分。

如果你得分在10分以上,你有一定的创业精神,那么开始想想你的项目吧。

如果你得分少于10分,可能你尚未做好创业的心理准备,创业精神一般。

(资料来源:http://service.caixun.com/book/read/000006ef/000006et/index5.shtm)

第二节 提升创业素质

风险投资界有句名言:"风险投资成功的第一要素是人,第二要素是人,第三要素还是人。"此话足以证明风险投资家对创业者个人素质的关注程度。在他们看来，创业项目、商业计划、企业模式等都可适时而变，唯有创业者品质难以在短时间内改变。创业者品质决定着企业的市场声誉和发展空间。

一、创业素质概述

创业是一项巨大而复杂的工程，在这个工程中，创业者作为其中最关键、最具能动性的因素，其能力和素质直接关系着创业活动的成败。自主创业是一项非常具有挑战性的社会活动，是对创业者自身智慧、能力、气魄、胆识等的一种全方位考验，它对创业者的个人素质和能力有特定要求。

我们根据对素质的分类习惯，将创业者应具备的素质划分为身体素质、心理素质、知识素质和能力素质。

1. 创业者的身体素质

所谓身体素质，是指身体健康、体力充沛、精力旺盛、思路敏捷。现代小企业的创业和经营是艰苦而复杂的，创业者工作繁忙、压力大，如果没有良好的身体素质，必然力不从心，难以承受创业重任。考察所有成功的创业者，在创业的道路上无不充满艰辛，付出了常人难以想象的劳动和汗水，超负荷的工作背后，必须有一个健康的身体作为支撑。对于一个创业者来说，一个健康的身体，是取得创业成功的必要基础，只有拥有健康的身体，才能承受巨大的工作压力，保持持久的创业激情，做出斐然的工作成绩，并到达创业成功的顶峰。

2. 创业者的心理素质

创业的路上，充满了荆棘与艰险，困难和挫折在所难免。作为一名创业者，每天的情绪可能会大起大落，成功的欣喜与失败的辛酸都会一一品尝。无论成功与失败，都要自己去面对。因此，要有充分的心理准备，包括吃苦的心理准备和失败的心理准备。创业心理品质是指在创业实践过程中对人的心理和行为起调节作用的个性特征。它与一个人的气质、性格有密切的关系。随着人类科学化、知识化、技术化的程度越来越高，对人的心理品质要求也越来越高。就创业者个人而言，创业的成功很大程度上取决于自身的心理品质。良好的心理品质除了先天的条件外，主要靠后天培养、锻炼和发展。

有关研究显示，对创业活动具有显著影响的心理品质有六种：独立性、合作性、敢为性、克制性、坚韧性和适应性。这六种心理品质与创业成功具有较大的相关性。

3. 创业者的知识素质

知识经济时代的创业者需要复合型的知识结构。作为新创企业的管理者，创业者既要懂得管理学的知识，又要了解相应行业的科学技术知识；既要懂市场又要懂法律，还要了解财务、人文等知识。因而创业者必须博览群书，知识广博，能够吸收和借鉴一些理论和模式，在多种知识综合上找到新的创业点，在多种机会的把握上获得优势。创业者还应该是专才，对相关领域的专业知识有深刻的了解和领悟。具体来说，创业者应该具有以下几方面的知识。

（1）国家关于创业的政策、法律方面的知识

创业活动总是处在宏观的社会背景之下，政府对于创业的态度、政策及法律直接影响创

业者的创业环境。当前，为鼓励大学生创业，政府出台了一系列优惠政策，颁布和完善了相关的法律法规，为大学生创造了一个良好的创业环境。此外，《公司法》、《合伙企业法》、《中华人民共和国个人独资企业法》等相关法律的出台也为大学生创业提供了法律保障。大学生在创业准备期，一定要熟悉相关政策、法律的内容，从而为自己的创业提供方便。

(2) 创业所在领域的专业知识

创业要选择自己擅长的行业，因为在这个行业，创业者往往具有丰富的专业知识。创业者一旦进入一个行业，就必须尽可能多地掌握这个行业的专业知识。只有对本行业的供需状况、市场前景以及从事本行业的专业知识和技能了然于胸，才能避免盲目性和投机性，争取最大的成功概率。

(3) 相关的商业知识

创业在某种程度上也是一种商业活动，所以创业过程中对相关商业知识的储备也必不可少，包括以下几个方面。

① 管理知识。一个初创的企业要想早日走上正轨并做大做强，或早或晚都要过"组织架构设计"这道关。组织架构设计中最根本的问题就是决策权限的分配，简单地说，就是首先要解决"谁说了算"的问题，更准确地说法是解决"什么事情谁说了算"的问题。只是简单地规定"谁听谁的"无法应付日益复杂的经营管理问题，没有一个有效的决策权限分配系统，上级不能有效地管理下级，这类企业在规模尚小时问题还不大，达到一定规模后效率则变得极其低下，甚至会危及企业的生存。

根据管理学原理，组织架构设计主要包括3个关键方面：决策机制、激励机制、评估机制。三者相互联系，互为依存。决策机制需要有相应的激励机制和评估制加以配合，以有效鼓励拥有决策权的人做出有利于企业的决策，有利于监督和评估决策质量和决策效果；反过来，有了员工激励机制，也要给他们相应的参与决策、参与管理和监督的权利，以便员工按权限采取行动，并有相应的业绩评估体系来为自己的行动作参考。决策权限分配、员工激励机制和业绩评估体系三者相互协调，是理想的组织架构设计，是初创企业在设计组织架构时值得参考的重要原则。

② 开业知识。例如，有关私营及合伙企业、有限公司的法律法规，怎样进行验资，怎样申请开业登记，哪些行业不允许私营，哪些行业的经营须办理有关行业管理手续，怎样办理税务登记，纳税申报有哪些规定和程序，如何领购和使用发票，银行开户程序和有关结算规定，成为一般纳税人有哪些条件，如何纳税，怎样获得税收减征免征待遇，怎样进行账务票证管理，国家对偷漏税等违法行为有哪些制裁措施，增值税率及其计征方法，工商管理部门怎样进行经济检查，行业管理部门如何进行行业管理和检查等方面的知识。

③ 营销知识。例如，市场预测与调查，消费者消费心理、特点和特征，定价策略，产品促销策略，销售渠道和方式，营销管理等方面的知识。

④ 资金及财务知识。例如，货币金融知识，信用及资金筹措知识，资金核算及记账知识，证券、信托及投资知识，财务会计基本知识，外汇知识等方面的知识。

⑤ 社会知识及其他知识。创业是一种社会性的活动，与整个社会有着千丝万缕的关系。创业者同时也是一个社会人，需要在社会上同各种人交往，获取资源，求得发展。对创业者而言，无论是融资、销售、还是宣传、合作，都离不开整个社会，甚至很多时候，创业者自身拥有的社会资源和人际关系，对创业活动形成关键性的影响，所以创业者还应具备公共关系、人际交往等社会知识。

4. 创业者的能力素质

创业者的能力素质是决定创业前途的重要环节。创业者的能力素质是一个较为笼统的概念，涉及的内容和范围较广。在此，我们将创业者能力概括为五种能力，即专业能力、方法能力、社会能力、经营管理能力、综合性能力。

（1）专业能力

专业能力是指企业中与经营方向密切相关的主要岗位或岗位群所要求的专业技术能力。创业者在创办自己的第一个企业时，一般应该从自己熟悉的行业中选择项目。当然也可借助他人，特别是雇员的知识技能进行创业，但如果能从自己熟悉的领域入手，就能避免许多"外行领导内行"的尴尬局面，大大提高创业的成功率。

（2）方法能力

方法能力是指创业者在创业的过程中所需要的工作方法。创业者应具备的方法能力主要体现在9个方面：信息的搜索和处理能力，捕捉市场机遇能力，分析决策能力，联想、迁移和创造能力，申办企业能力，确定企业布局能力，发现和使用人才能力，理财能力，控制和调节能力。

（3）社会能力

社会能力是指创业过程中所需要的行为能力，是创业成功的主要保证，是创业的核心能力。创业者应具备的社会能力主要体现在六个方面：人际交往能力、谈判能力、企业形象策划能力、合作能力、自我约束能力、适应变化和承受挫折能力。

（4）经营管理能力

在创业能力中，经营管理能力是一种较高层次的能力。它从以下几个方面直接影响创业实践活动。

① 经营管理能力涉及创业实践活动的每一个环节：规划、决策、实施、管理、评估、反馈，影响到创业实践活动的全部过程。有人认为经营管理就是控制和调节的艺术。

② 经营管理能力涉及创业实践活动中人的选择、使用、组合和优化，涉及群体控制的各个方面：群体目标、群体内聚力、群体规范和价值等。有人说经营管理就是人才的发现和使用的艺术。

③ 经营管理能力涉及创业实践活动中资金的分配、使用、流动、培植等环节的过程，从而影响实践活动的规模和效益。有人说经营管理就是资金的运筹艺术。因此，经营管理能力是创业能力中的运筹性能力，直接提供效率和效益。

（5）综合性能力

在创业能力中，综合性能力是一种高层次的能力，具有很强的综合性特征。首先，它是由多种特殊能力与经营管理能力综合而成的。这里特殊能力主要有：发现机会、把握机会、利用机会和创造机会的能力；搜集信息、处理加工信息、运用信息的能力；适应变化、利用变化、驾驭变化的能力；公关、社会活动能力等。这种特殊能力一旦与经营管理能力结合，就从整体上全方位的影响和作用于创业实践活动，使创业实践活动的方式和效率产生根本性的变化。

成功的创业者有着一些共同的特征，这些特征对创业的成功有着重要的作用。因此，进行创业决策，是从对这些特征和特质的了解，并进而对自我的了解和探索开始的。当然，这并不是要求创业者必须完全具备这些素质才能去创业，但创业者本人要有不断提高自身素质的自觉性和实际行动，通过不断地学习和改造，促进自身素质的不断提高。

二、培养创业素质

1. 激发成功欲望

"欲",实际就是一种生活目标,一种人生理想。创业者的欲望与普通人的欲望的不同之处在于,他们的欲望往往超出他们的现实,往往需要打破他们现在的立足点,打破眼前的樊笼,才能够实现。所以,创业者的欲望往往伴随着行动力和牺牲精神。这不是普通人能够做得到的。

因为欲望,而不甘心,而创业,而行动,而成功,这是大多数白手起家的创业者走过的共同道路。一个真正的创业者一定是强烈的欲望者。他们想拥有财富,想出人头地,想获得社会地位,想得到别人的尊重,想要影响别人,强烈地想要实现自己的目标。

正如创新工场创始人李开复所说:"不是每个人都适合创业,我从比尔·盖兹、贾伯斯身上,看到创业者最重要的特质是要有 hunger(渴望)。那是 more than passion(超过热情),hunger 地想要打造一个企业,他的眼睛会发出火光,动机也许是为了赚钱、打造品牌,或是把某个技术发扬光大、为用户创造价值,都没关系,但 hunger 要存在。"

欲望是创业的原动力,没有欲望,就缺少放手一搏、临门一脚的动力。但在欲望的原动力下,创业要成功,还是要按部就班,按照一定的步骤稳扎稳打,才能提高创业成功的几率。

冯仑论"欲望"

关于人的欲望,地产商冯仑有一段很精辟的论述。他说:地主的生活最愉快,企业家的生活最有成就感,奴隶主的生活最有权威。"地主地里能打多少粮食,预期很清楚,一旦预期清楚,欲望就会被自然约束,也就用不着再努力,所以,会过得很愉快。企业家不同,企业家的预期和他的努力相互作用,预期越高努力越大,努力越大预期越高,这两个作用力交替起作用,逼着企业家往前冲。"如果用"创业家"代替冯仑这段话里的"企业家",你会发现它同样贴切,"欲望是创业的最大推动力。"

(资料来源:http://info.china.alibaba.com/news/detail/v0-d6230382.html 有删改)

2. 提升自信心

美国《华尔街杂志》在一篇有关企业家的文章中得出结论:成功的企业家都具有能感染他人的强烈自信。创造者和创新者都是对自己"深信不疑的"。他们相信自己,相信自己的决定。对失败的担心往往使其他类型的人们感到气馁,但创造者和创新者对自己的想法充满信心,对失败的担心绝不可能吓倒他们。可以说,强烈的自信或许比其他任何品质更能充当通向重大成就和极大快乐的门户。

自信,是一个人对自身能力的一种肯定。自信,是成功的阶梯。唯有自信,才能激发动力、迈向成功。大凡成功人士,无不拥有良好的自信心和顽强的意志力。只有自信,才能自强;只有坚强的信念,才能焕发创业的动力。

自信源于实力,来自平时的点滴积累和努力。所以,我们每一个人,都要学会培养自信心,强化战胜艰难、应对挑战的意志,在创业途中遇到困难和挫折,不能畏难发愁、观望不前、优柔寡断,而要大胆去闯、勇于尝试、敢于拼搏。

 李阳的"疯狂自信"

"疯狂英语"的创始人李阳在中学时曾几度因失去学习的信心而萌生退学的念头。在勉强考入大学后,决心以英语为突破口的他就天天跑到校园空旷处去大声喊英语,还想出两个办法督促自己坚持下去:一是告诉很多同学自己要每天坚持学英语、喊英语;二是邀请班内学习最认真的一位同学陪他一起大喊英语。四个多月后,他发现自己可以复述10多本英文原版书,背熟了大量考题,听说能力脱胎换骨。正是因为通过学习英语取得的成功,他树立起了人生的自信。他认为,这是人生非常大的一次超越,让他终生难忘。"所以我认为,自信心是最重要的。无论是目前找工作,还是工作后,都会面对更多想象不到的困难,只有自己有勇气面对才能常胜。"

(资料来源:http://info.china.alibaba.com/news/detail/v0-d5427965.html 有删改)

3. 学会忍耐坚持

创业是一段漫长而艰苦的旅程,期间会遇到无数的失败与挫折,只有足够的忍耐方可到达成功的彼岸。失败的结果或许令人难堪,却是取之不尽的活教材,在失败过程中所累积的努力与经验,都是缔造下一次成功的宝贵基础。成功需要经验积累,创业的过程就是在不断的失败和漫漫的忍耐中摸爬滚打的经验积累过程。正如《圣经》里所说的那样:"你若在患难之日胆怯,你的力量就要变得微不足道。"

对一般人来说,忍耐是一种美德,对创业者来说,忍耐却是必须具备的品格。马云曾说:"今天很残酷,明天很残酷,后天很美好。在这个过程中,很多人都倒在明天晚上。"黎明前的黑暗往往是压在人身上的最后一根稻草,顶得住就能成功,顶不住就会失败。老话说"吃得菜根,百事可做"。筚路蓝缕的创业过程是对精神和肉体的双重折磨。对创业者来说,肉体上的折磨算不得什么,精神上的折磨才是致命的,如果有心自己创业,一定要先在心里问一问自己,面对从肉体到精神上的全面折磨,你有没有宠辱不惊的"定力"与"精神力"。如果没有,那么给别人打工也许是更合适的选择。

艰难困苦,玉汝于成。在艰辛困苦时顶得住压力,在孤单的创业道路上耐得住寂寞,才能够"活过明天晚上",看到美好的后天。

 创业,需要忍耐和坚持

硅谷有着"创业大本营"的美誉,在这儿,每年都有数以万计的企业倒下,同时也有成千上万的创业者一夜暴富。美国知名创业教练约翰·奈斯汉说:"造就硅谷成功神话的秘密,就是失败。"美国3M公司有一句关于创业的至理名言:"为了发现王子,你必须与无数只青蛙接吻。"对于创业家来说,必须有勇气直面困境,敢于与困难"接吻"。卧薪尝胆的故事,"小不忍则乱大谋"的古训,都告诉我们忍耐的必要性。

(资料来源:http://info.china.alibaba.com/news/detail/v0-d1000051857-p1.html 有删改)

4. 锻炼胆识

在创业界，往往是风险与机会并存。创业者必须善于发现新生事物，并对新生事物有强烈的探求欲；同时必须有足够的胆量，敢于冒险，该出手时就出手，即使没有十足把握，也应果断地尝试。

胆量首先体现在敢冒风险。创业的价值就在于创造出自己独特的东西，敢于走前人和别人没有走过的路。敢冒风险是理智基础上的大胆决断，是自信前提下的果敢超越，是新目标面前的不断追求。

没有超人的胆识，就没有超凡的事业。创业要求有志者具备超人的胆识，勇于承担多数人望而却步的风险事业。英国《The Big Issue》杂志创始人 John Bird 正是通过对风险的正确把握而获得成功的。John Bird 说，企业家甘冒风险的勇气从某方面看来自他们热衷于接受挑战的满足感。有一些企业家更是充满自信，在他们的字典里根本没有"风险"二字。

除了敢冒风险以外，还要有胆略，敢于抓住机会，该出手时就出手。识时务者为俊杰，在生意场上，眼光起了决定性作用。很多资金不多的小创业者，都是依靠准确抓住某个不起眼的信息而挖到"第一桶金"的。只有勇敢者才能攀摘到创业的花朵。但胆量不是万能的，必须有力量的支持才容易成功。

冒险与冒进

创业需要胆量，需要冒险。冒险精神是创业家精神的一个重要组成部分，但创业毕竟不是赌博。创业家的冒险，迥异于冒进。有这样一个故事：

一个人问一个哲学家，什么叫冒险，什么叫冒进？

哲学家说，比如有一个山洞，山洞里有一桶金子，你进去把金子拿了出来。假如那山洞是一个狼洞，你这就是冒险；假如那山洞是一个老虎洞，你这就是冒进。

这个人表示懂了。

哲学家又说，假如那山洞里的只是一捆劈柴，那么，即使那是一个狗洞，你也是冒进。

这个故事的意思是说，冒险是这样一种东西，你经过努力，有可能得到，而且值得你得到的东西。否则，你只是冒进，死了都不值得。

创业者一定要分清冒险与冒进的关系，要区分清楚什么是勇敢，什么是无知。无知的冒进只会使事情变得更糟，你的行为将变得毫无意义，并且惹人耻笑。

（资料来源：贺俊英. 大学生创业基础与实训指导. 高等教育出版社，2010.）

【实践活动】

1. 你有自己的创业偶像吗？搜集一些他的创业事迹（3项以上），列举他最让你敬佩的几种素质。

2. 结合自身的情况，制订自己的创业素质提升计划。

【拓展资源】

1. 〔美〕蒂蒙斯著，周伟民等译. 战略与商业机会［M］. 北京：华夏出版社，2002.
2. 揭筱纹，张黎明．创业战略管理［M］．北京：清华大学出版社，2006.
3. 王汝林．创业战略设计学［M］．北京：清华大学出版社，2005.
4. 张光辉等．创业管理概论［M］．大连：东北财经大学出版社，2006.

【思考题】

1. 创业精神的内涵包括哪些？
2. 大学生常见的创业动机有哪几种？你想创业是基于哪些动机？
3. 你认为创业者应该具备哪些素质？为什么？

第九章
提升创业能力

本章导读

  一个人要想创业，必须有相应的创业能力作为保证，只有不断提高自己的创业能力，才能迅速跨入创业之门。创业能力在创业的基本素质中具有非常重要的地位，它是创业基本素质的核心，是将其他各要素组合成创业基本素质结构的中心。

  在创业初期，创业机会对于每个人是不均等的，获得机会的多少与一个人自身的素质和能力有关。素质越高、能力越强，所能发现的机会越多，把握机会的概率就越大。创业者若想获得成功，仅仅有创业欲望、创业意志、创业精神还是不够的，必须具备超人的能力。一旦进入创业过程，创业者的能力将直接影响到创业成功与否的最终结果。

通过本章，你可以了解和掌握以下内容：

- 了解成功的创业者所需要具备的能力；
- 了解领导力的内涵和重要性，有意识地提升自己的领导力；
- 了解判断力的内涵和重要性，有意识地提升自己的判断力；
- 了解学习能力的内涵和重要性，锻炼自己具备快速有效的学习能力；
- 了解决策力的内涵和重要性，有意识地提升自己的决策能力。

创业先锋故事
自信地生活，自信地创业[①]

梅玲

性别：女　　**毕业院校**：福建教育学院

创业档案：

1981年，17岁的梅玲师专毕业后在所中学任教。

1988年7月，她考上了福建省教育学院的化学本科班，1990年毕业。

1995年，她做了产品推介工作。

1996年，她参加了公司在东南亚的活动，实现了出国的梦想。

1998年4月，她回到福建，在厦门买了一套120平方米的四房两厅公寓，全家从南靖迁到厦门定居。她承包了一家旅行社，开始把精力转到了旅游业务上来。

2000年，她把旅行社转给了别人，又重新踏回了产品推介这一行。

创业经历：

梅玲，一位做产品推销的中年女子，讲述了她的创业经历。

从小培养起自信

该从哪里说起呢？还是从1981年，我师专毕业开始说吧。那时候我才17岁，还没有选民资格呢，就离开了武夷山市的家，到一个叫洋庄的地方去那里的一所中学教书去了。当时班上有些学生的年纪比我还大，可我一点怯意都没有，照样把书教得像模像样，把学生们管得服服帖帖的。别人都说我小小年纪，却特别有自信。

这在很大程度上得归功于我的母亲，她一直是我心目中的榜样，对我的影响特别的大。

母亲最让我敬佩的地方就是她的自信。那时候的长途车上，一号座是从来不卖的，也没有乘客敢去坐，因为那都是留给司机的关系户的。可是母亲偏不信这个邪。每次乘长途车，母亲总是大大方方地坐到一号位上，这样反而没人会来干涉她。有时候，司机有朋友来乘车，见母亲坐在一号位上，要叫她让开，母亲不仅不让，反而理直气壮地对司机的朋友说：我是买了车票的，你买过车票吗？这个时候，对方肯定不会再纠缠了，因为他本来就是仗着和司机认识来蹭车的，哪里会去花钱买票？

受母亲的影响，慢慢地，我也开始变得老练、自信起来了。读中学的时候，我经常和

[①] 自信地生活. 钱江晚报. 2004-11-30, D16版.

同学们出去旅游，别人老是会担心买不买得到车票、火车上有没有座位之类的事情，而我从来都不会紧张，因为我知道，没车票并没什么大不了的，无非就是上车再补张票嘛。而且即使没票，我也照样能在火车上找到坐的地方，我有这个自信。

改变命运靠自信

在城关中学不知不觉五年转瞬即逝。年纪慢慢大了，这才有了紧迫感。想想自己能力不差，总不能老窝在这么一个地方教书吧？于是，想再去大学深造的愿望就变得强烈起来。

经过努力，1988年7月我考上了福建省教育学院的化学本科班。那时候我的精力特别旺盛，除了学习外，我还参加全国英语自学统考，还积极地参加各种体育活动，像游泳啊、打羽毛球啊，等等。当时数学系有一个羽毛球打得特棒的男生，在学院里兼任羽毛球教练。我经常去他那儿练球，接触多了，感情也就自然而然地产生了。

我有个朋友在渣打银行工作，有一次闲聊的时候她说起，她们银行的员工每年都有出国的机会。在银行工作能到国外旅游？这对我的吸引力实在太大了。于是我就跟先生说：我可以跟你去南靖，但我不想教书了，我想进银行工作。

我公公认识人民银行的负责人，他把我的材料推荐过去，对方看了很满意，于是我就放心地跟着先生到了南靖。没想到，这个银行的名额最后被别人给挤掉了，无奈之下我只得重操旧业。

但是这么一番折腾后，我已经很难再安下心来教书了。我又想到了去厦门发展，我觉得在大城市里机会总应该更多一些吧。

不久，我去厦门看望一位朋友。闲聊中我提起了那位开皇冠的同学，还说到了我因为想出国而来南靖，最终却没能如愿的事。朋友听了我的话，不以为然地说：出国有什么难的？你要是有兴趣，我可以给你介绍一个工作，是搞产品推介的，做得好的话，就有机会出国。

在厦门的那几个晚上，我兴奋得睡不着。我反复地权衡着：如果光做我的老师，生活是安稳的，但却可能一辈子也出不了国。现在有这么一个机会，可不能放过了。

面对压力坚守自信

可是，一开始我都不知道该怎么开展工作。因为我不是土生土长的南靖人，除了学校里的同事外，在当地几乎没什么人认识。而且在10年前，人们对推销产品的人几乎都不抱什么好感的，不像现在，市场经济已经开放多年了，大家对各种各样的产品促销行为都习以为常了。所以刚开始的时候，压力是远远大过机遇的，如果没有一种自信，没有持之以恒的韧劲，是根本不可能做下去的。

别人不理解还好接受，来自家庭的压力就更叫人难以承受了。我先生听说我做产品推介，第一个表示反对。他用充满怀疑的语气对我说：推销产品就能奖励你出国？你别太天真了，天底下哪有这样的好事？我反复跟他解释，奖励并不是无条件的，关键得做出成绩。但是他根本不听我的解释，他说：这不就得了？你当搞产品推销那么容易啊？我看你就是上当受骗了。话不对路，我只好闭上嘴，自己干自己的，把他的唠叨当耳旁风算了。

我先生见劝说不管用，就开始赶我的朋友，不让我在家里和朋友谈产品的事。我没办法，只好和朋友商量，放到他们家里去谈。我先生知道后，又打电话到朋友家里，让他们把我赶出来。我前面说过，我在南靖没什么关系的，仅有几个要好的朋友，也都是通过先生认识的，所以他们碍于他的面子，不好意思再留我了。我实在没有办法，就在学校里找了一间废弃的旧教室，打扫干净后，把朋友约到那里去谈业务。

不管社会上有多少人误解，不管先生多么地反对，我却坚信自己一定能打开局面，做出业绩的。凭了这一腔的自信和执著，第一个月我就做到了很高的营业额，拿到了上千元的提成。而当时，我在学校的月工资才只有几百元。

对未来充满自信

1996年，我就参加了公司在东南亚的活动，实现了出国的梦想。实在是没有想到，梦想竟会实现得这么快。

当然，为了做到这个业绩，我付出了很多。平时要上课，所以一到周末，我就从南靖赶到厦门去拿货。那个时候，其实我每月已经都有几千元的收入，对家庭的贡献应该说蛮大的了。可是，死要面子的先生还是不愿帮我一把，每次进货我都是独自一人去的，几百斤的货物只好一个人搬上搬下。有一次，我身体不好，想叫先生帮我去趟厦门，可他倒回绝得很干脆。我气死了，就咬着牙自己去了厦门，结果一到厦门，就病倒了。这下先生终于紧张起来了，他心急火燎地赶来接我。

后来，总公司在上海开了分公司，为了去上海发展，我索性辞去了南靖中学的工作。那时候，家里对我的选择已经不再反对了，公公婆婆还挺支持我的，他们帮我带着孩子，免去了我的后顾之忧。

在上海，虽然生活上很简陋，就住几十元一晚的旅社，一日三餐也在街边小摊上草草解决，但是我做得特别带劲。由于全身心地投入，那段时间，我在江浙一带的销售搞得挺好的，最高时一个月的业务量可以做到几十万。

可是我并不觉得满足，我还想开辟新的业务范围，后来就去了北京。直到1998年4月，由于种种原因，我回到了福建，在厦门买了一套120平方米的四房两厅公寓，全家从南靖迁到厦门定居。我承包了一家旅行社，开始把精力转到了旅游业务上来。

虽然我的旅行社经营得不错，但是我始终想继续回公司发展。因为我很清楚地知道，我的性格、我的脾气，搞产品推介是最合适的。2000年，我一咬牙把旅行社转给了别人，又重新踏回了产品推介这一行。

回顾这些年来，我和公司一起，不离不弃地共同经历了许多风风雨雨，现在我终于已经建立了非常稳定的客户群，业务重点也转到了杭州。如今，我经常在厦门和杭州之间来回跑，杭州有我的事业，厦门有我的家庭。虽然身体上很累，但精神上却是相当愉快的。我打算做到2009年就退休了，那时候我45岁，我想去买一架小型的私人飞机。我从小就梦想能飞翔，在电影中看到别人跳降落伞，或者是从山顶飞速地滑雪而下，我都会兴奋得不得了。

我已经在武夷山看中了一块非常好的地，那里有山有水，环境十分优美。我打算在那里搞个休闲度假村，建几十幢小别墅，吸引都市人到那里去休闲度假，我觉得生意肯定会不错的。我做过两年多时间的旅游业，已经有了这方面的经验。

如果我的休闲度假村经营得顺利的话，到2009年，应该就有能力购买一架小型私人飞机了。到那个时候，我就准备彻底退休，去学开飞机，实现我最大的人生梦想了。

第一节 打造领导力

领导者是企业的一面精神旗帜,领导者是否卓越,将直接决定企业的成败。而创业的实质就是团结一批人,形成自己的团队,把事情做大做强,因而创业者天然就是领导者,必须努力提高自己的领导能力。

"一只狮子领着一群羊,胜过一只羊领着一群狮子。"这一古老的西方谚语说明了创业领导者的重要性。领导力与领导者的魅力、热情、勇气、风度、性格、智力及个人的管理技能等各个方面密切相关。

一、领导力的内涵

领导力是指建立在领导职能、领导体系、领导素质基础之上,领导者引领和管理被领导者及相关方,实现共同目标和愿望的一种能力和影响力。领导力在很大程度上决定着组织目标能否实现以及组织目标实现的程度。领导力包括组织管理能力、学习实践能力、善于学习的能力等。

1. 领导力的实质是影响力

迈克尔·乔丹说过这样一句名言:"一名伟大的球星最突出的能力就是让周围的队友变得更好。"这样伟大的球星无疑是最出色的领导人。

在企业中,职位名称、企业组织结构图上的位置并不是权力的真正基础,真正具有不可替代性的权力,是以影响力为实质的领导力。管理学家哈罗德·孔茨对此的解释是,"领导是一种影响力,或叫做对人们施加影响的艺术过程,从而使人们心甘情愿地为实现群体或组织的目标而努力。"领导力大师麦克斯韦尔博士显然也支持这种说法。他在《领导力的21项法则》一书中指出:"职务对领导力的提升不会给予附加值。真正的领导力不可能通过奖赏、指定和指派而获取。领导力只能来源于影响力,不可能由外人授予。"

一个优秀的领导者,要能有效地激发员工的工作热情,让他们全力以赴地参与工作。曾有管理专家这样说:"一流的老板是员工拼命为他拼,二流的老板是他和员工一起拼,三流的老板是自己拼,四流的老板没的拼。"著名演说家陈安之也说过:"好的领导者,第一个要有跟随者愿意跟他,第二个要有越来越多的跟随者愿意跟随他,第三个要有越来越多更优秀的跟随者跟随他。最重要的一点是,当这个领导者不在的时候,这个组织的运作是非常正常的,而且甚至比他自己在的时候运作的还要更好。"

德国领导力学院院长丹尼尔·皮诺在对企业的跟踪研究中提出了强大的领导人的六个特点:第一,他有指引企业前进方向的能力;第二,他在关键时刻能快速决策,具有决断

力；第三，自信，具有点燃别人的能力；第四，具有强大的沟通能力；第五，具有与人打交道的兴趣，有强大的影响力；第六，具有资源管理能力。

（资料来源：史梅．赢在起点．高等教育出版社，2010．有删改）

2. 一个好的领导善于用人

在绝大多数情况下，企业经营失败并不是因为缺乏合格的人才，而是因为企业领导不能很好地使用人才。所需人才是否到位，到位人才是否能被得心应手地应用，企业在发展过程中能否留住人才，这些问题解决得好坏是检验创业者用人能力的标尺。人力资源浪费是企业最大的浪费，善于用人不仅是对管理者的基本要求，也是其基本责任。

一般来说，卓越的领导者都有以下一些用人技巧：

（1）知人

对人了解越多，判断就越准，用起来才会更到位。经验丰富的管理者不仅了解员工的技能水平，还对员工的性格、兴趣、家庭、职业倾向及个人需求有充分的认识。一个人适合做什么与喜欢做什么并不是一回事，作为管理者，有责任让员工认识到二者之间的差异，并帮助他们制定职业规划。

（2）善任

人的个体存在很大差异，这种差异不仅表现在职业能力上，而且还表现在性格、价值观及职业倾向上。管理者在为下属分配任务时除了考虑岗位要求外，还应该针对并尊重员工自身的特点及优势，安排与其特点和优势相适应的工作，给予充分发挥的空间。

（3）选优

广告大师奥格威说过："假如我们所使用的都是比我们小的人，我们将成为侏儒的公司；但若我们所使用的都是比我们大的人，我们将成为巨人的公司。"卓越的领导人，能够找到并留住优秀人才。

（4）支持

作为优秀的领导者，其直接支持对下属的业绩表现是至关重要的。所以，卓越的领导者善于赋予下属相应的资源使用权力，合理利用职权和影响为其谋取更有利于创造佳绩的资源配置。

（5）授权

高明的领导者懂得授权的必要，并深知如何授权，这样既不会把自己累得半死，同时还可获得下属的尊重与合作。

（6）激励

激励员工是领导者最重要的工作。激励员工最有效的办法是尊重他们的人格，重视他们的权利，让他们参与公司的经营活动，尤其是决策、监督活动，使他们对公司产生归属感，觉得自己对公司很重要。激励可以使员工树立起主人翁精神，从而可以更积极地发挥自己的才干和潜力。

3. 一个好的领导必然擅长沟通

作为一个组织的领导者，必须重视组织内外的沟通。善于沟通者善于领导，不善于沟通者往往会把团队带到与自己期待的相反方向。沟通是一种领导能力，更是一种领导艺术，没有沟通，就没有领导。沟通具有传递信息、调节人际关系、激励、协调、心理保健、改变人的态度与行为等功能。有效的沟通是成功领导的关键。一个成功的领导者，就

是组织沟通网络的中心。沟通是成为一个领导者的必备能力。尤其在现在的知识型企业中，沟通是领导者与人们建立关系、赢取信任并激发组织中的智慧和活力的必然途径。

作为一个领导者，除了发展自己的沟通能力和技巧之外，还要制定促进沟通的制度，保证公司内部沟通渠道的畅通，营造适于沟通的文化。这样才能保证自己的想法能传达下去，也保证员工的意见和建议能够传递上来。

二、提升领导力

领导力是可以培养的。从社会学的角度来看，没有一个领导者是天生的。美国西点军校培养出很多将军和企业领导者，他们一直很坚定地宣传一个理念："领袖不是天生的。"领军人物的素质可以通过情境得到培育，可以在经验中得到提高和升华。可以说，一个人的经历、兴趣、能力、情商、个人魅力、个人品质、所处职位、内在动机，都影响到领导的整个过程。

领导力是一个能力问题，大学生可以通过提高自己在领导力方面所必需的一些因素，成为一位成功的领导者。

1. 勇于表达

不论你做出了多么优秀的工作，不会表达，不能让更多的人去理解和分享，那就几乎等于白做。所以要抓住一切机会锻炼表达能力，积极表达自己对各种事物的看法和意见，并掌握与人交流和沟通的艺术。

2. 积极行动

领导力的锻炼方式不同，学生要把握各种机会，无论是活动还是会议，来培养自己的领导意识，不断锻炼自己，成长自己。

3. 加强学习

要做合格的领导者和管理者，必须大力加强学习，掌握各种专业技能，用丰富的知识来充实自己。

4. 注重调查研究

调查研究是提高领导力的首要任务和基本功，企业中领导的基本任务就是掌握政策、了解情况和解决问题，三者之中最根本的是解决问题。只有掌握了真实的情况，才能做出正确的决策。

5. 坚持原则

若想成为领导者，除了做好认真细致的调查研究，还要坚持原则，在平时提高工作效率，敢于处理棘手问题，勇于承担工作责任。团队中领导者的角色不仅仅是对团队进行决策和下达命令，更重要的是按照原则和规章制度推动各项工作的开展。热爱团队并不等于丧失原则。事实上，员工最为不满的是不公平的领导，而公平正来源于坚持原则。坚持原则在领导力的构成要素中占有很大的比重。

6. 善于总结分析

这是提高领导力的重要途径。只有注意总结经验，才能切实提高领导水平和领导能力。培养领导力，既要在事前考虑问题，还要注意事后的分析总结。

第二节　提升判断力

与就业相比，创业有一个显著的特点就是，创业者不可能什么事都听别人吩咐，凡事也没有详细的说明做指引，必须时时运用自己的判断力，做出各种决策。创业者要想取得成功，必须透过现象看到本质，能够发现问题、分析问题、解决问题，有远见卓识，洞察出别人发现不了的问题和机会。

一、认识判断力

大学生在进行创业时，要抓住机会、把握机会，判断力必不可少。一个有准确、迅速而坚决的判断力的人，他的发展机会要比那些犹豫不决、模棱两可的人多得多。英国经济学家卡森将企业家定义为："专门就稀缺资源的配置做出判断性决策的人。判断性决策的本质在于，在决策中不可能采用一条明显是正确的，而且只使用公开可获信息的规则"。判断力就是决策中发现并选择合理方案的能力。

李开复曾经给创业者提出两点建议，首要的一点就是创业者需要加强判断力，比如自己想做什么？为什么要做这件事情？是否需要一些互补的合作伙伴？自己未来的方向在哪里？这些问题，创业者都需要想清楚。

二、提升判断力

没有判断力是创业者的大忌。判断力不是建立在臆测的基础上的，而是与运用客观规律，利用信息和工具进行理性分析的过程息息相关。创业者要在学习、生活中，不断提升自己的判断力，培养自己独到的"眼光"。

1. 深入调查，正反论证

勤于思考和善于调查研究，这对是否能够准确判断是至关重要的。判断需要一个过程，只有通过深入的调查分析，才能找到问题的根源，抓住事物的本质，做出正确的判断。

假象并不可怕，可怕的是看不透假象。只有经过认真的分析研究，才能做出正确的判断，采取正确的措施，进而把握主动权。对于做出的判断，养成通过正面论证与反面求证两个方面去求证的习惯，判断能力自然会不断提高。

2. 冷静自信，独立思考

不要让感情左右可行性分析，以免判断失误。从实际情况出发，冷静地思考，深思熟虑之后，才能做出准确、客观、真实的判断。人云亦云，毫无主见往往会掩盖并抹杀自己的判断力。面对事情，尽可能独立地去分析判断，多问几个为什么，坚信自己的判断，才能不断提升判断能力。

3. 内因外因，辨证分析

在生活中，学会全方位地了解事物，对事物的形成过程仔细观察，不但要看问题的表象，还要分析形成的内因，从局部到整体，从点到面，系统全部地分析事物的发展趋势和规律，在科学的理论指导下，判断的准确性自然提高。唯物论要求我们全面看待问题、分析问题。只见树木，不见森林的人永远无法了解森林的全貌。世界上的一切事物都不是孤立存在的，它们彼此之间存在着千丝万缕的联系。我们只有对事物进行综合分析，把一切有联系的因素都考虑进来，然后详加分析、考察、比较，再作出判断。

事物的发生、发展都有其逻辑的发展过程。趋势就是事物的发展方向。事物不是一成不变的，而是向前发展的。只有不断分析事物的发展趋势，才能跟着发展正确转换自己的思维，从而做出准确的判断。

4. 比较鉴别，验证真伪

认真比较才能鉴别出人或事物的优劣。建立科学严谨的评估参照物，才有利于做出正确的判断。善于比较，往往能捕捉事物的"命脉"，做出科学的判断，选择正确的道路。

创业成功首先需要判断力

真正的创业家，可以看出一般人没有注意到的趋势和机会，从而成就非凡的事业。以美国全天候新闻频道 CNN 为例，在创办人特纳开始建立事业之前，美国三大电视网已经占据了 90% 的市场份额，且都有自己的新闻组织。特纳却预见未来人们对新闻深度及即时性的渴求，并预言双薪家庭不定时收看新闻节目，将使传统电视新闻失去固定观众。他力排众议，创办了独领风骚的 CNN。特纳的坚持让 CNN 不仅成为市场赢家，更为全球电视产业开创了一种新模式。

（资料来源：http：//blog.china.alibaba.com/article/i1227117.html？domainid＝liangsiwu88 有删改）

第三节 加强学习力

一切都在变，变是唯一的不变。学习是成长的方式，选择学习就是选择进步，提高学习力就是增强生命力、创造力和竞争力。学习力是最活跃的创新力，学习力的是最本质的竞争力。学习力的强弱决定创业企业的兴衰，学习力已成为创业企业一种核心竞争力。

一、学习力的内涵

学习力是一个复杂的综合概念，内容非常丰富，结构十分严谨。就组织和个体的学习力而言，它主要包括组织学习活动的能力、获取知识的能力、运用知识的能力以及伴随学习过程而发生的一系列智力技能。

学习力是指从观察中找问题，从人群中找对象，从资料中找知识的能力，是发现问题与解决问题，发现资源（知识）与运用知识的能力。学习力其实是感知自己不足而进行弥补完善的一个过程。拥有学习能力要求个人不仅要学习广博的知识，还要学会学习的方法，树立终身学习的理念。一个人的学习力往往决定了一个人竞争力的高低。美国《财富》杂志指出："未来最成功的公司，将是那些基于学习型组织的公司。"管理大师德鲁克说："唯一持久的竞争优势，就是怎样去学习，就是怎样使得自己的企业能够比竞争对手学习得更快。"

二、提升学习力的方法

知识经济时代，"学习"这一概念的内涵和外延正在不断地丰富、扩大，从终身学习到学习型社会、学习型组织，再到学习型城市、学习型企业、学习型家庭。现在，"学习"这一概念较传统意义上学习的概念已发生了根本性的转变，因此，提升学习力的方法，也要与时俱进。

1. 养成主动学习的习惯

知识经济时代，人们逐步认识到学习是为了生存和发展，是为了实现人生的价值，活出生命的意义。所以，学习已成为市场竞争取胜的法宝，成为人们生活的重要组成部分，成为生活的一种需要，一种乐趣。学习要变被动为主动，逐渐养成自动自觉、积极学习的好习惯。

2. 树立终身学习理念

历史绵延很久的"一次性学习时代"已告终结，学历教育已被终身教育取代。知识经济时代，人的一生，从生到死的整个过程都是学习的过程，活到老，学到老，学习是为了适应快速剧变的社会变化。树立终身学习的理念，建立永久性的学习力，是现代个体和组织发展的主要保障。

3. 掌握现代学习手段

过去的学习手段是书本、纸和笔，是静态单一的。进入知识经济时代，学习的手段除书本、纸和笔外，电视、电脑、数字多媒体、互联网等动态的、多元的信息媒体也成为主要的学习途径。学会利用现代学习手段，发挥信息工具的作用，可以有效地提升学习的效率和效果。

4. 融入学习型组织

过去强调学习是个人的事，与别人关系不大，学习以个人为主。进入知识经济时代，强调的是团队学习，如果个人智商都很高，但团队整体的智商却很低，那么在快速剧变的市场经济竞争中，这个团队肯定要失败。团队的高素质主要体现在团队的学习能力上。集思广益、配合默契、学习能力强的团队，不但可以战胜对手，还可以取得持续发展的能力，获得长期的成功。另外，融入学习型组织，有利于学习主体克服惰性，利用学习氛围提升学习效果。

5. 坚持学以致用

过去的学习，偏重学知识、学科学、学技术、学文化，偏重于理念的获得与理解，即偏重于脑力的活动，重点在学。进入知识经济时代，学习则偏重于知识的运用，偏重于人的全方位素质的提高，偏重于演练，偏重于能力的培养，因为任何能力的培养，都需要不断地练习，才能逐步提高，习比学更重要。学以致用，体现了学习的目标，亦是学习的动力，是保持学习力的关键所在。

6. 注重学习"绩效"

知识经济时代，评估学习既要看分数，更要看"绩效"。学习效果主要是看对知识的综合运用能力、创新能力所产生的成果。小的，如小改小革、小发明、小创造，写出有一定质量的总结、报告、论文等；大的，如科学发现、新的创造、重大革新，高质量的学术报告、学术论文等。如果考试分数占绩效40%的话，则创新成果应占绩效的60%。较高的学习绩效，是学习力提升的根本反映，是提升学习力的终极目的。

提高学习力的原则

学习力的积累和提高有一个长期的过程，需要意志和毅力。提高学习力应遵循以下原则。

1. 实践性原则

组织和个体的学习力，主要是在掌握知识的过程中，在有意识地学习实践中不断形成和发展的。离开实践的能力是不存在的。因此，学习力的培养要同实际工作同步进行，要同领导和管理工作实践相结合，要从培养组织和个体形成良好的学习习惯开始，逐步让方法内化为习惯，让习惯上升为能力。

2. 主体性原则

学习力的形成，个体本身的努力是内因，组织的指导和教育培养是外因。组织的教育和培养要激发个体已有学习力与现实学习需要的矛盾，以强化个体努力提高学习力的内因，同时组织在教育培养中适时而科学地进行学法指导和学习态度、学习品质的培养，使个体在学习力发展中更好地发挥主体作用。

3. 理论指导原则

知为行之始。要避免个体学习力发展的盲目性和简单经验总结的狭隘性，就要对个体学习力发展进行理论指导，例如对个体进行有关学习力知识的传授和学习力培养方法的指导。

4. 层次性原则

个体学习力的形成和提高是一个心理发展的渐进过程，是一个由量变积累到质变飞跃的过程。个体学习力的培养要根据个体年龄特征和心理规律，既要按不同年龄提出该年龄段的共性要求，又要按不同个体的个性特点进行个别指导。

（资料来源：史梅. 赢在起点. 高等教育出版社，2010. 有删改）

第四节　训练决策力

一、认识决策

决策，简单地说就是选择，没有选择就没有决策。决定做或不做，都是在做选择，而在若干方案中选择一个方案的过程，就是一个决策的过程。

决策能力是指决策者或经营管理者对某件事拿主意、作决断、定方向的综合性能力。对于创业企业的领导者来说，决策力包括：经营决策能力、经营管理能力、业务决策能力、人事决策能力、战术与战略决策能力等。

1. 决策的特点

（1）目标性

任何决策都是有目的的，都是要解决某一问题，即决策首要的是决策目标。在企业管理者在做决策时，都是围绕创造管理绩效、取得经营价值来做决策的。

（2）超前性

超前是决策的自然属性，也就是说在问题解决之前，只有发现问题才有决策。发现了问题才有一个决策的理由。解决问题的过程，都伴随着决策，其中任何一个决策都是先于解决问题的结果的，因此说决策具有超前性。

（3）选择性

在决策时，往往会有很多方案以供选择。也就是说，在决策前，需要调查研究，总结出若干可执行的方案。而决策就是选择什么样的方案，可以取得更好的结果。先论证后决策，这种决策的选择性，是科学决策的保证。

（4）可行性

决策的目的都是要解决问题。因此决策一定具有可执行的特点。无论选择什么方案，做出什么决策，都应该是可行的，即使该决策不是完美的。

2. 决策的过程

决策是一个由一系列相互联系的阶段构成的完整过程。一般来说，决策是由以下四个相互联系的阶段构成。

（1）情报活动阶段：收集和分析组织环境中有关技术、经济、社会因素的情报和组织内部各种经营要素的情报，以便提出需要决策的问题和目标，找到制定决策的依据。

（2）设计活动阶段：针对需要决策的问题和目标，依据已经得到的各种情报制定和分析可能采取的行动方案。从若干不同的方案比较分析中择优。

（3）抉择活动阶段：先从设计出的各种备选方案中选一个执行方案，以便采取行动，实现预期的目标。

（4）审查活动阶段：实施过程中进一步审查、评价该方案，以便对方案给以补充和修正，使其更趋于合理。

 五种团队决策的方法

团队决策的方式有很多种，然而每一种方式都各有优缺点以及适用的时机，以下是《团队合作》（Joining Together）的作者强森（Johnson D. W）提出的五种常见方式。

（1）平均所有人的意见

由领导人一一询问每一个人的意见，最后找出中庸的解决之道。如果无法立即集合所有人开会，这会是不错的方法。但缺点是，团队成员缺乏互动，而且成员并没有真正参与决策过程，对于决策的承诺度偏低。

（2）由负责人或领导人做最后的决定

每一个人分别提出自己的想法,然后针对每一个想法或提议相互讨论,但是由最高负责人或领导人做最后的决定。这种方式的好处是经过充分的讨论,可以让决策更为准确。但有可能发生成员彼此之间相互竞争、突显自我意见的情况。而且,团队成员通常会说出领导者想听的意见。

(3) 少数原则

由团队的少数人,例如不超过团队总人数的一半,做出决定,像主管级会议就是属于此种方式。不过有时候如果需要决定的事项很多,但是时间不够,也可以考虑采用这种方式。

(4) 多数原则

这是一般最常见的决策形式。所有人共同参与讨论,当一半以上的成员达成共识,便结束讨论。因此,如果没有足够的时间让所有人达成共识,但是执行决策时又需要多数团队成员的支持,便可以采用这种方式。

(5) 所有人达成共识

通过有效的沟通过程,达成集体的共识。这是最有效的集体决策方法,所有人都能表达自己的想法与感受,而且每个人的意见都被充分的尊重。但是最大的缺点是非常耗费时间。

(资料来源:贺俊英. 大学生创业基础与实训指导. 高等教育出版社,2010.)

二、决策的步骤

决策不仅是做出决定而已,在这之前必须进行详尽的资料搜寻和评估工作,事后更要进行检讨,才能真正累积经验,提高日后决策的成功机会,从而提升个人的决策力。完整的决策过程可分成八个重要的步骤。

1. 明确定义问题

了解问题真正所在,才能作出正确的决策,否则可能导向错误的决策方向,不仅无法解决问题,而且可能产生新的问题。定义问题主要分成四个方面:① 问题是何时发生的,② 问题是如何发生的,③ 问题为何会发生,④ 问题已经造成哪些影响。

不同类型的问题有不同的处理方式,因此必须事先区别清楚。对于一般性的问题,通常都有既定的规定或是政策作为依据,不需要花费太多的时间与精力。如果属于突发状况,就必须重新全盘的考量,完成所有决策的步骤再做出决定。有时候突发状况可能代表了未来的趋势或是新商机所在。因此,决策者的重要责任之一便是判断这是单纯的突发事件,还是新的趋势正在形成。

2. 决定希望的结果

例如在决定新产品的营销与销售策略之前,必须先想清楚希望达成什么样的目标;希望通过这项产品提升公司的营业额,改善获利,提高市场占有率,打响公司的品牌知名度,还是建立企业形象。

一项决策不可能同时达成所有的目标,在决策时要设定优先级,有所取舍。

3. 搜集有价值的信息

在开始搜集资料之前,必须先评估自己有哪些信息是知道的,有哪些是不知道的或是不清楚的，才能确定自己要找什么样的资料。

信息不是愈多愈好。有时候过多的信息只会造成困扰，并不会提高决策的成功机会。因此必须依据信息对于决策目标之间的关联性以及相对重要性，判断哪些信息是需要的，哪些可以忽略。

4. 考虑各种可能的解决方案

这个步骤最常听到的抱怨就是：真想不出好的解决方法。事实上，不是想不出来，只是因为考虑得太多，觉得什么都不可行。但是这个阶段的重点在于大家头脑风暴，提出各种想法，不要考虑后续可行性的问题。请注意：点子愈多愈好，不要做出任何的价值判断，愈是突发奇想的点子愈好。所有的想法都提出来之后，找出比较有可能执行的，然后针对每一个想法再详细讨论使其更为完整，并试着将不同的想法整合成更好、更完整的方案，最后筛选出数个选择方案。创意来自于选择与整合好的想法，而不是创造想法。

5. 仔细评估筛选出的选择方案

对上述步骤产生的方案，仔细评估每一种方案的优缺点是什么，可能造成的正反面结果是什么，这些选择方案是否符合你设定的预期目标。依据先前所搜集到的客观数据作为评估的依据，同时评估自己是否有足够的资源与人力采取这项选择方案。反复思索每一个选项，想想未来可能的结果，对这些结果有什么感受。有些可能觉得是对的，有些可能感觉不太对劲。问问自己：如果做了这个决定，最好的结果会是什么？最坏的结果又会是什么？有没有什么方法可以改进让自己感觉不好的方案，或是消除自己负面的情绪感受。

6. 决定最佳的方案

某些方案如果确定不可行或是超出本身的能力范围之外，可先行剔除，再开始讨论其余的方案。把每项方案的优缺点一一列出来，优点的部分给予 0 到 +10 的评等，缺点的部分给予 0 到 -10 的评等，最后将所有优缺点的分数相加，这样就可以得出每个方案的总分，决定哪一个是最佳方案。选择正确的方案，而不是最能被大家接受的方案。在讨论的过程中必定会有某种程度的妥协，但是必须分清楚正确的与错误的妥协，决策者不应害怕遭到反弹或反对而选择一个大家都可接受的方案。

7. 拟订行动计划，确实执行

一旦做出了决定，就要下定决心真正执行，不要再想着先前遭到否决的方案，既然之前都已确实做好评估，就应专注在后续的执行面。拟定一套详细的行动计划，包括：有哪些人应该知道这项决策？应采取哪些行动？什么人负责哪些行动？还有该如何应付可能遭遇的困难？

8. 执行后不忘检讨成效

通常很少再回过头来重新检视先前决策的成效如何，因此无法累积宝贵的经验。事后的评估不应只是书面的报告，报告不能完全呈现出决策执行过程中的实情。有些细节必须要亲身经历或是聆听参与者的主观意见，才有可能观察得到。

 应避免的四大决策陷阱

即使决策的程序完全符合理性的原则，但是在过程中，我们很难避免落入某些思考陷

阱当中。每个人在思考上都有某种程度的限制，只有意识到自己的不足，才能更谨慎地思考，降低错误发生的可能。

1. 过度专注于特定的信息

通常，我们对于最先接收到的信息印象特别深刻，受到的影响也最大。这就是所谓的参考点偏见。我们很容易过度专注于某个特定的数据或资料，而且很难摆脱它的影响。

2. 错误使用信息

有时候我们所参考的信息与决策之间并没有直接的关联，即信息输入偏见。某些情况下很难直接判断结果的好坏。决策者很重要的工作之一，便是判断信息与所要评断的结果之间是否有真正的关联。就如同每一次做出决策之后，都必须重新检讨成效，才能看出当初是否有误用信息的情形。唯有信息与结果之间的关系是直接、一致，而且没有偏见的，才能正确利用信息，做出明智的决定。

3. 受限于既有的认知

每个人看待事情都有特定的角度或是思考模式。每一个人都是依据不同的特定观点看待这世界，因此每一个人看到的都是部分的事实，不是全部。只是我们很少意识到这点，我们常常忘记自己其实也是限制在某个框架里，误以为自己掌握所有的事实。

做决策时，对于问题所采取的不同认知架构，会产生不同的结果。除了时时提醒自己的不足，做决策时尽量倾听不同立场的人的想法，像是不同部门的人或是外部的第三者。同时将新的问题与过去利用相同的思考观点做出成功决策时的情境相互对照。这次的情况和上次有什么不同？是否有必要调整自己的认知架构，不能再用过去的经验来看待这次的问题？

4. 过度的自信

当决策者满怀信心时，是否就一定能做出准确的决策？或是当他们做出准确的判断时，是否同样满怀信心？当某人做出预测时表示非常有信心，这就是过度自信的表现。如果他的回答有九成的机会成功，真实的情况是可能只有七成。如果承认自己纯属猜测，其实准确度可能还比较高。我们要避开这些危险地带，不让过度自信妨碍了决策的有效性。

当面对不确定的环境时，一定要假设自己有20%的机会可能犯错。一方面这样比较接近现实，另一方面，如此一来我们才会意识到自己的不足，更谨慎地评估与思考，而不会做出过度自信的决策。过度自信的原因通常是因为我们早已认定某件事情是对的，所以我们只找寻或是只看见支持既有立场的信息。我们应该去寻求与自己的想法相左的意见或是信息，挑战自己的观点，才能避免过度自信的盲点。用笔记下重要的事件或是讯息，或是保留演示文稿资料等，可以避免记忆出错的可能。

（资料来源：http：//www.study365.cn/Article/wjgl/2007-11-22/7TNol9fKZIC7.html 有删改）

第五节　锻炼执行力

对于执行力，著名管理学家余世维在《如何成为一个成功的职业经理人》中有一段很精辟的话，他说："满街的咖啡店，唯有星巴克一枝独秀；同是做PC，唯有戴尔独占鳌头；都是做超市，唯有沃尔玛雄踞零售业榜首。那些在激烈竞争中能够最终胜出的企业无疑都与其杰出的执行能力有着直接的关系。可以说，前几年人们多关注企业战略的制定，现在已经认识到如果没有执行力，战略最终就是一句空话。而决定企业成败的不是目标，而是措施。也就是说，执行力才是决定企业成败的最重要的因素。"

一、执行力的内涵

执行力，简单来说，就是保质保量按时完成工作任务的能力。"执"，是做事的标准和内容；"行"，是为做事情而进行的快速而高效的行动；"力"，是指做事的力度和完成情况。

执行力是建立在以正确行事标准为前提下的积极、有序、快速、高效的行为。执行力是不折不扣地贯彻决策、推行计划，通过实践将策略转化为成果的能力。执行力的核心是务实、实事求是、责任心和关注细节。

个人执行力的强弱取决于两个要素——个人能力和工作态度。能力是基础，态度是关键。所以，同学们要提升个人执行力，一方面是要通过加强学习和实践锻炼来增强自身素质与能力，而更重要的是要端正工作态度。①

执行力测试

请做下面的执行力测试，了解自己的执行力情况。回答"是"与"否"，答"是"得1分，答"否"不得分。

1. 你在新的岗位能轻而易举适应新规定、新方法吗？
2. 进入一个新团队，你能很快适应新集体吗？
3. 你是否善于倾听别人的意见和建议？
4. 对于工作中不明白的地方，你会向上级提出问题吗？
5. 某件事你的观点与上级相反，你能直抒己见吗？
6. 上班前似乎要变天，带雨伞又麻烦，你能快速作出决定吗？
7. 规定时间到了，你发现方案有不足，会上交吗？
8. 平时你能直率说明拒绝的动机，而不编造理由吗？
9. 做重要工作前，你会尽可能获取最好的建议吗？
10. 做重要工作前，你会为自己制订计划吗？
11. 你是否从来不找借口掩饰工作中的小错误？
12. 为团队的利益，你甘愿得罪个人吗？
13. 你是否充分信任自己的合作者？
14. 对于困难的工作，你是否全力以赴执行使命？
15. 对自己许下的诺言，是否一贯苛守？
16. 你勤奋而不懒惰吗？

---

① 徐初佐．提升大学生执行力．载于《文教资料》2006年第8期．

17. 你常有顺利完成工作的信心吗？

18. 工作辛苦时，你还能保持幽默感吗？

结果：

得分 17～18 分

你的执行力较好。你有较开阔的眼界与合理的知识结构，再加上你的果断与良好的敬业精神，可以肯定你是上司、同事们信赖的对象。如果辅以正确的执行方法，你肯定会有较高的工作效率、能够取得较好的工作业绩。

得分 11～16 分

你的执行力一般。工作中你很少有较高的效率，但你也不会拖后腿。也许你正为自己有游刃工作的能力而沾沾自喜，这就是你最大的缺点，千万别以为"混同于世"就会一帆风顺，要想有良好的工作业绩、获得升迁的机会，就要发挥自己的一切能力，埋头苦干，你才能出人头地。

得分 10 分以下

你做事往往拖拖拉拉。诸如一件工作，如果有谁替你去做，你简直对他感激不尽，使人觉得你难以信赖，与你共事会很疲惫。也许对你来说，不做事才最逍遥，但在你拒绝做事或不负责任的时候，你也失去了一次成功的机会。

（资料来源：http://hi.baidu.com/gaomin1994524/item/6b93a7f76911f44e932af2c7 有删改）

二、提升执行力

个人的执行力取决于其本人是否有良好的工作方式与习惯，是否熟练掌握做事的相关管理工具，是否有正确的工作思路与方法，是否具有高效执行力的性格特质等。相应地，提升目标管理能力、时间管理能力和工作管理能力，是提升个人执行力最为可行、最有效的途径。

1. 目标管理能力

明确、可实现的目标是高效执行的前提。制定和细分目标，是执行前期的必要准备，是执行的出发点和归宿点。目标的准确和具体与否，直接决定了是否可以执行，直接决定了执行的步骤和效率。如果目标细分科学，目标管理有序合理，就可相应地降低执行难度，并容易执行到位，取得较好的执行效果。

因此，提升目标管理能力，是提升执行力的前提和关键。

制定目标的 SMART 法则

SMART 原则是目标管理中的一种方法。目标管理的任务是有效地进行成员的组织与目标的制定和控制以达到更好的工作绩效。目标管理由管理学大师彼得·杜拉克于 1954 年首先提出。SMART 原则便是为了达到这一目的而提出的一种方法，目前在管理领域有广泛的应用。

SMART 原则中的"S"、"M"、"A"、"R"、"T"五个字母分别对应了五个英文单词：

Specific（明确性）、Measurable（可衡量性）、Attainable（可达成性）、Relevant（相关性）和 Time-bound（时限性）。

（资料来源：http：//baike.baidu.com/view/470808.htm 有删改）

2. 时间管理能力

高效执行力的本质含义是在单位时间内取得更高的执行效率和更好的执行效能。因此，在执行的过程中，如何分配并管理好时间，是高效执行力的重要保证。

时间是一个限制性的因素，而不是一项活动，尽管每个人都可以按照自己的需要选择做什么及不做什么，但是，由于人们对时间的分配与利用不同，人生创造价值的效率也各不相同。科学合理地使用时间，养成良好的时间管理能力是职业化能力的一个重要标志。时间作为一种独特而重要的资源，无法开拓或积存，可以通过对其进行有效的管理而提高使用效率，从而提高学习效率和工作效率，即实现提升执行力。时间管理能力是现代高效能人士的最基本的职业习惯，同时也是职业人士的必备修养和能力。

阅读材料　时间管理方法：六点优先工作制

这一方法要求把每天所要做的事情按重要性排序，分别从"1"到"6"标出6件最重要的事情。每天一开始，先全力以赴做好标号为"1"的事情，直到它被完成或被完全准备好，然后再全力以赴地做标号为"2"的事，依此类推。

一般情况下，如果一个人每天都能全力以赴地完成6件最重要的大事，那么，他一定是一位高效率人士。

（资料来源：http：//www.successpim.com/Info/47.html 有删改）

3. 科学的工作方法

执行到位和执行高效，有赖于执行时所用的工作方法。学会科学的工作方法，往往能事半功倍，大大提高执行力。

不同的事情有不同的完成方法，要用到不同的管理工具。但无论任何事情的完成它都有一个通用管理流程，统称为"5W3H"流程：

工作任务（what）：工作内容与工作量及工作要求与目标。

做事的目的（why）：这件事情是否有必要（我亲自）去做，或做这件事情的目的是什么。

组织分工（who）：这件事由谁或哪些人去做，他们分别承担什么工作任务。

工作切入点（where）：从哪里开始入手，按什么路径（程序步骤）开展下去，到哪里终止。

工作进程（when）：工作程序步骤对应的工作日程与安排（包括所用时间预算）。

方法工具（how）：完成工作所需用到的工具及关键环节策划布置（工作方案的核心）。

工作资源（how much）：完成工作需哪些资源与条件，分别需要多少。如：人、财、物、时间、信息、技术等资源，及权力、政策、机制等条件的配合。

工作结果（how do you feel）：工作结果预测，及对别人的影响与别人的评价或感受。

"5W3H"流程就是一套科学的工作方法。在执行过程中，注意使用该方法，必然有助于提升执行力。

工作中的 80/20 原则

美国企业家威廉·穆尔在为格利登公司销售油漆时，第一个月仅挣了 160 美元。他仔细分析了自己的销售图表，发现他的 80% 收益来自 20% 的客户，但是他却对所有的客户花费了同样的时间。于是，他要求把他最不活跃的 36 个客户重新分派给其他销售员，而自己则把精力集中到最有希望的客户上。不久，他一个月就赚到了 1000 美元。穆尔从未放弃这一原则，这使他最终成为了凯利-穆尔油漆公司的主席。

点评：用好 80/20 原则，要学会抓住重点，首先解决重要问题，然后解决次要问题。

（资料来源：http：//baike.baidu.com/view/40591.htm 有删改）

【实践活动】

实践"果断习惯"养成法，为提升自己的决策力进行初级训练。

［训练科目］决策力初级训练——"果断习惯"养成法。

［训练目的］通过日常生活的决策训练，养成"当机立断，果断出击"的初级决策力。

［训练导语］

向左走，向右走？这是随时随地在发生的事情。这就是做选择。

选择有两种：一种是封闭的；一种是开放的。封闭的：左或右，就像买大、买小；一旦选择，不能后悔，愿赌服输；开放的：有 ABCD 多种选择，选完后，还有 1234 多步手段；这是一个决策矩阵，需要举一反三，对比分析，权衡利弊；选错了还可以调整完善。

［场景设置］以从起床到上班为例，家庭、途中、办公室、餐馆。

［训练内容］

1. 5 秒决定穿什么衣服；

2. 10 秒决定上班路线；

3. 1 分钟决定今天要做的 3 件大事。

［适用对象］大学生，有志向做老板的人

［训练时间］1～2 月。用 1～2 月的时间，克服自己优柔寡断的毛病，养成当机立断的习惯。

［训练步骤］

1. 拉开衣柜，从 1 数到 5，迅速拿好今天要穿的衣服。

（提示：能够做到迅速决策，是做老板的重要条件。决策并不是高深莫测的，从每天醒来，意识处在半模糊的状态下，训练自己迅速进入决策状态的能力，就是一个行之有效的办法。为了达到这个目的，你必须对衣柜做出"基础管理"的调整：把衣服分成三类，内衣、中衣、外衣。有了这个基础，至于颜色、款式怎么搭配，跟当天的天气，是否有重要的活动要出席有关。所有的这些决策的元素，尽管千头万绪，你一定要逼迫自己，一眼扫过去，从 1 数到 5，必须做出决定；而且一旦伸手拿下那件衣服，绝不再缩回去放回去，一个连拿衣服的决策都要反悔的人，一定做不成大事。）

2. 从 1 数到 10，决定上哪趟车去上班。

（提示：迅速决策之所以那么难，是因为信息不对称，这让"有学问"的人往往茫然失措。就拿坐公车上班这件事来说，通常你住的地方到公司，会有三路以上的车：A 路车速度快，但是车少，半小时才一趟；B 路车 5 分钟一趟，但是要绕一条街，会等多一个红灯；C 路车不绕，也不快，但是座位少。你该怎么选择？因为你没有全球监测系统，你不知道等一下会有哪路车来，也不知道前面的路口今天红灯会等多久，这时，就要从 1 数到 10，迅速决定上哪路车。）

3. 思考一分钟，决定今天要做的三件大事。

提示：我们有很多的计划，月度计划，周计划，如果没有当天的日计划，那些都是空洞的纸上计划我们很多人就很迷信做月计划，结果到了月末最后一周的最后三天，才发现：哎呀，好多事还没有做呢。做月计划、周计划，只不过是大致对进度有一个时间节奏的控制罢了，真正把事情做好，做到实处，落实并且完成，还是要靠"当日事，当日毕"的日计划。很多人上班半个小时还没有想清楚今天要做什么。你要训练老板决策力，就要迅速把最紧急、最重要的三件事想出来，一定不会超过三件事，如果超过了，说明你的工作早就处在疲于应付的危机中了。

【拓展资源】

1. 陈德智．创业管理［M］．北京：清华大学出版社，2001.
2. 丁栋虹．创业管理［M］．北京：清华大学出版社，2006.
3. 杜跃平．创业管理［M］．西安：西安交通大学出版社，2006.
4. 熊飞，李军．创办一个企业［M］．北京：机械工业出版社，2007.
5. 李良智，查伟晨，钟运动．创业管理学［M］．北京：中国社会科学出版社，2007.
6. 吴波，钱玉民．自主创业—定位、策略与风险［M］．北京：电子工业出版社，2006.

【思考题】

1. 什么是领导力？你认为可以从哪些方面来提升领导力？
2. 你觉得可以从哪些方面来提升自己的判断力和执行力？
3. 大学生创业中常见的风险有哪几种？
4. 你认为自己最突出的能力是什么？列出三件事情来证明这一点。
5. 你认为自己最需要提升的能力是什么？

第十章
管理初创企业

本章导读

创业活动最终成功与否，关键在于创业企业的管理。创业企业要想在市场竞争中发展壮大，加强企业管理，不断修炼内功才是王道。

本章主要论述创业企业管理所涵盖的内容，包括基本管理、产品研发管理、市场营销管理、创业人力资源管理、初创企业财务管理等五项管理方法。帮助大学生创业者了解各项管理的基本内容，分析管理中常见问题并提出解决方案，做好企业管理。

通过本章，你可以了解和掌握以下内容：
- 了解初创企业经营的基本方法；
- 学习企业的战略管理、日常管理、组织管理与项目管理的基本知识；
- 了解产品相关的知识：产品定位、产品研发流程、生产与质量管理；
- 了解市场营销的基本知识；
- 学会组建团队并建立有效的人力资源管理模式；
- 了解企业财务管理的基本知识，学会看"三表"。

创业先锋故事
大学生创业成超市老板[①]

廖慧兰

性别：女　　毕业院校：赣南师范学院（中文系06级）

创业档案：

高中毕业那年暑假，廖慧兰发挥自己的商业头脑，办了一个"学生辅导班"，淘得了人生的第一桶金。

上大学后，她在赣南师范学院后门租了个摊位，做起了卖水果的生意。

2008年3月，在朋友和家人的鼓励支持下，廖慧兰在学校后门投资开了一个面积仅30多平方米的小型超市。

2009年年初，廖慧兰在学校附近盘下了一个面积约110多平方米的店面，成为了一个拥有价值十几万元的中型超市的老板。

创业经历：

一个在校女大学生，却已是拥有一中型超市的老板。是怎样的毅力让一个二十岁出头的女子坚持梦想、艰苦创业的呢？

第一桶金

高中毕业那年暑假，廖慧兰发挥自己的商业头脑，办了一个"学生辅导班"，淘得了人生的第一桶金。创班之初，生源匮乏，廖慧兰便积极调动同学帮她宣传，经过一系列筹划宣传，最终"学生辅导班"招到了20多个学生。说起创办这个"学生辅导班"，廖慧兰异常兴奋，因为那并不是一个简单的"学生辅导班"，那是廖慧兰人生中第一次深刻体会赚钱的艰辛。办"学生辅导班"，不仅让廖慧兰挖得了人生的第一桶金，也让廖慧兰获得了宝贵的精神财富，她的创业梦想也从此在心中发芽。

创业梦想

廖慧兰在大学期间，读书勤奋努力，创业的梦想也犹如火焰般在心中燃烧。大一下学期，廖慧兰的创业梦想终于启程。经过一系列考察，她在赣南师范学院后门租了个摊位，做起了卖水果的生意。廖慧兰说，做水果生意之初主要是想锻炼自己吃苦耐劳的品质。但她万万没想到的是，水果生意竟然会成为她今后成功创业的一个起点。

廖慧兰牢记诚信经营，令水果生意出奇的好，有时候一两个小时就能卖300多元钱。

---

① 在校大学生的隐形翅膀. 赣州晚报. 2009-06-02.

但作为大学生的她却在卖水果,这一行为时常遭来周围同行的冷眼,他们讥讽廖慧兰不务正业,甚至还对她的生意百般阻挠,但她坚信一句话:"走自己的路,让别人去说吧。"

水果生意越做越好,为廖慧兰创业积累了资金,也激发了廖慧兰继续创业的动力。2008年3月,在朋友和家人的鼓励支持下,廖慧兰在学校后门投资开了一个面积仅30多平方米的小型超市。筹办超市之初面临着种种困难,首先是选择怎样的店面、如何选择店面?刚开始,廖慧兰想将店面选在华坚后门,因为那里人流量大。但是廖慧兰的辅导老师反对这一方案,因为店面离学校太远,不利于廖慧兰学习。后来在大家共同讨论下,将店面选在了学校后门。

虽然廖慧兰在创业初期万分谨慎小心,但还是吃了个不小的亏。租赁店面,有这样的规定,在租赁方将店面装修一新的前提下,出租方应该免收3个月的租金。但在租店面之时,廖慧兰并不知道有此规定,而店面老板看廖慧兰一脸学生气,也没有将这一优惠政策告之廖慧兰。就这样,廖慧兰吃了个大亏。所以,在采访中,廖慧兰告诫想创业的大学生们,在创业之初,一定要对创业相关政策摸清摸透,避免走弯路。

诚信经营

一个仅30多平方米的小型超市经过2个多月的筹办终于开张了,令廖慧兰万万没想到的是,超市开张以后竟然连续亏了3个多月,这个现状令廖慧兰万分着急。当时她的一个同学当着廖慧兰的面讥讽她自不量力,随着超市的连月亏损,曾经支持廖慧兰创业的朋友、老师、家人也纷纷劝她尽早将店面盘出,以减少损失。

面对如此大的困境和压力,廖慧兰心急如焚,体重骤减十多斤。但是廖慧兰并未熄灭创业之火,而是积极想方设法走出困境。这时,正值盛夏,许多学生喜欢吃切好的冰镇西瓜,廖慧兰及时抓住了这一商机,在小超市门口设摊专卖冰镇西瓜。在卖西瓜的过程中,竞争激烈,但廖慧兰却牢记诚信经营之道,在进西瓜的时候,为确保西瓜的质量,她自己跑到西瓜地里考察。不到半个月时间,廖慧兰店里的西瓜在学生中就小有名气。而令廖慧兰没想到的是,这卖出去的一片又一片香甜可口的西瓜,竟然成为了廖慧兰创业路上的救命稻草,将濒临关门的小超市从鬼门关给拉了回来。

超市走过了最艰难的时期,终于拨开云雾见彩虹。随着超市的进一步发展,仅30平方米已不能满足市场需求。2009年年初,廖慧兰在学校附近盘下了一个面积约110多平方米的店面,成为了一个拥有价值十几万元的中型超市的老板。现在超市经济效益很好,生意最好的时候,一天的纯收入便有2万元。超市生意越来越好,廖慧兰时常忙得不亦乐乎,为了提高工作效率,她还雇了2名员工帮自己经营超市。

廖慧兰说,现在超市生意越来越好,以前在创业途中遇到的所有困难都已化作云烟,微不足道了。但是,那段创业的岁月,却是她人生路上的宝贵经验,在以后的人生旅途中,她将可以从容地面对任何困难,并坚强地开创更加美好的明天。

虽然廖慧兰在创业上投入了许多精力,但她并没有放弃在学业上的积极进取。据廖慧兰的辅导老师介绍,廖慧兰在创业期间并没有耽误学习。为了尽早考过四级,她曾经看到廖慧兰早上6点便在校园里背英语单词,而她也积极学习学校开设的主要专业课程。在数次考试中,廖慧兰没有一门功课需要补考。随着超市渐渐步入正轨,廖慧兰每个星期都会花费3个晚上的时间,让自己待在学校图书馆里看书,她非常珍惜现在的读书时光,希望以后把更多时间放在学业上。

第一节 初创企业基本管理

企业的经营管理,首要的就是确立企业的发展战略和基本管理模式。

一、企业愿景与发展战略

1. 企业愿景

企业愿景是指企业的长期愿望及未来状况,是组织发展的蓝图,体现组织永恒的追求。

我们的企业是什么?我们的企业将是什么?我们的企业应该是什么?这三个问题集中起来体现了一个企业的愿景,即企业愿景需要回答以下三个问题:我们要到哪里去?我们未来是什么样的?目标是什么?

愿景是一个企业的梦想。当亨利·福特在一百年前说他的愿景是"使每一个人都拥有一辆汽车"时,你会认为他的话简直不敢想象,但在现在的美国社会,他的梦想几乎完全实现了。这种梦想通常会使人感到不可思议,但又会不由自主地被它的力量所感染。因此,如果愿景是一种被人立即就能把握实现的目标,那它充其量只能说是一个战略目标,而不是我们所说的愿景。

愿景的力量在于它是处于可实现而又不可实现的模糊状态,它既是宏伟的又是激动人心的。所以,有的人跟我们说愿景不可能实现时,我们会问他,假如愿景是那么轻易就可以实现的话,那愿景又怎么会激动人心呢?

世界优秀企业的愿景

优秀企业成长的背后,总有一股经久不衰的推动力——企业愿景,激励着这些企业不断向前。

苹果公司——主导用户家庭中的每一块屏幕

腾讯——用互联网的先进技术提升人类的生活品质

索尼公司——为所有人提供创造和实现美好梦想的机会

AT&T公司——建立全球电话服务网

华为公司——丰富人们的沟通和生活

迪斯尼公司——成为全球的超级娱乐公司

通用公司——使世界更光明

麦肯锡公司——帮助杰出的公司和政府更为成功

联想公司——未来的联想应该是高科技的联想、服务的联想、国际化的联想

(资料来源:http://baike.jinku.com/doc-view-27388.html 有删改)

2. 企业的发展战略

1993年国内的房地产很火，当时有很多人都劝海尔改行，在房地产界发展。海尔的舵手张瑞敏回忆说："当时思想上稍微守不住防线，企业决策就错了，海尔也就不可能是今天的海尔了，做事情不能争一日之短长，我做事情是有目标的，不达目的我是不会走神的，俗话说'将军赶路不追小兔'。"作为一个企业领导者，要做的最主要的事情就是把方向、定战略、抓大事，使企业运营向着未来愿景的目标前进。企业的发展战略最主要就是要解决企业走对方向、走正确的路以及如何走的问题。

企业的发展战略就是关于企业作为整体该如何运作的根本指导思想，它是对处于动态变化的内外部环境之中企业的当前及未来将如何行动的一种总体表述。企业战略所要回答的核心问题就是企业存在的理由是什么，也就是企业为什么能够从外部得到回报并生存下去。

企业存在的理由是企业战略的核心问题，做战略首先要回答三个问题：企业的业务是什么？企业的业务应该是什么？为什么？因此，企业战略最重要的是方向。这个方向长远看是愿景，短期看是战略目标。

企业的发展战略具有以下特征。

（1）全局性、指导性和长远性。战略规定了企业在一定时期内的发展目标以及实现这一目标的基本途径，对于企业的经营管理具有指导和统领的作用，它考虑的是企业在未来相当长一段时期内的总体发展问题，通常着眼于3～5年乃至更长远的目标。

（2）竞争性和风险性。企业战略的制定是为了使企业在激烈的市场竞争中得以立足并克敌制胜，而凡是参与竞争就有失败的可能，市场环境总是处于变化之中，任何企业战略都伴随着风险。

（3）现实性和稳定性。企业发展战略的制定是建立在企业现有的主观条件和客观环境之上，不能脱离现实条件，一经制定，在相当长的时期内要保持稳定，不做大的变化，以利于各部门执行。

企业成立之初首先需要完成的就是根据市场环境形势制定企业发展战略，企业的所有经营决策工作均围绕企业战略来展开实施，企业各项决策的目标就是保证企业战略的实现。

一般来说，企业发展战略制定的步骤如下。

（1）战略调查，进行企业内外部环境分析。要搞清以下问题：企业的现实市场需求及潜在市场需求，现实竞争对手及潜在竞争对手，现实生产资源及潜在生产资源，现实自身优势及潜在自身优势，现实核心问题及潜在核心问题。

（2）提出企业发展战略草案。企业发展战略草案不需要很具体、很系统、很严谨，但要把核心内容阐述得淋漓尽致。

（3）就战略草案征求有关方面的意见，特别是业内人士和战略专家的意见。鉴于内部能力有限，有些企业委托咨询机构研究企业发展战略，采取这种方式，一定要选好咨询机构。即使采取这种方式，在他们提交研究报告之后，除了内部充分讨论，也要再适当征求外部有关方面的意见。

（4）企业战略的决策和确立。为了企业的整体利益和长远利益，在决策企业发展战略时要充分发扬民主，广泛听取各部门意见，尤其是不同意见。企业发展战略应该由企业领导集体决策。

在判断是与非、做与不做的政策导向时，要充分考虑长远利益与短期利益的协调，不能为了暂时的现象或者短期的利益而迷失了前进的方向。

世界隐形冠军的成功之道

"世界隐形冠军"之父、哈佛商学院教授赫尔曼·西蒙先生认为"隐形冠军"就是一些名不见经传，却在某个窄小的行业里做到顶峰的中小企业。它们有无可动摇的行业地位、稳定的员工队伍、高度的创新精神和丰厚的利润回报。西蒙认为，世界隐形冠军的成功之道在于：

第一，他们奋斗的目标就是在自己的领域成为全球领袖，不作他想，并孜孜不倦地追逐这一梦想。

第二，隐形冠军公司把市场定义看作他们战略的一部分。通过自己观察顾客的需求和相关的技术，把他们各自的市场定义很窄。他们是高度专注的公司，强调深度而不是广度。

第三，隐形冠军们把自己在产品和专有技术方面的独到造诣与全球化营销结合起来。通过自己的子公司来服务全球的目标市场，不把客户关系交给第三方。

第四，隐形冠军们都非常贴近客户，尤其是顶级客户。他们不是单靠技术或者市场取胜，而是通过技术与市场共同驱动取胜。

第五，隐形冠军公司无论产品还是生产流程都是高度创新的。他们的创新活动是全球导向的，是持续不断的。

第六，隐形冠军们在产品质量和服务方面创造战略竞争优势。他们总是和最强大的对手"亲密接触"。为了保持企业的活力，他们会主动出击，会不惜一切代价维护行业地位。

第七，隐形冠军们依仗的是他们自己的力量。他们不相信什么战略联盟，也不像其他公司那样热衷于业务外包。他们认为他们的竞争优势就在于有些事情只有他们才做得了。

第八，隐形冠军们有着非常强大的企业文化，与之相联系的是卓越的员工认同感与积极性。对新员工的挑选非常苛刻，企业领导非常杰出，而且一般都掌舵几十年。

中国指甲钳大王梁伯强作为中国隐形冠军也做了经验之谈。从他进入指甲钳市场之前的自费全球调研，立志成为世界指甲钳冠军；到重金聘请业内技术精英，设立高标准的测检中心和研发中心，搜罗大量国内外的技术参数，找准目标竞争对手，经过细心分析逐项对比，把实质性的差距逐个攻破；到主动出击，勇于与竞争对手短兵相接，把丰厚的利益留给经销商，把委屈留给自己；再到通过软性封杀，誓死维护行业领导地位：努力争夺行业第一品牌，创立中国指甲钳研发制造中心，制订行业标准，占领行业的制高点，提高竞争门槛，不断为企业建立防火墙，不惜一切维护行业领先地位，我们无一不感受到这个小个子男人是具备如此强烈的征服世界的野心。这种野心，是善意的雄心壮志，是"我想成为什么，所以我能成为什么"的最佳诠释。

（资料来源：贺俊英．大学生创业基础与实训指导．高等教育出版社，2010．）

二、初创企业基本管理模式

在管理领域里,有这样一句经典的话:好的制度让坏人坏不了事,而不好的制度则让好人做不了事。由这句话,我们可以发现管理制度的重要性。而在企业管理制度的健全和表现上,关键在于企业组织管理。企业组织管理是指在企业内部建立健全管理机构,合理配备人员,制定各项规章制度等管理工作的总称。企业组织结构的合理设计与组织管理的合理分工是企业成功的前提。

具体来说,企业组织管理就是为了有效地配置企业内部的有限资源,为了实现一定的共同目标而按照一定的规则和程序构成的一种责权结构安排和人事安排,其目的在于确保以最高的效率,实现企业的目标。组织管理的具体内容是设计、建立并保持一种组织结构,而在初创企业中,基本的组织管理模式一般包括功能部门管理和项目制管理两种。

1. 功能部门管理

功能部门管理又称岗位管理,就是通过建立一定的功能部门,形成特定的企业组织结构,对各功能部门规定职务或职位,明确责权关系,以使企业各部门成员互相协作配合、共同劳动,有效实现企业目标的过程。功能部门管理是企业最常见的基本管理模式。

功能部门管理的工作内容,概括地讲,包括四个方面:第一,确定实现企业目标所需要的活动,并按专业化分工的原则进行分类,按类别设立相应的工作岗位;第二,根据企业的特点、外部环境和目标需要划分功能部门,设计组织机构和结构;第三,规定企业组织结构中的各种职务或职位,明确各自的责任,并授予相应的权力;第四,制定规章制度,建立和健全企业组织结构中纵横各方面的相互关系。

功能部门管理应该使人们明确企业中有些什么工作,谁去做什么,工作者承担什么责任,具有什么权力,与组织结构中上下左右的关系如何。只有这样,才能避免由于职责不清造成的执行中的障碍,才能使组织协调地运行,保证组织目标的实现。每一个公司的部门分配应该是不一样的,它与这个公司的业务范围、发展阶段有关,既要稳定又要灵活。

2. 项目制管理

功能部门管理是按工作职能(平行结构)组织起来的管理模式,而项目管理则与之相对,是以任务(垂直结构)组织起来的管理模式。项目管理是第二次世界大战后期发展起来的管理技术之一,是以项目为对象的系统管理方法,通过一个临时性的专门的柔性组织,对项目进行高效率的计划、组织、指导和控制,以实现项目全过程的动态管理和项目目标的综合垂直协调与优化。项目管理是以项目经理(Project Manager)负责制为基础的目标管理。

项目管理的主要任务一般包括项目计划、项目组织、质量管理、费用控制、进度控制等五项。日常的项目管理活动通常是围绕这五项基本任务展开的。项目管理自诞生以来发展很快,当前已发展为三维管理:① 时间维,即把整个项目的生命周期划分为若干个阶段,从而进行阶段管理;② 知识维,即针对项目生命周期的各个不同阶段,采用不同的管理技术方法;③ 保障维,即对项目人、财、物、技术、信息等的后勤保障管理。

项目管理具有以下几个属性。

（1）不可重复性

项目有明确的起点和终点，没有可以完全照搬的先例，也不会有完全相同的复制。项目的其他属性也是从这一主要的特征衍生出来的。

（2）独特性

每个项目都是独特的，或者其提供的产品或服务有自身的特点，或者其提供的产品或服务与其他项目类似，然而其时间和地点、内部和外部的环境、自然和社会条件有别于其他项目，因此项目的过程总是独一无二的。

（3）目标的确定性

项目必须有确定的目标，包括：时间性目标，如在规定的时段内或规定的时点之前完成；成果性目标，如提供某种规定的产品或服务；约束性目标，如不超过规定的资源限制；其他需满足的要求，包括必须满足的要求和尽量满足的要求。目标的确定性允许有一个变动的幅度，也就是可以修改。不过一旦项目目标发生实质性变化，它就不再是原来的项目了，而将产生一个新的项目。

（4）组织的临时性和开放性

项目班子在项目的全过程中，其人数、成员、职责是在不断变化的。某些项目班子的成员是借调来的，项目终结时班子要解散，人员要转移。项目组通过协议或合同以及其他的社会关系组织到一起，在项目的不同时段，不同程度地介入项目活动。可以说，项目组织没有严格的边界，是临时性和开放性的。这一点是项目制管理与功能部门管理的主要区别。

（5）成果的不可挽回性

项目在一定条件下启动，一旦失败就永远失去了重新进行原项目的机会。项目制管理相对于功能部门管理的日常运作来说，具有较大的不确定性和较高的风险。

项目制运作一般适用于特定行业的企业创立初期采用，此类企业业务的灵活性、不确定性很强，专业程度一般比较高，比如技术类、咨询类公司，摄影或设计工作室等。但在其发展到规模较大、对经营管理的日常性、规范性要求较高的阶段之后，一般还是应建立一定的功能部门，使得管理规范化。但在承接具体的业务时，仍可根据实际情况采用项目制运作。

三、日常管理

企业应建立一定的日常管理制度，促使工作规范化，保证工作效率，促使企业良性运营。

俗话说："国有国法，家有家规。"严格贯彻执行规章制度可以使企业生产经营有条不紊，有章可循，使企业日常工作更加科学化、制度化，进而提高企业在社会上的地位，增强经营活力。一个初创企业可以根据经营方向、性质等情况建立一套务实的、简单的公司运作管理基本制度。随着经营的发展，不断修改和补充规章制度。

常见的小企业规章制度包括财务管理制度、质量检查制度、物品与原材料进出库制度、考勤制度、各种岗位责任制工资与劳保福利制度、业务学习与技能培训等。在制定各项规章制度时，必须遵循：符合国家政策法规；符合企业实际需要，具有可操作性；要公平合理，奖罚分明。

阅读材料：初创企业在管理制度的实施过程中的注意事项

首先，应该明确目标陈述，并达成共识。至少是核心成员坐下来讨论公司的目标陈述，虽然创业者在创业前期就讨论过多次了，但这次应该将它清晰和明确起来，有了目标，才有方向和共同的愿景，这种共识能够大大减少管理和运作上的摩擦。

其次，管理者应该强调管理行为和文化上的风格。由于企业创业期规模较小，许多问题都可以直截了当地进行沟通，大家都应遵循开诚布公、实事求是的行为风格。通俗一点说，就是什么事都可以摆到桌面上来讲，千万别藏着掖着，更要避免形成一些不良的小圈子文化。

此外，管理者在公司内部要形成一个管理团队。最终的管理解决方案还得自己拿主意，所以内部班子非常重要，即使很小也无所谓，关键是要随时沟通，定期交换意见，讨论诸如产品研发、竞争对手、内部效率、财务状况等与公司经营策略相关的问题。

最后，管理者应该制定并尽量遵守既定的管理制度。前面我们已提到，人事和财务是两大关键，这方面的规章虽然简单务实，但必须强调人人遵守，不能有特权，也不能朝令夕改。当公司发展到一定的程度并初具实力时，就要意识到自身能力上的缺陷，尽可能聘请一些管理方面的专业人才来共图大业。

管理者不仅是各项规章制度的制定者，而且要严格要求自己，以身作则，带头遵守各项规章制度，发挥制度的应有作用。

（资料来源：李家华，郑旭红. 创业有道. 高等教育出版社，2011.）

1. 建立工作计划管理制度

万事预则立，不预则废。而"预"就是制订计划的过程，有计划才有明确的目标。工作计划是根据企业的发展战略，对企业的发展目标进行分解和阶段化。计划管理，是通过编制计划、组织计划的执行和控制，保证完成企业预先制订的发展任务，不断提高企业的经营效益，是实现管理目标的一种科学方法。企业的每个部门、每个工作人员都应定期确立工作计划，作为日常工作的指导，并采取相应的行为执行计划，这是保障企业经营战略得以实现的前提条件。

在制订工作计划时，必须考虑以下几点因素。

（1）计划的相关性：各部门工作计划应具有相关性，根据其职能分工，做到统一协调。

（2）计划的连续性：企业的工作具有连续性，在制订工作计划时，也应注意相互连接和延续，使日常工作保持持续健康的发展状态。

（3）计划的可行性：应在企业人、财、物现状的基础之上，考虑上一次工作计划完成情况和市场变化的客观实际，既考虑到计划目标是否可以达到，又要避免把指标定得过低。

（4）计划的时效性：一般可制订年度、季度、月度工作计划，并根据实际情况进行调整和修改。

在工作计划制订以后，应该采取一系列科学有效的措施，来强化计划的执行，如责任到人、归口管理，建立监督和反馈机制等。

2. 建立工作总结制度

工作总结是对已经做过的工作进行理性的思考。它要回顾的是过去做了些什么，如何做的，做得怎么样。工作总结与工作计划是相辅相成的，要以计划为依据，从一定意义上说，总结正是工作计划的反馈环节，反映了各部门工作计划的实施情况。而工作计划的制订则总是在总结经验的基础上进行的。

工作总结，就是对以往做过的工作的反省和反思。通过实事求是的反思，提高认识，获得经验，吸取教训，找出做好工作的规律，为进一步工作打下基础。

3. 建立会议制度

会议是公司内部沟通的主要方式之一。其目的是使公司各部门成员间充分沟通，解决存在的各种问题。成功高效的会议可以促成观点的碰撞、感情的沟通、疑问的解除、矛盾的消融，使得工作事半功倍。而拖沓冗长、气氛不佳的会议，则会影响人的工作积极性，导致工作效率低下，浪费大量时间。因而，会议的召开不宜过于频繁，也不宜开的时间过长，最关键的，会议应以解决问题为根本目标。每次开会都要有目的、有布置、有结果。在制定会议制度时要围绕这些内容进行。

第二节　产品研发管理

任何企业都要有自己的产品，产品在很大程度上决定了企业的赢利模式。大学生创业的目标，也是通过围绕产品展开的一系列流程而实现的。

一、产品含义

1. 整体产品的概念

20世纪90年代，有营销学者提出完善产品的整体概念：核心利益、基本产品、期望产品、扩展产品、潜在产品。

核心利益又称核心产品，指消费者购买产品时追求的实际利益，也即真正想买到的东西。如小张购买一个包，他买包的真正目的是要一个能容纳随身物品的容器。又比如，宾馆服务这种产品，其核心产品是提供一个包括床等在内可供睡眠的安全空间。

基本产品又称形式产品，指产品的实体和外观、品牌名称和包装。比如小张所买的包以及包的外形。

期望产品又称附加产品，指购买产品所获得的附加利益，如相关的服务，品牌价值等。如果小张购买了一个名牌包，那么名牌所给人带来的高贵印象就是一种附加产品。

扩展产品可以分为两种：基于产品结构、功能等方面的有形延伸和基于集成服务的无形延伸。后者的目的在于为客户提供一整套服务以满足其需求，而不仅仅提供一个产品实体。扩展产品一般由物理产品、相应的附件以及增值服务共同构成。以电冰箱产品为例，其核心产品主要是由制冷功能及电路控制系统构成；形式产品主要是由箱体及造型设计以及外壳材料等组成；扩展产品是指送货上门、安装、保修及售后服务等内容。

潜在产品则是指此种产品最终可能的所有的增加和改变，是企业努力寻求的满足顾客并使自己与其他竞争者区别开来的新方法。

美国学者西奥多·莱维特说："新的竞争不是发生在各个公司的工厂生产什么产品，而是发生在其产品能够提供何种附加利益（如包装、服务、广告、顾客咨询、融资、送货、仓储及具有其他价值的形式）。"由于技术的进步，加上企业研发新产品的能力以及学习和模仿的能力提高，当代企业的竞争，更多地发生在形式产品和附加产品的层面上。产品的创新可以在各个层面上展开。

产品的含义的延伸和扩展可以说经历了如下图所示的过程：

产品整体概念的五层次理论如下图所示：

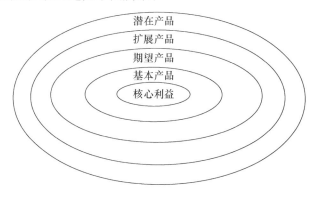

2. 不同创业类型的产品

通过以上分析我们可以看出，产品的含义是很丰富的，我们可以说，企业可以用来出售或增加商品价格以用来赢利的东西都可以算做产品，其实质就是由企业提供的、让消费者为之买单且能够接收并消费的东西。

在市场经济的机制之下，有需求就有市场，有市场就有产品。随着新兴行业的层出不穷，产品的种类也变得五花八门。相对于传统的产品如家具、电器、日用消费品等来说，金融产品、互联网产品、付费服务、解决方案产品、虚拟产品等新的名词开始为人们所耳熟能详，越来越受到关注。

对于大学生来说，根据主要的创业领域，涉及的产品主要包括：实体产品，虚拟产品如技术产品或解决方案，知识产品如信息和知识，创意产品如点子、咨询报告等，服务产品等几大类。对于不同种类的产品，应采取不同的定位策略和研发方法。

二、产品研发一般流程

对于不同企业来说，产品尽管有不同的类型，但其研发流程有一定的共性和规律可循。通常来说，产品研发的一般流程都有如下。

1. 提出目标，收集构想

这个阶段主要是寻求产品构思，并不是每个企业都把这个阶段作为流程的正式阶段，但是，它却是产品创新过程的一个必经的阶段，因为，任何一个可产品化的构思都是从无数多个构思中筛选而来的，这个阶段的过程管理往往是非常开放的，它们可以来自于客户、合作伙伴、售后、市场、制造以及研发内部，这些来自各个渠道的信息就构成了产品的最原始概念。

2. 筛选和可行性分析

这个阶段的焦点应放在分析市场机会和战略可行性上，主要通过快速收集一些市场和技术信息，使用较低的成本和较短的时间对技术、市场、财务、制造、知识产权等方面的可行性进行分析，并且评估市场的规模、市场的潜力和可能的市场接受度，并开始塑造产品概念。这个阶段一般只有少数几个人参与项目，通常包括一个项目发起人和其他几个助手。

3. 制订具体开发计划

这个阶段是产品开发工作的基础阶段，它的主要目的是新产品定义，包括目标市场的定义、产品构思的定义、产品定位战略以及竞争优势的说明，需要明确产品的功能规格以及产品价值的描述等方面内容，决定产品的开发可行性，对第二阶段的估计进行严格的调研，并完成后续阶段的计划制订。当然，这个阶段并不需要详细的产品设计，一旦这个阶段结束，需要对这一产品的资源、时间表和资金做出估算。这一阶段涉及的活动比前一阶段要多很多，并且要求多方面的资源和信息的投入，这一阶段最好是由一个跨职能的团队来处理，也就是最终项目团队的核心成员。

4. 产品实体开发

这一阶段的重点是按照既定的方案来进行产品的实体开发，大部分具体的设计工作和开发活动都在这一阶段进行，而不再分析产品的机会和可行性了。同时，这一阶段还需要着手测试、生产、市场营销以及支援体系方面的一些工作，包括生产工艺的开发、计划产品的发布以及客户服务体系的建设。另外，市场分析以及客户反馈工作也在同时进行中，还有就是需要持续更新的财务分析报告，以及知识产权方面的问题也务必获得解决。

5. 测试和验收

这一阶段的活动包括企业内部的产品测试以及用户测试，甚至包括产品的小批量试生产以及市场的试销等，当然，这个阶段仍然需要更新财务分析报告，这一阶段的标志是成功地通过产品测试，完成市场推广计划，以及建立可行的生产和支援体系。

6. 正式投产

这个阶段主要是实施营销启动计划以及生产计划，让产品形成定量生产，并需要有适当的资源进行产品的早期支持，在这一阶段结束后，项目小组的责任将会逐步转移给企业的各职能部门，由它们对产品进行持续的支持。

研究开发有竞争力的产品，是企业获取市场竞争力的重要因素。企业产品的研发一般可分为：自行研发；委托科研机构进行研发；技术引进，如购买专利等；仿制，即在法律许可的范围内或获得允许的前提下，模仿现有的产品。从产品的开发思路来讲，可以从多功能化、简化、小型化、节能化、现有产品的配套等角度来考虑研发产品。

三、产品生产与包装

产品的生产是使产品得以面世的核心环节,要对产品的生产进行有效管理:通过生产组织工作,按照企业目标的要求,设置技术上可行、经济上合算、物质技术条件和环境条件允许的生产系统;通过生产计划工作,制订生产系统优化运行的方案;通过生产控制工作,及时有效地调节企业生产过程内外的各种关系,使生产系统的运行符合既定生产计划的要求,实现预期生产的品种、质量、产量、出产期限和生产成本的目标。生产管理的目的就在于,做到投入少、产出多,取得最佳经济效益。

包装是指产品的容器或外包装物、销售包装、运输包装。在对产品进行包装设计时需要考虑的因素包括:是否能够有效保护产品,是否便于运输存放,是否方便开启,是否有必要的标识(提示、说明、警告等),和产品的性质是否一致,是否有吸引力,在同类产品中是否突出,是否美观等。

四、质量控制

产品质量是企业发展的生命线,是增强企业竞争力的支柱,是经济效益的基础。以质量开拓市场,以质量引领市场,已成为现代企业获取竞争力的行为准则。无论是在强手如林的国际市场,抑或在竞争激烈的国内市场,没有质量上的优势,企业就难以在市场竞争中求得生存和发展。因此坚持质量第一,提高质量意识,严格质量管理与控制,稳定和提高产品质量,更好地满足社会和市场需求,是企业的生存与发展的迫切需求。

创业者必须自身把好质量关,自觉接受监督。在产品质量以及包装上多下工夫,使其产品能够真正经受得住消费者的检验。一般来说,首先,产品不应当存在有危及人身财产安全的不合理危险。因此,如果国家、行业对其保障人体健康、人身财产安全作出了相应的规定与标准的,应当符合该标准。其次,产品应当具备其应当具备的性能,并且必须在产品或包装上注明产品标准、产品说明、实物样品等。

1. 抓源头,切实做好与产品设计有关的评审,满足国家相关产品质量的要求。

(1) 了解用户如何使用产品,即实际使用时要求产品达到的指标,含产品工作性能以及电器接口、机械接口、热接口等要求,以避免设计,检验指标与用户实际使用情况出现偏差;

(2) 要让用户了解自己产品的特性,与用户充分沟通,优化产品指标,既要考虑实际应达到的工作性能,同时又兼顾产品的可靠性、安全性及寿命等。

2. 严格执行"设计和开发"程序,对于产品的交付进度有特殊要求的,方式可灵活多样。例如:充分借鉴成熟产品的设计思想,针对不同处进行重点的策划评审、验证等。

3. 注重对设计人员进行新知识培训,且要一贯坚持,方式可灵活多样。例如:派设计人员到专业院校学习,请专业人士到承制单位授课,委托相关专业单位对承制单位设计人员实地培训等。

4. 对于生产定型，即使用户没有强制要求，各承制单位也应该做，尤其是对那些批量生产暴露出问题的产品。同时应将相关信息反馈给用户，共同寻求解决方案（甚至涉及技术指标的微调），避免带着问题生产，留下隐患。

（资料来源：http：//www.6sq.net/article-38452-1.html 有删改）

第三节　市场营销管理

一、市场营销管理导论

市场营销是一个动态发展的概念。近几十年来，西方学者从不同角度给市场营销下了许多不同的定义，归纳起来可以分为如下三类：

一是把市场营销看作是一种为消费者服务的理论；

二是强调市场营销是对社会现象的一种认识；

三是认为市场营销是通过销售渠道把生产企业与市场联系起来的过程。

本书采用的是世界营销权威菲利普·科特勒所提出的定义："市场营销是个人和群体通过创造产品和价值，并同他人进行交换以获得所需所欲的一种社会及管理过程。"

根据这一定义，可以将市场营销概念归纳为以下几个要点。

（1）市场营销的终极目标是满足需求和欲望。

（2）市场营销的核心是交换。而交换过程是一个主动、积极寻找机会、满足双方需求和欲望的社会和管理过程。

（3）交换过程能否顺利进行，取决于营销者创造的产品和价值满足顾客需要的程度和交换过程管理的水平。

市场营销的核心概念包括：需要、欲望和需求，商品与服务，价值和满足，交换和交易，市场和营销者。

 小明的眼镜店

小明的眼镜店开业第一个月，店内顾客不少，经济实惠的学生眼镜套餐销量还可以，也有几位同学配了中档眼镜，但高档眼镜却无人问津。由于促销阶段折扣较大，学生眼镜套餐几乎无利可图，其他眼镜利润也非常薄。第一个月营业额虽然还可以，但算上眼镜成本和各项支出，仍然亏本。

营业一个月之后，促销期结束，眼镜恢复原价，生意一落千丈。为吸引顾客，小明又又推出八折配镜优惠，但还是顾客寥寥，回到六折就意味着继续亏损，显然不可行。由于营业时间长，配镜师傅提出了加薪的要求。内忧外患，小明陷入困境。尽管之后又加大宣传力度，推出各种促销组合，但经营状况并未得到改善，半年之后，房屋租赁期满，小明

无力负担下一个半年的房租，眼镜店只好关门，小明的创业宣告失败。小明很后悔在创业之初没有认真考虑相关问题。

（资料来源：杨军，王俊岭．大学生职业发展与就业创业指导．现代教育出版社，2012．）

讨论题：

（1）小明的眼镜店为什么失败了？

（2）小明在开业前应该做好哪些事情？

二、营销策略制定

市场营销策略具体由若干个子策略组成，包括目标市场定位策略、品牌策略、价格策略、渠道策略、竞争策略等。

1. 目标市场定位策略

常用的目标市场定位策略包括以下几种。

（1）无差异性市场策略：选择整个市场进入，不加细分，强调购买者的需求共性，为整个市场生产单一的标准化产品，追求规模经济效益。这种策略缺乏针对性，对于创业型小企业来说，通常不适宜采用。

（2）差异性市场策略：强调各个细分市场的差异性，分别针对每个细分市场的特点，设计生产不同的产品，采用不同的市场营销方案，扩大销售额，提高竞争力。这种策略成本较高，适用于大型企业。

（3）集中性市场策略：把自己的力量集中在一个或几个小型市场上，集中力量为之服务。这种策略特别适用于资源有限的创业型小企业。如果选择了适合的细分市场，可以获得很高的投资回报。但如果目标市场情况变化，企业有可能陷入困境。

在确定目标市场后，就要针对目标市场需求，综合运用各种营销策略和手段，以达到经营目标，获得经济效益。

"4P"营销理论

"4P"营销理论出现于在20世纪50年代，由美国的麦肯锡教授归纳提出，他认为市场营销可以归结为产品（Product）、价格（Price）、渠道（Place）、促销（Promotion）这四个方面的策略的组合和搭配。市场营销组合由企业根据市场需要进行灵活的组合。

"4C"营销理论

"4C"营销理论是由美国营销专家劳特朋教授于1990年提出的，它以消费者需求为导向，重新设定了市场营销组合的四个基本要素，即消费者（Consumer）、成本（Cost）、便利（Convenience）和沟通（Communication）。它强调企业首先应该把追求顾客满意放在第一位，其次是努力降低顾客的购买成本，然后要充分注意到顾客购买过程中的便利性，而不是从企业的角度来决定销售渠道策略，最后还应以消费者为中心实施有效的营销沟通。与产品导向的"4P"理论相比，"4C"理论有了很大的进步和发展，它重视顾客导向，以追求顾客满意为目标，这实际上是当今消费者在营销中越来越居主动地位的市场对企业的必然要求。

（资料来源：吴昌政．大学生职业发展与就业创业指导．现代教育出版社，2012.）

2. 品牌策略

品牌策略是企业经营自身产品（含服务）的决策的重要组成部分，是指企业依据自身状况和市场情况，最合理、有效地运用品牌商标的策略。品牌策略通常有以下几种。

（1）统一品牌策略

统一品牌策略是指企业将经营的所有系列产品使用同一品牌的策略。使用同一策略，有利于建立"企业识别系统"。这种策略可以使推广新产品的成本降低，节省大量广告费用。如果企业声誉甚佳，新产品销售必将强劲，利用统一品牌是推出新产品最简便的方法。采用这种策略的企业必须对所有产品的质量严格控制，以维护品牌声誉。

（2）个别品牌策略

个别品牌策略是指企业对各种不同产品，分别采用不同的品牌。这种策略的优点是，可以把个别产品的成败同企业的声誉分开，不至于因个别产品信誉不佳而影响其他产品，不会对企业整体形象造成不良后果。但实行这种策略，企业的广告费用开支很大。最好先做响企业品牌，以企业品牌带动个别品牌。

（3）扩展品牌策略

扩展品牌策略是指企业利用市场上已有一定声誉的品牌，推出改进型产品或新产品。采用这种策略，既能节省推广费用，又能迅速打开产品销路。这种策略的实施有一个前提，即扩展的品牌在市场上已有较高的声誉，扩展的产品也必须是与之相适应的优良产品。否则，会影响产品的销售或降低已有品牌的声誉。

（4）品牌创新策略

品牌创新策略是指企业改进或合并原有品牌，设立新品牌的策略。品牌创新有两种方式：一是渐变，使新品牌与旧品牌造型接近，随着市场的发展而逐步改变品牌，以适应消费者的心理变化。这种方式花费很少，又可保持原有商誉。二是突变，舍弃原有品牌，采用最新设计的全新品牌。这种方式能引起消费者的兴趣，但需要大量广告费用支持新品牌的宣传。

3. 价格策略

影响产品定价的因素有

（1）产品成本：定价不能低于成本，且应有一定的利润；

（2）市场需求：供不应求时，定价可以较高；供过于求时，则应降低定价；

（3）物价政策：定价时应符合国家的物价政策；

（4）定价目标：企业通过价格来达到的特定目的，如是获得最大利润还是快速占有市场，是要树立高端的形象还是要对付竞争对手；

（5）市场竞争：行业或竞争对手的价格。

常见的定价方法有以下几种。

（1）成本导向定价法

成本导向定价法是以产品单位成本为基本依据，再加上预期利润来确定价格的成本导向定价法，是企业最常用、最基本的定价方法。成本导向定价法又衍生出了总成本加成定价法、目标收益定价法、边际成本定价法、盈亏平衡定价法等几种具体的定价方法。

① 总成本加成定价法。在这种定价方法下，把所有为生产某种产品而发生的耗费均计入成本的范围，计算单位产品的变动成本，合理分摊相应的固定成本，再按一定的目标利润率来决定价格。

总成本加成定价法的计算公式：商品售价 = 完全成本 ×（1 + 加成率）

② 目标收益定价法。目标收益定价法又称投资收益率定价法，是根据企业的投资总额、预期销量和投资回收期等因素来确定价格。

③ 边际成本定价法。边际成本是指每增加或减少单位产品所引起的总成本变化量。由于边际成本与变动成本比较接近，而变动成本的计算更容易一些，所以在定价实务中多用变动成本替代边际成本，而将边际成本定价法称为变动成本定价法。

边际成本 =（增加一单位产品后的总成本 − 原来的总成本）/（增加一单位产品后的产量 − 原来的产量）= 总成本增量/产量增量

单位产品定价 = ［（原产品产量 × 原销售价格）+ 边际成本］/现定生产量

④ 盈亏平衡定价法。在销量既定的条件下，企业产品的价格必须达到一定的水平才能做到盈亏平衡、收支相抵。既定的销量就称为盈亏平衡点，这种制定价格的方法就称为盈亏平衡定价法。科学地预测销量和已知固定成本、变动成本是盈亏平衡定价的前提。

保本价格 = 固定成本/损益平衡销售量 + 单位产品变动成本

（2）竞争导向定价法

竞争导向定价法是以竞争为中心的、以竞争对手的定价为依据的定价方法。

① 随行就市定价法：即以所在行业的平均定价水平作为定价的标准，跟着大企业或成熟产品定价。

② 投标定价法：用在公开招标的采购方式，招标方一般以选择投标价格最低的承包商或供应商。竞争公司为了得标，必须预测竞争者的报价，以提出更低的报价。

③ 主动竞争定价法：与随行就市法相对，不是追随竞争者的价格，而是以市场为主体，以竞争对手为参照物的一种常用的定价方法。

（3）心理定价法

企业在制定价格或调整价格时必须考虑到消费者的心理反应。有时可把价格定得便宜些，而有时可把价格定得贵一些，以适应不同顾客的心理需要。以下是常见的心理定价的具体方法。

① 尾数定价法：价格以零头结尾，如定价为 6.98 元而不是 7 元，定价为 19.9 元而不是 20 元，给消费者以便宜的感觉的同时，还可以给消费者以认真核算、准确定价的信任感。

② 整数定价法：把价格定在整数上，给消费者高一档次的感觉。对于高档商品、耐用商品等宜采用整数定价策略，给顾客一种"一分钱一分货"的感觉，以树立商品的形象。

③ 声望定价法：利用消费者崇尚名牌的心理，对有声望的名牌定制高价。

④ 招徕定价法：利用顾客希望购买廉价商品的心理，对个别产品做低于成本的定价，招徕顾客，促进其他商品的销售。如电器城店庆时，限价 199 元销售的特价手机商品。

⑤ 反向定价法：即倒算定价法，先进行调研，预测消费者能够接受的价格，然后综合考虑折扣率等因素，确定出厂价格。

⑥ 折扣定价法：为鼓励消费者大量购买、淡季购买，使中间商及早付清货款等采取折扣价格，包括数量折扣、现金折扣、季节折扣等。

新产品定价策略

1. 撇脂定价策略

所谓撇脂定价是指在产品生命周期的最初阶段,把产品的价格定得很高,以攫取最大利润。

撇脂定价的条件:(1)市场有足够的购买者,他们的需求缺乏弹性,即使把价格定得很高,市场需求也不会大量减少;(2)高价使需求减少,但不致抵消高价所带来的利润;(3)在高价情况下,仍然独家经营,别无竞争者。高价使人们产生这是高档产品的印象。

2. 渗透定价策略

所谓渗透定价是指企业把其创新产品的价格定得相对较低,以吸引大量顾客,提高市场占有率。

渗透定价的条件:(1)市场需求对价格极为敏感,低价会刺激市场需求迅速增长;(2)企业的生产成本和经营费用会随着生产经营经验的增加而下降;(3)低价不会引起实际和潜在的竞争。

3. 满意定价策略

满意定价策略是一种介于撇脂定价策略和渗透定价策略之间的价格策略。其所定的价格比撇脂价格低,而比渗透价格要高,是一种中间价格。这种定价策略由于能使生产者和顾客都比较满意而得名。有时它又被称为"君子价格"或"温和价格"。

(资料来源:高桥,王辉.大学生职业发展与就业指导教学指南.现代教育出版社,2008.有删改)

4. 渠道策略

产品从生产者向消费者转移的过程称为分销,产品转移过程中所经过的各个环节称为分销渠道。分销渠道的起点是生产者,终点是消费者或用户,中间环节包括各种批发商、零售商、商业服务机构,称为中间商。中间商是分销渠道的主体。

渠道策略可以从以下几个方面进行考虑。

(1)直接渠道和间接渠道

直接渠道:产品不经任何中间环节直接由生产者销售给最终用户,也称为直销。如直邮、电话电视网络直销、直营店等。

间接渠道:指产品经过一级或多级中间商销售给最终用户。

(2)长渠道和短渠道

从生产商到用户之间,只有一个中间环节的为短渠道,两个或两个以上中间环节的为长渠道。利用长渠道,营销资源丰富,容易打开销路,占领市场,但是环节多,产品到达消费者的速度慢,信息传递和生产商的控制力容易出问题;短渠道环节少,产品可以迅速到达消费者手中,也方便展开售后服务,了解终端信息,但是产品的销售范围受到限制。

(3)宽渠道和窄渠道

宽渠道:选择尽可能多的经销商来分销产品。这样可使得网点密集。

窄渠道:在一个区域只选择一家或少数几家中间商来代理产品。

如想尽快占领市场，可选择宽渠道；如要稳步推进，维护良好声誉，则需对中间商认真筛选；如产品独特，要保持竞争优势，也可选择独家分销。

（4）单一营销渠道和多营销渠道

当企业全部产品都由自己所设的门市部销售，或全部交给批发商经销时，称之为单渠道。多渠道则可能是在本地区采用直接渠道，在外地则采用间接渠道；在有些地区独家经销，在另一些地区多家分销；对消费品市场用长渠道，对生产资料市场则采用短渠道。

（5）传统营销渠道和垂直营销渠道

传统营销渠道由独立的生产者、批发商和零售商组成。每个成员都是作为一个独立的企业实体追求自己利润的最大化，即使它是以损害系统整体利益为代价也在所不惜。没有一个渠道成员对于其他成员拥有全部的或者足够的控制权。

垂直营销渠道则相反，它是由生产者、批发商和零售商所组成的一种统一的联合体。某个渠道成员拥有其他成员的产权，或者是一种特约代营关系，或者某个渠道成员拥有相当实力，其他成员愿意合作。垂直营销系统可以由生产商支配，也可以由批发商，或者零售商支配。

5. 竞争战略

竞争战略又称经营战略或商业战略，其中心内容是寻找在某一特定产业或市场中建立竞争优势。它可分为主导、挑战、追随、补缺四种策略。

三、销售计划制订与管理

销售计划是指企业根据历史销售记录和已有的销售合同，综合考虑企业的发展和现实的市场情况，制定的针对部门、人员的关于任何时间范围的销售指标（数量或金额），企业以此为龙头来指导相应的生产作业计划、采购计划、资金筹措计划以及相应的其他计划安排和实施。

销售计划从时间长短来分，可以分为月度销售计划、季度销售计划、年度销售计划等。从范围大小来分，可以分为企业总体销售计划、分公司（部门）销售计划等。完善的销售计划包括以下内容。

（1）计划综述：简要概述销售计划的内容，便于阅读者使用。

（2）组织现状：包括组织目前的情况、所处市场环境，以及竞争对手情况等信息。

（3）SWOT 分析。

（4）组织目标：包括销售目标和财务目标。销售目标包括销量、市场占有率、分销率等；财务目标包括费用比率（包括市场费用、促销费用、人员费用和销售行政等）、现金流量等。所有的目标要符合 SMART 原则的要求。

（5）实施策略：提供实现目标的战略和战术。

（6）具体行动计划：这里有一个非常重要的模式可以帮助销售经理们，这就是 STAR，即策略（Strategy）、具体行动（Action）、时间表（Timetable）和相关资源（Resources）。

（7）计划预算：提供实施该计划所需的财务支持。

（8）跟踪和控制系统：制订销售计划最后一个需要考虑的问题是，如何跟踪和控制以上所有内容。这就需要建立相应的销售信息系统，并定期回顾以确保该计划的实现。

> **阅读材料** **销售计划制订的具体步骤**

1. 销售目标的制定与分解

（1）销售目标设定的依据：同类产品、同类厂家SWOT分析；公司产品的数量；以往产品销售情况分析；目标市场的容量；市场占有率；新市场开发，新产品上市情况分析；预期的合理增长量。

（2）销售目标的设定：定量目标，定性目标。

（3）销售目标的分解。

2. 销售行动计划

制订销售计划的步骤：分析你要达成之目标；研究判断你的工作环境；找出对你完成目标有决定性影响力的因素；定义出你所知道的决定性因素；分析你本身的资源（业务代表、幕僚部门的协助、推广材料、金钱、时间）；发展达到目标的各种方法，谨记现有资源条件；选择最可能成功的方案；将选择好的方案付诸行动，一次专注于一项工作；设定一些与他人无关可自行独立完成的行动；为要付诸实施的行动安排一套有效率并且合理的顺序（有些可以同时进行，有些要依顺序进行）；平均完成每一项和全部计划所需的时间；建立计划执行之追踪、评估和匡正办法。

3. 销售跟进

（1）从目标达成和市场占有率等方面实施销售跟进。

（2）监控的关键点：市场、销售、费用、通路。

（3）销售跟进的方式。

定量方式，指标包括：目标达成率，销售额，回款天数，投入产出比，客户开发的比率，市场占有率，拜访频率等；定性方式，指标包括：产品知识，销售技巧，工作态度，客情关系，团队精神等。

（资料来源：http：//baike.baidu.com/view/185084.htm 有删改）

四、常见营销方式及其技巧

常见的营销方式有以下几种。

1. 体验式营销

体验式营销是要站在消费者的感官（Sense）、情感（Feel）、思考（Think）、行动（Act）、关联（Relate）等五个方面，重新定义、设计营销的思考方式。

（1）感官

感官营销的目标是创造知觉体验，愉悦人们的五种感觉，即视觉、听觉、味觉、触觉和嗅觉。正确管理感官体验有助于树立企业和品牌的特殊身份，并由此引发顾客对企业和品牌的兴趣。

希尔顿连锁饭店的一个小做法是在浴室内放置一只造型极其可爱的小鸭子，客人大多爱不释手，并带回家给家人作纪念，于是这个不在市面销售的赠品便成了顾客钟情希尔顿饭店的动力（当然希尔顿饭店设施、服务等方面也是一流的），这就是体验式营销在视觉和触觉上的应用。

（2）情感

情感营销旨在创造情感体验，可以是一个温和、柔情的正面心情，也可以是欢乐、自豪甚至激情的强烈情绪。要成功运用情感营销，必须真正了解怎样引起消费者的某种情绪，以及怎样使消费者自然地受到感染，并融入这种情景中来。

新加坡航空以带给乘客快乐为主题，营造一个全新的起飞体验。该公司制定严格的标准，要求空姐如何微笑、并制作快乐手册，要求以什么样的音乐、什么样的情境来"创造"快乐。通过提供出色的顾客服务，使得新加坡航空公司成为世界上排名前十的航空公司。

（3）思考

思考营销以创意的方式引发顾客进行富有创造性的精密思考，为顾客创造认识和解决问题的体验。其实质在于迎合顾客对一家公司及其品牌产生的有创意的想法。思考营销适用于多种产品和服务。

思考营销的一个成功事例来自"创世纪健康事业"——位居世界前沿的一家老人护理公司。Siegel&Gale 公司为了帮助老人过上充实、独立的生活，帮助"创世纪"开拓了新思路。它反对传统的医疗模式，主张通过解决问题、发现根源来真正拥护老人。他们希望找出老人生病的根源，而不是进行简单的治疗。

（4）行动

行动营销的目标是影响身体的有形体验、生活形态、行为方式以及和他人互动的经历。行动营销通过增加他们的身体体验，指出替代的生活形态与互动，丰富顾客的生活。顾客生活形态的改变是受激发或自发的，也有可能是偶像角色引起的。耐克每年销售量超过一亿六千万双。在美国，几乎每销售两双鞋中就有一双是耐克。该公司成功的主要原因之一，是其出色的广告"Just Do It"。通过在广告中描述运动中的球星，升华身体运动的体验，是行动营销的经典。

（5）关联

关联营销包含感官、情感、思考与行动营销等层面。它超越私人感情、人格及被认知的事物，让个体与某一品牌所反映的社会背景及文化背景产生关联。让顾客和一个较广泛的社会系统（一种亚文化、一个群体等）产生关联，从而让他们对某种品牌产生偏好，同时让使用该品牌的人们进而形成一个群体。关联营销已经在许多不同的产业中使用，包括化妆品、日用品、私人交通工具等。美国哈雷机车，是个杰出的关联品牌。哈雷就是一种生活形态，从机车本身、与哈雷有关的商品，到狂热者身体上的哈雷纹身，消费者视哈雷为他们自身识别的一部分。

2. 一对一营销

"一对一营销"其核心是以"客户占有率"为中心，通过与每个客户的互动对话，与客户逐一建立持久、长远的"双赢"关系，为客户提供定制化的产品。目标是在同一时间向一个客户推销最多的产品，而不是将一种产品同时推销给最多的客户。简而言之，一对一营销就是以不同的方式对待不同的顾客。一对一营销鼓励企业建立客户的基础，而不是竭力追求市场的占有率的增加。

一对一营销计划的实施有四个关键的步骤：识别、区分、互动和订制，可作为首次开展一对一计划的指导。

（1）识别你的顾客。即创建一个系统，在每次与顾客接触时可识别顾客个体。

尽可能详尽地了解你的顾客，包括其姓名、地址、公司、职位、习惯、偏好等。如果一个企业获取其最有价值的顾客的可交互特性，尚未达到最起码的一定数量，那么它首次开展一对一计划的活动并没有准备就绪。

（2）区分你的顾客。即首先依据顾客对你企业的价值对顾客进行等级划分，之后根据他们对你的企业的所需之处对他们进行区分。

一旦你识别了你的顾客，下来就是对他们进行区别，以至于可以对最有价值的顾客首先努力实施计划，获取其最大利益，根据顾客的个别需要，对每个顾客量身订做，设计应对方案。

（3）与你的顾客进行互动。即让你的顾客加入到持续进行的对话中，这样你就能了解到越来越多有关顾客的特定兴趣、需求和优先考虑事项。

这个步骤是提高与顾客互动行为的成本效益和有效性。为使互动行为更加有效，应尽力以更自动、更具成本效益性的方式推动执行。为提高每种互动方式的有效性，只需收集相关信息，以便更好地理解顾客的个人需要或更准确地评估顾客的潜在价值。除此之外，每一次互动活动的展开都应以之前互动行为提供的信息为基础。

（4）以顾客的需要和价值为基础，订制企业对顾客行为的某些方面。即根据已有知识采取行动，利用你对个别顾客的了解而订制服务措施。

适应顾客特殊的个人需要，对产品进行批量订制或量身订做有关产品。实际的批量订做过程要比多数人想象的简单得多。批量订做事实上并没有真的订做任何商品，所做的只是预先生产出几种或多种产品"模块"，然后公司再根据个别客户的需要将合适的模块配置起来，生产出数千个，甚至上百万个产品式样。

以上这四个实施步骤是执行一对一营销的基石。

3．深度营销

深度营销是一种通过有组织的努力，提升客户关系价值以掌控终端，滚动式培育与开发市场，取得市场综合竞争优势，争夺区域市场第一的有效策略与方法。它注重区域市场、核心经销商、终端网络和客户顾问等四大相互作用的核心市场要素的协调和平衡。

深度营销强调集中与滚动、强势打击与不断蚕食相协调的市场竞争策略组合，主要体现为以下五大市场营销原则。

（1）集中原则

在区域市场竞争中，集中有限的营销资源于重点的区域、商品和客户，并注重优先的顺序。先在集中的局部密集开发，冲击市场份额第一，取得有效的市场开发和管理经验，提高队伍能力，然后滚动复制推广，最终实现整个市场的覆盖。

（2）攻击弱者与薄弱环节原则

在市场争夺中合理定位，选择欲打击的竞争对手和有效的竞争策略，打击市场地位较弱者和攻击强者的致命弱点，获得竞争的主动。

（3）巩固要塞、强化地盘原则

不断提高、维护客户占有率和市场份额，同时通过提供增值性经营服务和营销综合支持，提高整个营销价值链的效能，从而扩大各环节客户的经营效益，提升客户忠诚度及掌控终端，建立起排他性营销网络，构建区域市场进入壁垒。

（4）掌握大客户原则

通过有效沟通寻找到合理的合作利基，充分发挥企业的实力、产品力、品牌力等渠道

综合影响力,谋求与区域中有实力或影响力的客户及优秀终端建立长期互利的合作关系,使企业营销链的质量强于竞争对手,保证市场份额和客户占有率的质量,同时有效降低市场维护管理费用,提高销售效率。

(5) 未访问客户为零原则

深度营销强调区域市场的密集开发和精耕细作,要求通过市场普查建立区域市场数据库,在访问中要与所有经销商和相应零售终端建立良好的沟通关系。另外,深度营销将竞争优势建立在营销价值链的整体分销效率基础上,必须加强营销链构成、优化的动态管理。

4. 网络营销

网络营销是以互联网络为媒体,以新的方式、方法和理念,通过一系列网络营销策划,制定和实施营销活动,更有效的促成个人和组织交易活动实现的新型营销模式。它是企业整体营销战略的一个组成部分,是为实现企业总体或者部分经营目标所进行的,以互联网为基本手段营造网上经营环境的各种活动。

5. 直销

直销就是跨过中间环节直接把产品推向渠道终端和消费者见面的销售形式。这种销售形式,特别适用于食品、保健品、百货等行业。

直销的优势有:① 减少周转环节、周转费用,最快速度反馈市场信息,利于生产操作;② 迅速提高目标市场占有率,并为广告提供市场基础;③ 保证了产品的正确导向;④ 控制市场,抵御竞争。

以上营销方式各有利弊,大学生在进行创业实践时,要综合考虑创业企业的实际状况,选择适合自己的营销方式。

第四节 创业人力资源管理

一、创业核心团队组建

1. 创业团队的"5P"要素

团队就是合理利用每一个成员的知识和技能协同工作,解决问题,以达到共同的目标的共同体。而创业核心团队,就是由少数技能互补的创业者所组成的,为了实现共同的创业目标而努力的利益共同体。创业团队需具备五个重要的团队组成要素,称为"5P"。

(1) 目标(Purpose)

创业团队应该有一个既定的共同目标,为团队成员导航,没有目标这个团队就没有存在的价值。目标在创业企业的管理中以创业企业的愿景、战略的形式体现。

(2) 人(People)

人是构成创业团队最核心的力量。三个及三个以上的人就形成一个群体,当群体有共同奋斗的目标就形成了团队。在一个创业团队中,人力资源是所有创业资源中最活跃、最重要的资源。应充分调动创业者的各种资源和能力,将人力资源进一步转化为人力资本。

目标是通过人员来实现的,所以人员的选择是创业团队中非常重要的一个部分。在一个团队中可能需要有人出主意，有人定计划，有人实施，有人协调不同的人一起去工作，还有人去监督创业团队工作的进展，评价创业团队最终的贡献，不同的人通过分工来共同完成创业团队的目标。在人员选择方面要考虑人员的能力如何，技能是否互补，人员的经验如何。

（3）创业团队的定位（Place）

创业团队的定位包含两层意思：首先是创业团队的定位。创业团队在企业中处于什么位置，由谁选择和决定团队的成员，创业团队最终应对谁负责，创业团队采取什么方式激励下属。其次是个体（创业者）的定位。作为成员在创业团队中扮演什么角色，是制订计划还是具体实施或评估；是大家共同出资，委派某个人参与管理，还是大家共同出资，共同参与管理，或是共同出资，聘请第三方（职业经理人）管理。这体现在创业实体的组织形式上，是合伙企业或是公司制企业。

（4）权限（Power）

创业团队当中领导人的权力大小与其团队的发展阶段和创业实体所在行业相关。一般来说，创业团队越成熟，领导者所拥有的权力相应越小，在创业团队发展的初期阶段领导权相对比较集中。高科技实体多数是实行民主的管理方式。

（5）计划（Plan）

目标最终的实现，需要一系列具体的行动方案，可以把计划理解成达到目标的具体工作程序。另外，按计划进行可以保证创业团队的顺利进度。只有在计划的操作下创业团队才会一步一步地贴近目标，从而最终实现目标。

创业团队的类型

从不同的角度、层次和结构，可以将创业团队划分为不同的类型，而依据创业团队的组成者，可将创业团队划分为星状创业团队（StarTeam）、网状创业团队（NetTeam）和虚拟星状创业团队（VirtualStarTeam）。

1. 星状创业团队

一般在团队中有一个核心人物（CoreLeader），充当了领队的角色。这种团队在形成之前，一般是核心人物有了创业的想法，然后根据自己的设想进行创业团队的组织。因此，在团队形成之前，核心人物已经就团队组成进行过仔细思考，根据自己的想法选择相应人员加入团队，这些加入创业团队的成员也许是核心人物以前熟悉的人，也有可能是不熟悉的人，但这些团队成员在企业中更多时候是支持者角色（Supporter）。

这种创业团队有几个明显的特点：

（1）组织结构紧密，向心力强，主导人物在组织中的行为对其他个体影响巨大；

（2）决策程序相对简单，组织效率较高；

（3）容易形成权力过分集中的局面，从而使决策失误的风险加大；

（4）当其他团队成员和主导人物发生冲突时，因为核心主导人物的特殊权威，使其他团队成员在冲突发生时往往处于被动地位，在冲突较严重时，一般都会选择离开团队，因而对组织的影响较大。

这种组织的典型例子，如太阳微系统公司（Sun Microsystem）创业当初就是由维诺

德·科尔斯勒（VinodKhMla）确立了多用途开放工作站的概念，接着他找了乔（Joy）和本其托斯民（Bechtolsheim）两位分别在软件和硬件方面的专家，和一位具有实际制造经验和人际技巧的麦克尼里（McNeary），组成了Sun的创业团队。

2. 网状创业团队

这种创业团队的成员一般在创业之前都有密切的关系，比如同学、亲友、同事、朋友等。一般都是在交往过程中，共同认可某一创业想法，并就创业达成了共识以后，开始共同进行创业。在创业团队组成时，没有明确的核心人物，大家根据各自的特点进行自发的组织角色定位。因此，在企业初创时期，各位成员基本上扮演的是协作者或者伙伴角色（Partner）。

这种创业团队的特点：（1）团队没有明显的核心，整体结构较为松散。（2）组织决策时，一般采取集体决策的方式，通过大量的沟通和讨论达成一致意见，因此组织的决策效率相对较低。(3) 由于团队成员在团队中的地位相似，因此容易在组织中形成多头领导的局面。(4) 当团队成员之间发生冲突时，一般都采取平等协商、积极解决的态度消除冲突，团队成员不会轻易离开。但是一旦团队成员间的冲突升级，使某些团队成员撤出团队，就容易导致整个团队的涣散。

这种创业团队的典型是微软的比尔·盖茨和童年玩伴保罗·艾伦，惠普的戴维·帕卡德和他在斯坦福大学的同学比尔·休利特等。多家知名企业的创建多是先由于关系和结识，基于一些互动激发出创业点子，然后合伙创业，此类例子比比皆是。

（资料来源：贺俊英. 大学生创业基础与实训指导. 高等教育出版社，2010. 有删改）

2. 创业团队组建须注意的问题

创业团队是否能够取得成功的重要因素是团队的互补。不同角色在团队中发挥着不同的作用，一个创业团队要想紧密团结在一起，共同奋斗，努力实现团队的愿景和目标，各种角色的人才都不能或缺。

一个优秀的创业团队必须包括以下几种人：创新意识强的人，这种人可以提出观点，决定公司未来发展方向；执行能力强的人，把好的创意付诸实践；协调者，调节各种关系，缓解矛盾，凝聚团队；当然，团队中还需要有人掌握必要的财务、法律、审计等方面的专业知识；如果是技术类的创业公司，还应该有研究高手。但在团队形成之初，并不需要以上各方面的成员全部具备，在必要时，一个或多个成员去学习团队所缺乏的某种技能，从而使团队充分发挥其潜能的事情并不少见。

李嘉诚曾经说过："大部分的人都有部分长处部分短处，好像大象食量以斗计，蚂蚁一小勺便足够。各尽所能，各得所需，以量才而用为原则；又像一部机器，假如主要的机件需要用五百匹马力去发动，虽然半匹马力与五匹马力相比是小得多，但也能发挥其一部分作用。"优化配置资源，使得团队成员各尽所能，应该是创业团队组建的根本原则。

二、创业企业部门设置

1. 创业企业组织结构

各个创业企业的部门设置会有所不同，须根据企业的经营需要和发展阶段、财力状况等进行设置。从具体组织结构上可分为直线制、事业部制、矩阵制等。下面介绍三种创业企业经常采用的组织结构。

(1) 直线制组织结构

直线制组织结构是最古老、最简单的组织形式，这种结构适用于小型公司，它要求经理能够对本部门所有的问题做出决策，所以，他必须是全才。如果公司的规模扩大了，那么或者增加管理层次，或者增加每一层次的工作单位。

(2) 事业部制组织结构

事业部制组织结构，是在公司总部下，设立若干个自主营运的业务单位——事业部，这些事业部或者按产品来划分，或者按地区来划分，每一个事业部都是要对成本、利润负责的利润中心。

(3) 矩阵制组织结构

矩阵制组织结构是一种较新的组织结构形式，它特别适用于技术进步较快、技术要求较高的公司。通常的矩阵制组织结构就是运用若干项目小组而使组织成为新的结构形式。项目小组是指组内人员分别出自组织中的不同部门，他们具有不同的知识和技能，为了完成一个特定的工作任务而组合在一起。在矩阵制结构中的项目小组成员则必须仍接受原部门经理的领导，也即矩阵制结构中的成员要受到项目经理和纵向的部门经理的双重领导。

2. 创业企业部门设置的原则

(1) 最少部门原则：部门设置力求量少而精简，这是以有效地实现组织目标为前提的。

(2) 弹性原则：划分部门应随业务的需要而增减，在一定时期划分的部门，其增设和撤销应随业务工作而定。组织也可以设立临时部门或工作组来解决临时出现的问题。

(3) 目标实现原则：指必要的职能部门均应具备，以确保目标的实现。当某一职能与两个以上的部门有关联时，应将每一部门所负责的部分加以明确规定。

(4) 指标均衡原则：各部门职务的指标分派应达到平衡，避免忙闲不均，工作量分摊不均。

(5) 检查职务与业务部门分设：考核和检查业务部门的人员，不应隶属于受其检查评价的部门。这样才可以真正地建立有效的监督和检查机制。

三、创业企业人力资源管理

比尔·盖茨曾经说过："在我的事业中，我不得不说我最好的经营决策是必须挑选人才，拥有一个完全信任的人，一个可以委以重任的人，一个为你分担忧愁的人。"

对创业者而言，如何组成、发展、凝聚团队，做好员工的选、用、育、管、留，已成为一项必要的创业管理能力。创业者要掌握好企业的初创期、发展期和成熟期用人的不同标准和方法。初创期要的是"跨马能够闯天下"的人才。而发展到一定的程度后就需要"提笔能够定太平"的人物了。企业在发展过程中，只有在保持基本稳定的同时，不断地"吐故纳新"，企业才能保持旺盛的生命力。

1. 人力资源规划

人力资源规划是指通过对人力资源需求和供给的预测，制订人力资源补充计划、晋升计划、人员配置与挑战计划、培训开发计划以及薪酬计划等。创业初期的人力资源规划，需要抓住几个核心要点：企业业务定位、企业规模、企业发展计划、组织结构等几个方面。

（1）企业定位方面：人力资源必须配合公司业务的定位与发展。创业企业的人力资源主要应该从业务开展的层面（包含技术、生产、营销等几个主要方面）以及业务的定位战略，同时结合企业的长远发展来进行规划。

（2）企业规模方面：企业经营规模决定人才需求的结构和规模。根据企业发展战略，可以推算人力资源的各阶段需求。这里有个提前预估，对企业生产能力和销售前景的合理预期是比较关键的，如果预估失准，要么就会造成人力资源的浪费，要么就会造成人员的紧缺。

（3）企业发展计划方面：基于企业发展的规划，在企业不同的发展阶段，为适应内外环境的变化，人力资源规划必须不断调整其策略，相应制定不同的人力资源规划以确保企业战略和发展目标的实现。

（4）组织结构方面：企业的组织结构决定了企业内部各部门间以及部门内部对工作任务进行分解、组合和协调的方式。组织结构不同，其各个职能部门的设置、运行和相互关系也会不同。这就直接决定了在进行人力资源规划时，它们的职务编写计划、人员配置计划和人员需求都会有所差异。与此同时，企业的管理费用也会因为组织结构的不同而不同。

2. 创业初期的人力资源制度

人力资源制度设计就是利用不同的制度安排产生不同的激励，从而导致人们产生不同的行为反应。对于人力资源制度设计工作来说，一项制度是否成功就在于它对人们提供的激励是否取得了预期的效果。

第一，人力资源制度设计要符合整体战略。人力资源管理制度的设计要围绕企业发展的战略目标、战略规划、业务发展与组织发展建设规划，确立人才工作的目标任务。根据业务发展和组织建设的需要，通过引进和培养高层次、高水平人才，完善激励机制，优化人才结构，提高团队的整体素质和水平。

第二，人力资源制度设计要追求效率，也要兼顾公平。制度应有利于激励人们的工作积极性，提高工作效率，同时制度也应该追求公平，以有利于形成良好的社会秩序。人力资源制度设计通过优化人力资源配置、激励工作积极性、标准化操作方法等方式大大提高工作效率。而制度只有做到形式上的公平，才能在结合自身的权威性的基础上具有较强的执行力。人力资源管理工作中的很多方面都涉及人们的切身利益，制度的公平性尤其具有重要的意义。

第三，人力资源制度设计要科学。在人力资源管理工作中，人力资本与一般产品和要素既有相同的地方，又有特殊性，人力资源管理中的成本收益往往比生产管理中的成本收益要模糊得多。因此，人力资源制度设计首先要了解制度要规范的领域，了解制度适用的对象，只有这样才能做到有的放矢、对症下药。科学的制度还必须具有可行性，可行性是指管理人力资源制度设计应该从单位自身的实际出发，实事求是地严密地制定管理制度，切不可脱离实际搞大而空、缺乏可行性的制度，或者推行要求过低、管理宽松的制度，否则要么导致制度无法执行或执行成本过高，要么导致制度形同虚设，没有作用。

第四，人力资源管理制度要集激励、约束、竞争为一体。只有这样才能使组织保持旺盛的生机与活力。有效的激励模式包括激励机制与约束机制有机统一的两个方面。建立具有企业特色的激励机制是充分调动人才积极性、主动性，开发人才潜能，想方设法吸引人才、培养人才和用好人才，增强企业凝聚力的重要举措。同时健全约束机制，推行绩效考核分配机制，拉开收入分配差距，创造有序竞争的氛围，才能激发人才队伍的整体活力。

3. 企业的薪酬管理

明确工作所需的技能和学历以及工作的难易程度等，从而判断每个工作的相对价值，以此作为薪酬管理的依据，制定公平合理的薪资政策。

企业的薪酬管理一直困扰着很多企业领导，如果没有一套非常适合本企业的薪酬管理制度，企业领导人或者人事负责人往往会伤透脑筋。企业必须建立一套科学实用的薪酬管理体系。

初创企业应如何处理薪酬问题呢？

（1）判断岗位价值

公司成立之初，虽然规模小，但依然要明确每个岗位的要求。建议应该首先确立各岗位的价值：如胜任该岗位的基本条件——学历、工作经验、技能要求等；基本职责——工作内容、应负责任、享受的权利等；基本职位晋升途径——如薪资增长、职位提升、知识培训等。

这样使每个岗位首先有了一个可以衡量的数据化的要素比较图，再形成各岗位的价值比，根据价值比确定各岗位的基本薪酬，根据企业预算及对岗位的期盼值，设立每个岗位的加薪频率与幅度。

（2）了解市场行情

看市场行情不仅仅看薪资总额，更要看薪资的组成部分、薪资的稳定性、薪资所涵盖的岗位要求。只有了解市场薪酬行情才可以轻松应付每一位应聘者的薪资谈判，从薪资行情及结合自身企业的定位找到最适合自己企业所需要的员工。

了解的途径大致有：对收集来的应聘资料进行分析，在人才中介机构中寻找数据，通过专业人才网站的薪资行情的信息等。

（3）薪酬的周全性

我们可以把员工分为投资型、契约型与利用型。投资型员工视为企业的战略合作伙伴，注重长期合作及风险分担，可用赠予股份与让其投资少部分风险金相结合，以满足其各方面的薪酬要求；契约型员工主要指确实有能力但很"现实"的那部分员工，企业完全可以对其提出的要求与企业对其的要求结合起来，并通过合约的方式确立双方的权利与义务，兑现违约责任；利用型员工要求员工根据企业的制度来执行，并根据员工的动态及企业要求灵活调整制度以满足企业与员工的满意度。

（4）薪资谈判方式

一般企业在招聘时采取一对一的薪资谈判方式，有以下策略供参考：

与应聘者一起探讨他进入公司后可能产生的作用、能力、业绩等及公司主动配合给他的资源，如政策、培训机会、晋升机会等，在双方相互认同及愉快的氛围中再谈薪资问题，一般比较顺利。

 **用人的四项基本原则**

管理大师彼得·德鲁克曾经总结出用人的四项基本原则。

1. 要确保各项职位的合理性。如果某项工作已连续使两三个人觉得无法胜任，而这

些人在过去的岗位上却有出色的表现，那么管理者就必须认识到问题不在人的身上，而需要对这个职位重新设计。

2. 要确保自己管辖的职位既有很高的要求，又有宽广的范围。管理者应使设置的职位具有很大挑战性，这样有利于员工发挥他们自己的优势和特长。而同时，又可以保证它有足够的回旋余地，使员工容易将自身的优势变成重大的成果。

3. 人尽其才，管理者将某人安置在某个职位上时，要充分考虑这个人的特点、长处和条件，使职位能最大限度地发挥他的潜能和长处。

4. 要用人之长，管理者就必须容忍他们的短处。用人之长，一方面可以激励人才的职业发展，一方面可以保证组织的运作效率。

（资料来源：http://www.chinahrd.net/management-planning/birds-eye-view/2009/0911/5857.html）

第五节　初创企业财务管理

财务管理是初创企业管理的核心。

创业者对财务管理的认识容易产生两个大的偏差：第一，创业初期没什么好管理的，有一个会计、一个出纳就可以了，财务管理就是设立一个部门制定一些规章管好这两个人；第二，财务管理的重要性只有完整的财务组织架构才能实现，必须创建庞大的机构，制订烦琐的规章和财务信息流动渠道。以上两种认识都没有领会到初创期财务管理存在的问题及管理重心的不同。

一、初创企业财务管理问题

1. 内部管理基础较弱

作为初创企业，一方面管理人才普遍相对短缺，管理机构简单，专业性不强，内部控制制度不完善，甚至没有内部控制制度，另一方面，许多企业仍经营在亏损的边缘，无暇全面系统地考虑内部管理的有效性。

2. 成本费用管理水平低

相当数量的初创企业普遍存在成本费用核算不实、控制不严、控制体系不健全等问题。在成本费用管理过程中，往往人为追求利润，造成成本费用不实。企业会计基础工作不健全，成本核算缺乏真实、准确的数据资料，企业内部缺乏科学有效的成本费用控制体系。

3. 抗风险能力较弱，信用等级较低

初创企业资本规模较小，决定了其抗风险的能力先天不足，加上其内部管理基础薄弱，产品比较单一，市场风险很大，而市场风险很容易转变为企业的财务风险和银行的信贷风险，从而影响其信用等级。

4. 资金短缺，筹资能力差

初创企业因本身素质不高、人才缺乏、内部组织关系不稳定、规模效益差、经营风险高、信用等级低等原因，往往很难满足银行等金融机构的贷款条件，融资能力差。

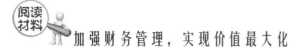

加强财务管理，实现价值最大化

面对市场环境的不断变化，企业的财务管理部门应具备高素质的财会人员，加强财务管理基础工作，健全财务管理制度。

1. 加强内部管理

（1）提高认识，强化资金管理。资金的使用周转牵涉到企业内部的方方面面，企业经营者应懂得，管好、用好、控制好资金不仅是财务部门的职责，而是涉及企业的各部门、各生产经营环节。所以要层层落实，各部门配合，共同为企业资金的管理做出努力。

（2）提高资金的使用效率。首先，有效配合资金的来源和运用；其次，准确预测资金收回和支付的时间；最后，合理地进行资金分配，流动资产和长期资产的占用应做到合理。

（3）加强财产内部控制管理。建立健全财产物资管理的内部控制制度，在物资采购、领用、销售及产品管理上建立规范的操作程序，要定期检查盘点，堵住漏洞，保护企业资产安全。

（4）加强对存货和应收账款的管理。加强存货管理，压缩过时的库存物资，避免不合理资金占用，并以科学的方法确保存货资金的最佳结构。加强应收账款管理，对赊销客户的信用进行调查评定，定期核对应收账款，制定完善的收款管理办法，避免死账、呆账的发生。

2. 加强资金回收管理

应收账款是造成资金回收风险的重要方面，有必要降低它的成本。应收账款的成本有：机会成本、应收账款管理成本和坏账损失成本。应收账款加速现金流出，它虽使企业产生利润，然而未使企业的现金增加，反而还会使企业运用有限的流动资金垫付未实现的利税开支，加速现金流出。因此，对于应收账款管理应在以下几方面予以强化：一是建立稳定的信用政策；二是确定客户的资信等级，评估企业的偿债能力；三是确定合理的应收账款比例；四是建立销售责任制；五是密切关注企业要账人员回收账款动态，避免私人暂时留存用于个人利益。

3. 建立严谨的财务内部控制制度

（1）建立健全内控体系。

（2）责权利结合，实行责任追究制度。

（3）提高会计人员的业务水平，规范会计工作秩序。

（4）加强内部审计控制。

（5）企业负责人必须高度重视内控制度并自觉接受监督。

（资料来源：李家华，郑旭红. 创业有道. 高等教育出版社，2011. 有删改）

二、会计基础知识

1. 了解会计语言

（1）资产

资产是企业拥有和控制的能够用货币计量，并能够给企业带来经济利益的经济资源。企业资源必须同特定时点连在一起,例如年初拥有多少资产,月末拥有多少资产。为了让人们更清楚了解企业资产的具体内容,会计上通常按流动性来分类,比如在1年内就能变成钱,这样的资产叫流动资产;如果把钱投出去,例如搞联营、买股票,回收期超过1年,这种资产叫长期投资;把企业的机器设备、仪器仪表、建筑设备等叫固定资产;企业的专利权、商标权、土地使用权等称为无形资产;还有其他类别的统称其他资产。

(2) 负债

负债是指企业承担的,能够以货币计量的,需要以资产或劳务承付的现实义务。简单来说,负债就是所欠的钱。负债必须和特定时点连在一起。例如,在年初欠多少钱,月末还欠多少钱,年末还欠多少钱。负债分两大类:偿债期在1年以内的负债,称为流动负债;偿债期超过1年的负债,通常称为长期负债。

(3) 所有者权益

所有者权益也叫股东权益,是指企业投资人对企业的资产应该享有多少权益。投资人对企业资产应该享有的权益,有创办企业时投入的资本,也有经营以后赚的钱。

会计恒等式

A、B、C三人发现,现在的文化公司很赚钱,而且进入的门槛也很低。2009年3月20日,他们决定到工商局去注册一家文化公司。注册时,A入股35万元,B入股40万元,C入股25万元,共同投入到公司的资金是100万元。公司运营一段时间后,他们发现资金不够,于是决定向银行贷款。8月15日,他们用公司的固定资产作抵押,向商业银行贷款100万元。

分析:用会计语言描述,3月20日公司拥有资产100万元,且都是现金。股东拥有资产权利,这时资产等于所有者权益。从数量上来讲就是100万元等于100万元,但它却包含两个方面的内容,即:一是此时此刻拥有什么,二是此时此刻谁对100万拥有权利。

100万不够,再借100万存入银行。此时此刻拥有资产200万,创业者拥有的100万是所有者权益;对于创业者来说银行借款是债务,承担的债务有100万。此时,资产200万=负债100万+股东权益100万。在特定时点上资产应该等于负债加股东权益。这个公式是永远相等的,是永恒的,在会计上叫会计恒等式,即:资产=负债+所有者权益。

(资料来源:贺俊英. 大学生创业基础与实训指导. 高等教育出版社,2010.)

(4) 财务报告

完整的财务会计报告由三部分组成,即会计报表、会计报表附注和财务情况说明书。

会计报表是以更集中、更概括、更深刻的方式,用表格把一定期间的经营状况记录下来编成表,报告给财务信息的使用者。会计报表主要有:资产负债表、利润和利润分配表、现金流量表。

会计报表附注就是对报表中的内容的解释。例如,关于报表的数字计算方法和数字的构成内容做出详细的说明,目的是为了帮助报表阅读者进一步了解报表中没有反映清楚的一些信息。

一个完整的财务会计报告,需要对企业的一些财务状况,例如生产经营情况、赢利情况、资金的使用情况等有一个概括性的介绍,即财务情况说明书。

财务会计报告可以分为月度报告、季度报告、半年度报告和年度报告。比1年少的报告,通常称为中期报告。例如月报、季报、半年报。一个完整年度的报告,称为年报。月报通常编制两张表就可以了,一是资产负债表,一就是利润表。半年报,通常要求编制资产负债表、利润表、现金流量表和会计报表附注,但不要求写财务情况说明书。标准的年终结算报告,应该包括三部分,即会计报表、会计报表附注和财务情况说明书。

2. 财务管理基本内容

财务管理的基本内容主要包括:了解三大财务报表的结构与数据的含义,能完成财务报表的编制;编制财务预算与全面预算,根据企业发展制订合理的资金需求计划,保障企业各项工作的有序进行;制订投资计划,评估投资回报;加强应收账款管理,控制现金流;掌握成本分析的基本方法,控制企业生产成本;了解常用财务分析指标的含义,运用财务指标进行经营绩效分析,发现管理中的问题,改善经营管理。

资产负债表、损益表和现金流量表这三张报表反映出来的情况就好比是有关企业的血压、脉搏等各种与生命运行特征相关的指标。创业者完全搞懂了这三张表,就可以轻松地知晓企业自身的健康情况和生命成长趋势。

资产负债表反映出来的是一家公司资产和负债的情况。在一般正常运转的公司中,各种资产和相应负债的比例应该保持在2:1左右。如果远远超过这个比例,那么公司应该有很多冗余的资产没有发挥应有的作用。如果远远低于这个比例,甚至资产和负债相比达到1:1,那么这家企业就已经没有任何现金价值了。在现实中,如果公司的负债多于资产,特别是公司短时间内应该偿还的债务超过公司现有能够灵活掌握的资产,那么这家公司的处境距离倒闭恐怕已经不远了。

损益表反映的是公司收入和支出的情况。正常情况下,公司每个经营周期的收入都应该大于支出,这时候我们就可以知道公司是赢利的;反之,公司就是处于亏损状态中。在这里特别要注意的是,不能把公司的应收账款情况全部考虑到实际收入中。有许多企业就是由于大量按照合同或者计划应该获得的资金不能够到账,最后被活活拖垮的。

现金流量表显示的是公司目前现金流的情况。发展得很好的企业,账面上应该有足够活跃的现金流。现金流动的情况越畅快,表明这个企业抵抗风险的能力就越强,企业也就越有活力。

在一个企业中,维持其正常运营的首要问题就是现金流,因为它是衡量一个企业日常经营是否健康的动态标准和监视器。现金流对于企业下一步能否正常运转也起到关键的作用。如果现金流出现问题,企业就会立刻"血液循环"受阻,严重时还可能导致"休克"甚至"死亡"的结局。

创业者对于以上三张表,也要根据各自的特点分别加以分析利用。资产负债表的变化周期较长,创业者能够了解这张表每个季度的变化情况即可。损益表的变化周期较资产负债表为短,创业者需要能够及时了解这张表每个月的变化情况。现金流量表的变化周期最短,创业者最好能够知晓现金流量表每周的变化情况。

三、初创企业财务管理策略

1. 规范记账方法

记账方法是指根据记账凭证,运用一定的记账符号和记账规则将经济业务登记在账户上的技术方法。

出纳人员为了对会计要素进行核算,反映和监督企业的经济活动,在按一定原则设置了会计科目,并按会计科目开设了账户之后,就需要采用一定的记账方法将会计要素的增减变动登记在账户中。

按照登记经济业务方式的不同,记账方法可分为单式记账法和复式记账法。复式记账法又因其构成要素的不同而分为借贷记账法、增减记账法和收付记账法。借贷记账法是目前世界上通用的记账方法。收付记账法和借贷记账法都是由单式记账法逐步发展、演变为复式记账法的。

我国现行税收会计采用"借贷记账法"。这是以税务机关为会计实体,以税收资金活动为记账主体,采用"借"、"贷"为记账符号,运用复式记账原理,来反映税收资金运动变化情况的一种记账方法。其会计科目划分为资金来源和资金占用两大类。它的所有账户分为"借方"和"贷方",左"借"右"贷","借方"记录资金占用的增加和资金来源的减少,"贷方"记录资金占用的减少和资金来源的增加。

税收会计的记账规则是:对每项税收业务,都必须按照相等的金额同时记入一个账户的借方和另一个账户的贷方,或一个账户的借方(或贷方)和几个账户的贷方(或借方),即"有借必有贷,借贷必相等"。

2. 成本控制

成本控制是一个复杂的系统学科,对于众多小成本创业者来说,有成本控制的想法是很重要的。与此同时,成本控制中的几个原则也应引起重视。

(1) 经济原则

因推行成本控制而发生的成本不应超过因缺少控制而丧失的收益。有些企业为了赶时髦,不计工本,搞了一些华而不实的烦琐手续,效益不大,甚至得不偿失。经济原则很大程度上决定了我们只在重要领域中选择关键因素加以控制。经济原则要求能降低成本,纠正偏差,具有实用性。

(2) 因地制宜原则

对大型企业和小型企业,老企业和新企业,发展快和相对稳定的企业,以及同一企业的不同发展阶段,管理重点、组织结构、管理风格、成本控制方法和奖励形式都应当有此区别。例如,新企业的重点是销售和制造,而不是成本;正常经营后管理重点是经营效率,要开始控制费用并建立成本标准;扩大规模后管理重点转为扩充市场,要建立收入中心和正式的业绩报告系统。规模庞大的老企业,管理重点是组织的巩固,需要周密的计划和建立投资中心。适用所有企业的成本控制模式是不存在的。

(3) 全员参与原则

对领导层的要求:① 重视并全力支持;② 具有完成成本目标的决心和信心;③ 具有实事求是的精神,不可好高骛远,更不宜急功近利、操之过急,唯有脚踏实地,按部就班,才能逐渐取得成效;④ 以身作则,严格控制自身的责任成本。

对员工的要求：① 具有控制愿望和成本意识，养成节约的习惯；② 加强协作沟通，提高效率效益；③ 正确理解和使用成本信息，据以改进工作，降低成本。

3. 现金管理

以下七个步骤可改善现金流，确保初创企业的现金流健康、顺畅。

（1）为客户开发产品或项目时，向他们收取预付金，让他们而不是你自己，为该项目提供资金。

（2）设置一个交货后全部收回账款的期限，比如要求在交货后 30 天内或 60 天内付款，做到尽可能快地收回资金。

（3）和供应商谈判，争取获得 30 天或更长的付款期限。先从顾客那里收到钱，再付款给供应商。

（4）预先设置一个收款的程序。如果顾客延期付款，就要不断催款。

（5）银行的贷款利率通常要比供应商收取的滞纳金要少。在紧急情况下，不妨向银行贷款，还清供应商的钱，这也能在短期内弥补现金流的不足。

（6）收账代理机构可以帮到你，让你不必等 30 天或 60 天，立即就可以拿到现金。但是使用代收服务需要费用，在使用代收服务前，先想想哪种方式更划算。

（7）个人需要花的钱，尽量不要从公司支取。从公司拿走钱，也就减少了现金流的总量，而它本来可以促进你公司的增长。

【实践活动】

1. 到创业公司谋求一份实习或兼职工作，深入体验创业企业的各种管理实际。
2. 选修或旁听几门管理课程，如企业管理、项目管理、市场营销、财务管理、人力资源管理等，为创业企业管理积累坚实的理论基础。

【拓展资源】

1. 〔美〕斯卡泊莱·N. M，齐曼拉·T. W. 著，楼尊等译. 小企业的有效管理创业实务（第7版）[M]. 北京：清华大学出版社，2007.
2. 国际劳工组织北京局. 创办你的企业丛书 [M]. 北京：中国劳动出版社，2004.

【思考题】

1. 什么是企业愿景？企业愿景与公司战略有哪些区别和联系？
2. 产品研发的一般流程是什么？如何做好产品的质量管理？
3. 什么是市场营销？初创企业市场营销策略的制定，有哪些方法和技巧？
4. 你认为初创企业员工的选、育、用、留应注意什么？
5. 初创企业的财务管理主要内容有哪些？

参考文献

[1] 高桥，王辉. 大学生职业发展与就业指导教学指南［M］. 北京：现代教育出版社，2008.

[2] 杜汇良，刘宏，薛徽. 高校辅导员九项知能教程［M］. 北京：高等教育出版社，2009.

[3] 葛建新. 创业学［M］. 北京：清华大学出版社，2004.

[4] 席升阳. 我国大学创业教育的观念、理念与实践［M］. 北京：科学出版社，2008.

[5] 刘红梅. 大学生创新培养研究：以经济管理类大学生为例［M］. 上海：上海财经大学出版社，2008.

[6] 宣仕钱，徐静. 大学生就业与创业指导［M］. 北京：经济科学出版社，2009.

[7] 张天桥，侯全生，李朝晖. 大学生创业第一步［M］. 北京：清华大学出版社，2008.

[8] 陈龙海，李忠霖. 成功创业训练［M］. 北京：北京师范大学出版社，2008.

[9] 就业与创业指导课题研究组. 大学生就业与创业指导教程［M］. 北京：北京出版社，2008.

[10] 史梅. 找对出路：大学生就业与创业指导［M］. 北京：高等教育出版社，2010.

[11] 史梅. 赢在起点：大学生职业生涯规划与职业素质拓展［M］. 北京：高等教育出版社，2010.

[12] 刘道玉. 大学生自我设计与创业（第三版）［M］. 湖北：武汉大学出版社，2009.

[13] 周航. 大学生就业与创业［M］. 重庆：西南师范大学出版社，2008.

[14] 陈龙春. 大学生创业实践［M］. 杭州：浙江大学出版社，2008.

[15] 赵东海. 浅谈知识经济与大学生创新素质培养［J］. 内蒙古科技与经济，2004（23）.

[16] 高云. 浅析知识经济与高校人才培养［J］. 文教资料，2007（32）.

[17] 郭月仙. 浅议知识经济时代人才素质的培养［J］. 山西科技，2009（3）.

[18] 徐初佐. 提升大学生执行力［J］. 文教资料，2006（8）.

[19] 王岩. 大学生创业全攻略［J］. 职业，2009（16）.

[20] 姚裕群. 关于促进大学生就业和创业的若干对策［J］. 湖南社会科学，2009（3）.

[21] 青年创业. http：//www.qncy.org/index.html

[22] 学生创业. http：//www.studentboss.com/

[23] 陈莉，李东福. 创业期科技型中小企业人力资源管理困境分析［J］. 人口学刊，2009（6）.

[24] 刘艳，徐茜. 中小企业创业期人才困境与对策［J］. 经济师，2005（6）.

［25］李德全. 大学生就业指导实用教程［M］. 北京：中国文史出版社，2005.

［26］许明. 激发你的梦想——大学生就业指导［M］. 北京：清华大学出版社，2006.

［27］卡耐基. 成功之路［M］. 北京：中国文联出版公司，1995.

［28］易发久. 成功一定有办法［M］. 西安：世界图书出版公司，2002.

［29］李树森. 大学生就业与创业指导［M］. 沈阳：辽宁教育出版社，2004.

［30］毛文学. 大学生创业100例［M］. 上海：长征出版社，2007.

［31］李学东、潘玉香. 大学生创业实务教程［M］. 北京：经济科学出版社，2006.

［32］陈敏. 大学生创业设计［M］. 上海：上海中医药大学出版社，2008.

［33］傅洪涛、陶桓祥. 大学生职业规划与创业指导［M］. 北京：中国财政经济出版社，2006.

［34］张子睿. 大学生创新与创业能力提升［M］. 北京：科学出版社，2008.

［35］罗明辉、姚江林、王燕. 大学毕业生就业指南（第二版）［M］. 武汉：华中师范大学出版社，2005.

［36］戴志杰. 我国中小企业财务管理存在的主要问题及对策［D］. 2006.

［37］姚峰，鲁明私. 企业创业阶段的经营管理［J］. 南京社会科学，2004（9）.

［38］周可可. 浅析大学生创业团队的建设与管理［J］. 知识经济，2010（3）.

［39］陈亚荣，汤兵勇. 小企业生存基础的综合评价指标体系探讨［J］. 东华大学学报（自然科学版），2001（4）.

［40］杨贞. 创业型营销与传统营销的比较及启示［J］. 企业活力，2006（10）.

［41］钟玉泉，彭健伯. 大学生创业精神和创业能力培养研究［J］. 科技进步与对策，2009（15）.

［42］郑强. 大学生创业的精神核心要素［J］. 创新与创业教育，2010（1）.

［43］王璜. 大学生创业精神的重要性及培养途径［J］. 现代经济信息，2008（10）.

［44］李雪灵，万妮娜. 基于Timmons创业要素模型的创业经验作用研究［J］. 管理世界，2009（8）.

［45］刘霞. 新企业创业要素体系的构建研究［J］. 科技管理研究，2010（18）.

［46］林芳，段小斌，林雯. 大学生创业能力培养研究［J］. 职业时空，2010（4）.

［47］殷宝双，洪宝玲. 大学生创业能力培养与促进就业研究［J］. 中国成人教育，2010（3）.

［48］邹钰红. 大学生自主创业能力培养初探［J］. 黑龙江科技信息，2010（7）.

［49］李济安. 提升创业能力之二：自我管理的能力［J］. 现代营销（创富信息版），2010（2）.

［50］郑伟. 当代大学生自主创业能力培养研究［J］. 中小企业管理与科技，2010（11）.

［51］蒋璟萍. 论大学生创业环境［J］. 长沙：湖南社会科学，2003（2）.

［52］陈德波，符惠明. 基于生态学的大学生创业环境探析［J］. 江南论坛，2010（5）.

［53］朱颖. 创业准备中的信息搜集［J］. 长春：职业技术教育研究，2003（5）.

［54］朱颖. 创业准备的条件分析［J］. 职业技术教育研究，2004（8）.

［55］刘培. 大学生创业准备工作探讨［J］. 现代商贸工业，2009（2）.

［56］王卓勤. 学生创业准备［J］. 经营管理者，2010（10）.

[57] 谢志辉. 大学生创业准备教育研究 [D]. 2009.
[58] 刘万利, 胡培, 许昆鹏. 创业机会识别研究评述 [J]. 中国科技论坛, 2010 (9).
[59] 王伟, 朱燕空. 创业机会评价指标体系构建 [J]. 商业时代, 2010 (2).
[60] 王朝云. 创业机会的内涵和外延辨析 [J]. 外国经济与管理, 2010 (6).
[61] 陆淳鸿. 创业机会识别与开发探讨 [J]. 现代企业教育, 2009 (22).
[62] 刘明霞, 魏珊. 创业机会的识别及其所需的条件 [J]. 哈尔滨: 职业技术, 2009 (8).
[63] 史丹丹. 什么是好的商业机会 [J]. 中国电子商务, 2008 (z1).
[64] 顾雄声. 商业机会的发现与把握方法 [J]. 恩施职业技术学院学报（综合版）, 2004 (4).
[65] 雷明. 如何撰写创业计划书 [J]. 华章, 2010 (26).
[66] 刘磊, 张涛. 提高大学生创业计划可操作性研究 [J]. 科技创业月刊, 2009 (5).
[67] 刘晓璐. 论创业计划大赛中的财务分析 [J]. 现代商贸工业, 2008 (13).
[68] 王恒. 成功的起点——创业计划书 [J]. 现代家电, 2009 (18).
[69] 莫及. 如何制订创业计划 [J]. 科技资讯, 2004 (1).
[70] 李凯. 创业资源整合与创业企业核心竞争力 [J]. 现代商业, 2008 (9).
[71] 陈震红, 董俊武. 成功创业的关键——如何获取创业资源 [J]. 科技创业月刊, 2003 (9).
[72] 宋学宝. 创业营销 [J]. IT 经理世界, 2002 (22).
[73] 陈寒松. 创业营销与杠杆效应 [J]. 现代企业教育, 2006 (4).
[74] 李晓冉. 大学生创业的 SWOT 分析及对策研究 [J]. 中国建设教育, 2010 (4).
[75] 郭可义, 傅学强. 新经济形势下大学生创业的分析与探究 [J]. 青年文学家, 2010 (15).
[76] 唐汝山, 张静, 刘英. 大学生创业意识的培养途径 [J]. 唐山职业技术学院学报, 2010 (3).
[77] 粘永昌. 大学生创业动机与创业模式探析 [J]. 法制与社会, 2009 (15).
[78] 严艳远, 章炜. 浅析大学生创业环境 [J]. 经济研究导刊, 2010 (29).
[79] 陈瑜. 提高大学生创业成功率的策略分析 [J]. 科技创新导报, 2010 (29).
[80] 刘立立, 赵慧君, 李妍. 大学生创业问题调查 [J]. 吉林省教育学院学报, 2010 (11).
[81] 全裕吉. 创业风险及对策 [J]. 中国国情国力, 2009 (6).
[82] 姜明超. 浅析大学生创业风险及其控制 [J]. 魅力中国, 2010 (11).
[83] 赵卫冲. 大学生创业风险规避 [J]. 经营管理者, 2010 (11).
[84] 覃翠玲. 大学生创业风险以及预防对策探微 [J]. 法制与社会, 2010 (5).